刘小川 著

品中国

现代文人

①

鲁 迅

胡 适

林徽因

张爱玲

张大千

李 敖

天地出版社 | TIANDI PRESS

图书在版编目（CIP）数据

品中国现代文人. 1 / 刘小川著. — 成都：天地出版社, 2023.8（2024.4重印）
ISBN 978-7-5455-7736-5

I.①品… II.①刘… III.①文化－名人－列传－中国－现代 IV.①K825.4

中国国家版本馆CIP数据核字（2023）第084656号

PIN ZHONGGUO XIANDAI WENREN 1

品中国现代文人 1

出品人	杨　政
作　者	刘小川
责任编辑	孙学良
责任校对	卢　霞
装帧设计	今亮後聲 HOPESOUND 2580590616@qq.com·郭维维
责任印制	王学锋

出版发行	天地出版社
	（成都市锦江区三色路238号　邮政编码：610023）
	（北京市方庄芳群园3区3号　邮政编码：100078）
网　　址	http://www.tiandiph.com
电子邮箱	tianditg@163.com
经　　销	新华文轩出版传媒股份有限公司

印　　刷	北京中科印刷有限公司
版　　次	2023年8月第1版
印　　次	2024年4月第2次印刷
开　　本	710mm×1000mm　1/16
印　　张	17
字　　数	252千字
定　　价	49.80元
书　　号	ISBN 978-7-5455-7736-5

咨询电话：（028）86361282（总编室）
购书热线：（010）67693207（营销中心）

如有印装错误，请与本社联系调换。

自

序

·············

　　马丁·海德格尔环环相扣的生存阐释，似乎可以针对古今中外任何人。

　　我一直致力于三个打通：打通中西，打通古今，打通雅俗。打通当然是很有限的，只能在某些接点上有所悟而已。"学贯中西"这类大词，我个人从来不认同。谁学贯中西呢？

　　海德格尔认为，哲学讲德语。我辈汉语思维者，能从哲学中领悟一些什么呢？爬西哲之山这么多年，永远不知道山的高度，回望山下，环视周遭，远眺云深不知处，有些蹦蹦跳跳的小感悟而已。

　　思想的特征是它的连续性，不间断地思考相同之物，思想才能展开它的广袤，它的不断后移的地平线。深度决定广度。然而思考者也是尼采讲的"角落站立者"，不可能拥有全视角。对人物传记来说，任何材料的取舍都有倾向性。

　　哲思长一寸，文学长三尺。这是经验之谈。

　　中国现代文人数以百计，我选择其中的一小部分，主要是我熟悉的，感兴趣的。文学家、艺术家、学者，他们进入了课本和文化传承。本书试图总体把握他们，同时重点审视他们的生活细节。日常细节是很能说明一个人的，有些人一辈子冠冕堂皇，几个小细节就把他击穿。

把哲学带向文学，带向生活之领悟。"带向"是在不知不觉间发生的。爱智慧是天然现象，五六岁或更早就萌芽了。儿童追问天地间的一切。

海德格尔尝言："人活着，总会有某种哲思。"

然而，人的固化也无处不在，尤其是当下。本书把形形色色的生存固化纳入考察的范围。

亚里士多德说："对生存的基本运动性作清晰的把握。"

这个太难了，且行且努力吧。

刘小川

2022 年 9 月 19 日于眉山之忘言斋

目　录

鲁迅

思想家，民族魂

鲁迅

中国现代作家能称思想家的，唯有鲁迅。

鲁迅先生是绍兴人，初名樟寿，字豫山；后改名树人，字豫才。先生生于 1881 年，有两个弟弟，周作人和周建人。周氏三兄弟都是 20 世纪颇有影响的人物。

精装本《鲁迅全集》二十卷，我是 1981 年买的，大抵是枕边书，搬家从来不嫌重。先前读他的若干本小册子，如《呐喊》《热风》《三闲集》《故事新编》《且介亭杂文》之类，当时我十五六岁，去哥哥下放的知青点玩。上山下乡的知青们，读鲁迅成风。哥哥练书法，写鲁迅的诗。后来我也读20 世纪二三十年代其他作家的书，总的印象是：他们的汉语艺术与鲁迅有不小的距离。像沈从文的小说，语言一般，不及他的散文，我不知道美国的那个夏志清为何那么捧他。郁达夫的小说，才子气过了。郭沫若浪漫、巴金深情、茅盾深刻、丁玲泼辣干脆、老舍冷幽默、冰心温暖、张恨水至柔……他们的思维穿透力不及鲁迅。

衡量一个作家，看两种力：穿透力和表现力。

20 世纪 80 年代我转向了哲学，这一转就是三十余年。尤其转向德国大师海德格尔，以哲学反观鲁迅，发现了更多。我不懂外语，多年来很惭愧，现在为此颇庆幸：原来我集中了精力，节约了时间。北京大学出版社的一位编辑提醒我：不懂外语更好！我恍然大悟。

绍兴是著名水乡，山不高，到处绿水环绕。山山水水的名字韵味儿足。鱼米之乡，才子佳人之乡，却不乏金刚怒目式的人物。王羲之就是刚烈型的；陆游是战士，亲手杀猛虎；秋瑾、徐锡麟，张承志老师重墨写过。

2004年，我去绍兴，鲁迅纪念馆的杨春女士讲鲁迅先生，真让我听入迷了。前年去，新导游重点讲鲁迅家如何有钱。百草园主要种南瓜。如果南瓜一直挤占百草园，我就不会再去了。南瓜给我留下了坏印象，这是唯一的一次，却是在绍兴——鲁迅先生的家园。

1881年9月25日，先生诞生。

林贤治《人间鲁迅》："按照当地的习俗，孩子出生以后，必须先尝五种东西：醋、盐、黄连、钩藤、糖；依次尝遍了不同的几种味道，领受过小小一点刺激以后，才将奶汁送进嘴里。这样，待孩子渐渐壮大起来，便有能力去应付未来的复杂人生了。"

这一天恰好是观音菩萨的生日。南海观音手托净瓶救苦救难，鲁迅先生则手握一支笔。

小鲁迅的祖父在北京做官。父亲沉默寡言，嗜酒；怀才不遇，屡考不第，动不动就发脾气。家里的妇人们却是亲近的、亲切的，比如祖母、母亲和保姆长妈妈。

祖母"特别会讲故事，又幽默，古老的传说只要经过她的叙述，就会变得非常的生动迷人"。祖母讲"水漫金山"，雷峰塔就压在了小孙儿的心头。

先生的母亲鲁瑞读过私塾，自学不倦，爱看小说、爱听戏，常邀约族人看平调艺人的演出。外婆家在三十多里外的安桥头，母亲带他去，舟行或是远足。这使我想起小时候跟着妈妈，远走眉山县永寿镇的外婆家，二十里细沙路，过一条大河，三条小河，草木虫鱼逼入眼帘，植入稚嫩的肌肤。

几乎是一路翻跟斗翻进了外婆家，又蹦跳嬉戏去乡下的二姑家，七八个"宝宝"（表兄弟）伙起耍安逸。走夜路雄赳赳。艳阳下野花纷披，麦子新绿，风吹草低……

《人间鲁迅》："划船，看戏，放牛，钓虾，捉鱼，摘罗汉豆，看煮盐和观潮……在群体中，小樟寿懂得什么叫友谊了。"

成群结队、高高矮矮的孩子们，每日疯进一头疯出一头。每一种游戏都是民间自发的，经过了数百年的优胜劣汰。自发生自主：生活方式的自主。

"安桥头的迎神赛会，实在太热闹了……在看戏的夜晚，深深感受到那诗一样的氛围：朦胧的月色，白篷船，潺潺的水声，豆麦和水草夹杂的清香，远处的灯火和隐约的歌吹。"

月黑天走夜路，夜色比墨稠，似乎整个黑暗宇宙悬在头顶上。神秘是无限的。神秘启人深思。今天的人们特别需要明白：人类在宇宙中永远微不足道；就宇宙而言，一切人类科技都是小打小闹。科技对生活世界倒是遮蔽太多。技术把自然规定为"存货"。技术摆置人，是托架。托架是海德格尔追问技术的哲学概念。

小孩子面对屏幕声光电，一个个呆若木鸡。宅男宅女正在铺天盖地。坐着活，起身难。

人是什么？人是动作。正常人的一辈子，应该有亿万个动作。动作大减，人是什么？

小孩子天天都是脚板印，常常玩到黑摸门。这才叫童年。这才叫身心灵动，孕育创造性的身心灵动。当年，我们在眉山全城疯玩春夏秋冬。

拇指取代四肢意味着什么呢？脑袋定在屏幕前，眼珠子的滑动类似玻璃球。这是生命史上的大笑话。谁来写一部《退化论》呢？

林贤治说："至于皇甫庄的社戏，就更显得气派非凡……豆腐摊，茶摊，瓜摊，馄饨摊和酒摊，那扬起的喝彩声，和台上粗犷豪放的唱腔混成一片。"

台上真好看，台下真好玩。

鲁迅在这样的环境中成长，家庭环境、民俗环境、自然环境都是好的。

小孩子一起玩，没有贵贱之分。闰土，月光下手持钢叉的勇敢少年。闰土的原型叫运水……

"保姆长妈妈像影子一样跟随着，简直无法摆脱。"

长妈妈不识字，却很会讲各种各样的民间故事。故事是带着体温和气息的。麻烦的是长妈妈睡觉摆成一个"大"字，总是把小鲁迅挤到床边。长妈妈讲"长毛"、讲美女蛇、讲小百姓如何愚弄皇帝，膝下的小孩儿听得木愣愣的，笑得咯咯咯的，兴奋得手舞足蹈。原来龙椅上的皇帝不是个东西啊！

长妈妈还有许多道理：人死了，不能说死了，要说"老掉了"；饭粒掉到地上，要捡起来吃，并不考虑周家的五代富裕；扫帚倒了要伸手扶；起床要理床；房间要干净；要学会缝缝补补；节俭的家风万万不能丢，丢了要败家；吃稀饭要搅，走滑路要跑；晒裤子的竹竿底下不能钻过去……诸如此类，民间规矩多得很。

古今中外的优秀人物都力戒奢华，为什么？他们深知：人的人性与物的物性的交流，有个最佳点，朴素就是最佳点。质朴者丰富，奢华者单调。后者是活给别人看的。

物欲旺盛，精气神就下降。这是铁律。

小儿听长辈讲故事，故事中有规矩意识的萌芽。家不分贫富，首先要讲规矩。

奶奶讲故事，妈妈讲故事，长妈妈讲故事。孩提时光的温馨讲述是要影响一生的。这个太重要了。"太重要"是说：没有人能够精确地知道究竟有多么重要，再过五百年也一样。

人类要认识自身，还有相当漫长的路要走。

小孩子绝不能看手机，那个叫作"瘾在逗"的急剧推高兴奋点的怪物。

急剧推高兴奋点，刺激朝着更强的刺激，必定落入麻木不仁；又不自知，于是落入双重的麻木不仁。人才二三十岁，兴奋点就快用完了，接下来的人生路怎么走？

网络兴奋是一种可怕的兴奋，它摧毁生活的主动性。

经常混网络的人，现实感受力与判断力是错位的。网上越刺激，生活越茫然。嗜网者日复一日悬在空中，绝不可能脚踏实地。法国人已立法，禁止小学生使用手机。为什么？保护他们在这个年龄段的健康成长。

鲁迅七岁入私塾，启蒙老师叫周玉田。几年扎扎实实的儿童生活、活蹦乱跳的物理半径、健康向上的心理诉求，伏下好的潜能，打下一生的基础。

每一秒钟都是饱满的，恨不得一秒变三秒；每一天都写满了天真烂漫。

早年释放天性，乃是所有创造性人物的共同特征。

中国的学龄前儿童，一定要抓紧玩，伙起玩，尽可能满足天性的需求，不要怕各种挫折。否则，小孩子大起来，毛病就随之钻出来；拧着活，逆反成常态，一家子搅成一堆乱麻。

鲁迅七岁以后又如何呢？老师周玉田真好，除了劳心，教学生念字读书，似乎更善于劳力，他家的园子堪称百花园，他亲手种满了各种花木。

上课前后，老师常常一手泥……

百花园，百草园，以润物无声的方式环绕未来的作家。

老师讲《花镜》这本图文并茂的书，学生听入迷，窗外就是那些花呀树呀草呀，嗬，风中雨中，不同的光线中，花枝花朵，各呈芳姿。简直神了。

学生要动手，动手就是动脑。动手的习惯，鲁迅先生直到晚年不变。

雨果、尼采、托尔斯泰、维特根斯坦，都是干体力活的好把式。1926

年，德国弗莱堡大学副教授海德格尔写道：山上八天的林工，然后继续写书。这本书，就是被称为人类最杰出的几本哲学著作之一的《存在与时间》。林工活不只是伐木，还要运木、改木。海氏是小镇上出色的木匠，摆弄锯子、锤子和斧子跟玩儿似的；大师喜欢踢足球和高山滑雪。

两三岁的小孩，都是喜欢自己动手的，内驱力是好奇心。

存在的惊奇是决定性的，拙作《品西方文人3》之"弗洛伊德"有较详细的阐释，对弗洛伊德的儿童性欲说有严厉批判。

存在的惊奇：居然有这种或那种东西，如此这般地存在着。

而大人去溺爱，凡事代劳，小孩子就懒了，生出惰性来。惰性一生二，二生三……世界每日收缩，小小年纪枯坐，拒户外活动于千里之外。

爱是什么？爱是克制爱。

长辈溺爱子孙的无穷细节，殊难细腻捕捉，更难及时反思。

民间是这样总结的：慈母多败儿；溺爱要护短。

从正、反两方面洞察人性，乃是中国传统文化的弱项。

这个弱项，形成了千百年的风俗，波及长远。

存在的惊奇先于一切美感，惊奇生亲切，亲切生美感。2021年，我悟到这一层。

本文写思想家鲁迅，会有思之生发。

思想是什么？思想是生发思想的一种人类现象，伟大的思想意味着无穷的生发。

长妈妈真是好妈妈，她告假回家五六天，小鲁迅想念她。八岁的小男孩儿想啊想啊，倚门想，爬树望，"折断门前柳"。想闻长妈妈身上的气味，想听长妈妈的乡下土话，甚至想被长妈妈摆出的那个"大"字挤下床。

人是谁？人是点点滴滴的念想，人是朝朝暮暮的牵挂。但凡有此入骨的牵挂，人，不会有轻生之念的。

牵挂一朵花。牵挂长妈妈。

长妈妈从乡下回来啦，居然抱回了一套小绘本《山海经》。哇，九头的蛇、人面的兽、百丈高的娃……长妈妈进门就说："大阿官，有画的'三哼经'，我给你买来了！"

值几百文钱的一套《山海经》啊。长妈妈平时爱嚷嚷手头紧老家穷，可是她……

小鲁迅一头扎进了小小的四本《山海经》，横竖看不够，于是动笔画。蒙着画、照着画不过瘾了，这小孩儿开始想着画，盯着屋檐使劲想。走路也在想，脑袋撞门框。

画啥呢？画八斤，邻居小儿八斤，打架凶巴巴的八斤，蛮不讲理的八斤，鼻孔朝天趾高气扬的八斤。小鲁迅画了第一幅画《射死八斤》，很解气。他跟八斤打过架的，不止一次。打不赢就画画。画稿不满意，撕了再画。一次次"射死"八斤，真痛快啊。

20 世纪 30 年代，鲁迅先生发起中国的木刻运动，介绍德国人珂勒惠支充满战斗性的版画。木刻的战斗性不亚于油画，水墨画是不能比的。

鲁迅写的毛笔字，吃"红鸡蛋"是常事。后来先生的书法独具风格，但从不自称书法家。

《二十四孝图》，他从小就厌恶。"老莱娱亲"，七十多岁的老莱子倒在地上撒娇，讨父母欢心，真让人恶心。"郭巨埋儿"，为了省粮食供养老父，郭巨居然活埋了三岁的儿子。

这是在清朝末年，邪恶的统治者强化礼教以掌控天下。王朝越是没落腐朽，统治者的花样越多，手段越诡异。问题是，封建统治者的花样并不是无效的。穷乡僻壤也有《二十四孝图》《孝经》《女儿经》一类读物。漫天撒大网，瞒和骗。

鲁迅先生质疑几千年的统治术，可能始于对《二十四孝图》的反感。

先生却是孝子，尽孝一辈子，先母亲而去。先生的母亲鲁瑞以八十七岁的高寿去世。

先生给母亲写了许多信，信的末尾永远是："男树叩问金安"。

通常的情形是：孝子并不知道自己是孝子，他只为具体的事情操心。

21世纪，孝敬的点点滴滴的衰减，令人无言以对。立此存照吧。

父不孝，子难孝，孙茫然。人人都要面对，一家子，低头不见抬头见。

鲁迅十二岁，离开朝夕玩耍的百草园，进了绍兴颇具名望的三味书屋。

先说书屋的书香布局。书屋有一副对联："至乐无声惟孝悌，太羹有味是诗书。"南墙的圆洞后有一间屋，悬小匾："谈余小憩"；北面两间屋，有"仿佛吾庐"。后园一个亭子叫"自怡"，亭前花木颇壮观，有两棵百年桂花树。蜡梅北向，大天竹果实累累。

书屋先生寿镜吾是绍兴城的名师，总是穿一件破旧的大衫，"家人给他做了一件皮袍子，他一直舍不得穿……他不抽烟，只喜欢到谢德兴酒店吃点儿酒，算是人生的一大陶醉。吃酒时，总得走进店里，不让学生看见"。

三味书屋的环境那么讲究，而先生寿镜吾，吃穿朴素。教孩子，身教是第一位的。师道尊严，质朴为先，惜物为先，知耻为先。他吃小酒也要避开他的学生。他从不滥收学生，更不问学生的家庭背景，"有教无类"。这位古城名师不搭建任何利益平台。

小鲁迅是捣蛋鬼，老师罚他喝凉水，还要打他嘴。

"他太调皮了，居然跑到庙会里去扮小鬼，油彩没抹干净，就跑回到书房里来。"

他在课堂上举手问："先生，'怪哉'这虫，是怎么一回事？"

博学的寿镜吾先生一时蒙了。学生们大乐。

老师出对课题："独角兽。"

小鲁迅怂恿同学答曰："四眼狗。"

老师猝不及防，一连串的对子顿时冒出来：二头蛇，三脚蟾，八脚虫，九头鸟……

桂花树是可以爬的，蜡梅花是可以摘的，墙洞是可以来回钻的，秋千是天天荡的。

十二岁的小鲁迅制作了一款书签，写下一行小字："读书三到：心到，眼到，口到。"他调皮捣蛋的一个原因，是他成绩好，有调皮的本钱。他的记忆力极强。

老先生又出对课题了："月中桂。"

学生对"风前柳"，对"雪里梅"。

小鲁迅脱口而出："星里麻。"

老师听不明白，慢慢摘下了大眼镜。这个学生解释："星里有牛郎织女，织女星不正是织麻的吗？"

少年，正是奇思异想喷涌之时。寿镜吾先生不打压。

孩子们自由的思绪就像原野上不羁的风。创造性的才华在孕育中。

如果小鲁迅不能天真烂漫，不会调皮捣蛋，那么，他后来的运思、运笔，不可能那么凝练而灵动。灵动是说：有转向的能力，有不断超越自身的能力。

苏东坡尝言："天真烂漫是吾师。"

当下的一大难题是：如何保护小孩子的天真烂漫？

童年快乐，是通向一生幸福的唯一桥梁。切记：唯一桥梁。

童年不快乐，人格很难健全，心理毛病多。这几乎是个定律。

从五六岁到十三岁，从百花园、百草园到三味书屋，从绍兴古城到外婆的安桥头，小鲁迅的生活惬意而又活泼，灵动而又安静。他的脾气也不小，比如一脚踩烂了弟弟的风筝。同学叫他的外号"雨伞"，他要捏拳头，怒目而视，扔了书包打架。邻居小子八斤欺负他，他奋起反抗，包括用画笔来反抗。这些都构成了未来那一位"横眉冷对"的反抗者的雏形。

研究鲁迅，要仔细打量他的孩提时光。

百草园并不大，三味书屋的园子也不大，但是，"大"是什么意思呢？多大是大？

古人云："一微尘里斗精神。"庄子发现了无限小。

小孩子的眼中，大抵只有心理半径。物理半径只是心理半径的伴生现象。当年我一直觉得眉山比成都大，眉山县甚至比四川省还大，自嘲感觉不对头，傻乎乎的。后来读现象学，学会了一点细心，才发现感觉是对头的，感觉隐含了内在真实。于是我写下一个句子：

一方春水池塘，大于五湖四海。

福克纳在一块"邮票般大"的地方写出了《喧哗与骚动》。卡夫卡去过的城市甚少。鲁迅先生只在日本待了几年。曹雪芹只拥有双城记忆：金陵、北京。苏轼一生，"半中国"而已。

深度决定广度。今日飞遍全世界的作家们，谁具有全球视野？

巴掌大的春水池塘，钓过鱼，捉过鳖，玩过黑泥，追过翠鸟，扎过水葫芦船，摘过鸡头米，看过初荷、圆荷、残荷，听过蝉声如雨，见过白雨跳珠，闻过袅袅炊烟，惊叹过燃烧的晚霞、浩瀚的星空、神秘的"走星"，吃过莲子，当过费头子，砸过核桃皮，撬过地拱子……

玩过无数次的池塘，有了永久性的情感记忆。而且，这些记忆会发散开去。

鲁迅十三岁，遭遇了生存落差。在北京做官的祖父出事了。

祖父周福清想买通主考官，为儿子周凤仪谋个进士及第，信封里装了一万两银票。陶阿顺送银票，地点在苏州的一条船上。副考官殷如璋正与人喝茶，接过信封点了点头。陶阿顺等了一会儿，不耐烦，当众嚷了起来："信里有万两银票，怎么不给一张回条？"

苏州这一嚷，绍兴的周家败了。周家不败，却难有旷世之鲁迅。

周福清入狱，判"监斩候"：不知道什么时候问斩，悬着，有玄机。于是，周家的钱财不断往外掏，耗去了大宗家产，打通上上下下的关节，保一条人命。

鲁迅躲到了乡下，过了大半年，返回绍兴城，继续三味书屋的学业。

鲁迅的父亲气病在床上。这位父亲，也是性刚烈，脾气大；喜论时事，堪称绍兴业余的评论家。祖孙三代人，天性有遗传。

祖父栽了，父亲病了，绍兴的鲁迅家黯淡了。

瘦小的少年，往返于高高的当铺和嘈杂的药铺之间，遭遇各式人间白眼。

家道中落，世态炎凉。天真无邪的少年，迎头碰上社会阴暗。

三味书屋的学业中断了。

当铺，药铺，父亲的病榻……请来的中医很奇怪，那药引子，居然要用原配的蟋蟀。昂贵的诊费、药钱一把把地花出去了，父亲的病却不见起色。鲁迅是由一张又一张庸医的脸来感受中医的。到后来，他挖苦中医，憎恨中医，到日本学西医，要救治像父亲这样的病人。

患水肿病的父亲，终于死在绍兴庸医手上。家境每况愈下。鲁迅是老大，他的感受比两个弟弟要强得多。后来提笔为文，频频回首往事，惊异于早年生活的巨大落差。

这个落差中隐藏着许多东西。鲁迅的回首，乃是持续地转身，打量并逼近自己的生存轨迹。而一般人不会这样。除非遭遇强刺激，常人不会去深思，更不会持续深思。

个体回首艰难，群体更是如此。

鲁迅痛苦而漫长的精神探索，起于十三岁。幸福的突然中止催生反思，类似少年时代备享荣华富贵的曹雪芹；而反思诱导更多的反思。鲁迅与曹雪芹有比较的空间。

生活的落差左右着生存的向度。思索在它的连续性中显现为思想。

思考型的鲁迅，发端于少年。此一层，学者教授们思未深也，道未详也。

精神之路，曲折幽暗歧路纵横，乃是常态。曲折幽暗挡住了大多数人的探索。

鲁迅在绍兴长到十八岁，启程赴南京，踏上了求学谋生之路。

母亲送他，一路上止不住风中的泪。

鲁迅在南京待了四年，先进水师学堂，后转矿路学堂。这类官费的实用型学校，富家子弟是瞧不上的。鲁迅穷，离家远走时，母亲只给了他八块银圆。

南京的冬天冷，鲁迅衣裳裤子单薄，经常吃辣椒御寒，伤了胃，埋下病根。

他边吃辣椒，边读严复翻译的《天演论》——这本书是英国人写的达尔文进化论的普及读物。鲁迅明白了进化论的道理，胃火与怒火一起烧。

"非最宜，不能独存独盛。"

进化论鼓吹物竞天择，适者生存，震动了当时的中国社会。清王朝不缺经济实力，却未能将财力转化成军事实力，海战陆战皆输，屡屡上演近代史上的国家悲剧。

英美的殖民术，和他们的技术一样发达。

圆明园的大火，烧焦了鲁迅的思绪。他苦练马术，跌倒又爬起来。心中有仇恨，纵马过山溪。他刻下了三枚图章：文章误我；戎马书生；戛剑生。

在二十丈深的矿井下，他看见"鬼一样工作着的人们"。

穷人，穷人，穷人，南京到处是穷人。鲁迅自己是穷学生，对底层很敏感。几年来，目睹太多。从十三岁到二十岁，鲁迅的价值观趋于成形。

他说："父亲的死，使我想了很多事情。"

中国历代大文豪，早年丧父的例子不少，这个现象可做多个层面的阐释。

1900年，八国联军如狼似虎打进北京。慈禧仓皇逃走。

而在南京的大街上，新式陆军唱着莫名其妙的军歌："请看印度国土并非小，为奴为马不得脱笼牢。"五十步笑百步。扛枪的士兵在昂扬高歌，青年鲁迅在观望的人群中羞愧。

满街看热闹，一人皱眉头。

南京矿路学堂一度停办，鲁迅回绍兴待了一年多。

在家里吃白食，鲁迅很惭愧。母亲明显见老了。祖父出狱回来，不停地骂人、唠叨。

出国的机会来了，矿路学堂派六个学生去日本官费留学，鲁迅排在第三。

这是1902年。鲁迅到东京，学上了日语。

鲁迅早期的雄文有《文化偏至论》《摩罗诗力说》等。前者发洞见云："外之既不后于世界之思潮，内之仍弗失固有之血脉，取今复古，别立新宗，人生意义，致之深邃，则国人之自觉至，个性张，沙聚之邦，由是转为人国。"著名的拿来主义，先在日本拿。

鲁迅把当时的中国诊断为"沙聚之邦"，几亿人呈现为大沙漠，被刮来刮去的风不停地改变形状。无边的沙漠是如何形成的？人，又是怎样变成渺小沙粒的？清王朝的经济实力不是远胜于日本吗？为何又是沙聚之邦？

鲁迅盯上了中国人的个性。个性不张，造就了沙聚之邦。

中国封建社会，权力运行极端化，覆盖面广，持续的时间长。而极端化的封建权力注定要制造庸众，把个体变成沙子，把群体变成沙丘。

庸众昏昏欲睡，皇帝为所欲为。二者互为因果。

鲁迅的投枪匕首，横眉怒目，乃是针对漫长的封建社会的权力极端化的恶果。

非怒目，不足以穿透。

《文化偏至论》强调："掊物质""张灵明"。

人是万物之灵，有价值系统，有道德承载，有诗意向往，有灵光闪烁，有情义环绕。动物的决定性的因素是物质环境，而人之为人，是由文化环境来决定的。

文化追求什么？追求价值关系。

活着要有意义。活着有意义的人才会活得饱满，一生不虚度。

鲁迅说："掊物质而张灵明，任个人而排众数。"十几个字，预设他的终生奋斗。

掊物质：坚决抑制物欲的恶性膨胀。物欲有个相关系统，调动一点，牵扯出其他。

物的丰富，绝不等同于人的丰富性、日常生活的丰富性。

人的质量差，物欲就高涨。

20 世纪初，鲁迅在日本近距离审视欧美的物质文明，掉头为自己的民族把脉。

中国广袤的城市与乡村，并不缺生活方式的自主，不缺低沸点的欣悦，不缺乡邻温暖，不缺诗意向往。地域的差异，催生日常生活的差异。有差异，人的面目就不会趋同，生活花样多。你喜欢不是我喜欢。人上一百，形形色色。林语堂的《吾国与吾民》值得一读。

清朝统治者数百年的高压、奴化、愚弄、摆置，使民族精神委顿。

19 世纪，西方列强来了。双重的压迫造成了一盘散沙。

列强很喜欢一盘散沙，因为殖民成本低。

鲁迅的任个人，排众数，致力于中国人的个性解放，瞄准并揭示国民顽固的劣根性。民众的愚昧和麻木，是鲁迅一生都深恶痛绝的。爱之深才痛之切，才责之严。"哀其不幸，怒其不争。"正是在这个层面上，他和乡愿式的胡适拉开了距离。

沙聚之邦，独立个体罕见。先知先觉先行者，必定遭到"众数"的漠视、歧视，乃至敌视。苏格拉底、布鲁诺的命运都证明了这严酷的现实。孤独的反抗者浑身是伤。

鲁迅晚年有句名言：他是为他的敌人活着的。

鲁迅的"最痛苦的灵魂"，源于他感受和辨认黑暗的能力。

他看得透彻，才一针见血，才直截了当。惯于作揖打躬、互相周旋的人们自然会不舒服。

觉醒的个体面对昏睡的庸众……鲁迅发现了尼采和易卜生。而尼采发现了超人、末人，易卜生发现了真理常在少数人手中。

中国革命的先行者孙中山，他在东京《民报》创刊周年庆祝大会的演说《三民主义与中国民族之前途》中指出："文明有善果，也有恶果……欧美各国，善果被富人享尽，贫民反食恶果，总由少数人把持文明幸福，故成此不平等的世界。"

孙中山是先行者，鲁迅是先觉者。

孙中山致力于社会革命，鲁迅全力以赴改造中国的国民性。

这是两个不同方向的伟业。

鲁迅二十多岁就成为先觉者，令人颇惊讶。在日本东京，聚集着来自中国的各路豪杰：革命的、改良的、复古的、保皇的、主张暗杀的……分成若干派系，竞相发出声音。

中国面临着被西方列强瓜分的危险，知识分子受到前所未有的强刺激。既要反封建，更要反列强，各种各样的救国论杂然纷呈：实业救国、教育救国、医学救国、黄金黑铁救国、坚船利炮救国……

而鲁迅的救国思想，发端于南京读《天演论》的时期。鲁迅读进化论，读来读去，读出"个体"二字。这使他获得了极坚实的思想基础。

这个基础，为他提供了人生的舞台，文学的创造性区域，韧性战斗的战场；也使他孤独、彷徨、痛苦。

孤独乃是思想家的宿命。尼采在六千英尺的高山上俯瞰人类；超人苦口婆心，试图拯救山下黑压压的末人。拙作《品西方文人 3》之"尼采"有详说。

思想的持续重压，鲁迅独自承受。这重压，日复一日雕刻了他的面部表情。

鲁迅先生的照片是很耐看的。郁达夫称他是中国第一美男子。美在何处？美在力度。

发现了个体，也就发现了沙粒，看清了沙聚之邦。鲁迅是研究沙粒、沙化的头号专家。而他改造国民精神的荒漠化，曲高和寡，常陷入孤军奋战的境地，尽管他装备精良——有卓越的思考能力，有表达思考的杰出的汉语艺术。他呐喊，投枪匕首并用，却如同置身于无物之阵。国民的五花八门的劣根性，发现它已经非常不容易了，何况要去改造它。

"沙聚之邦，转为人国"，怎么转人国？这工程的浩大艰难与长期性，谁能测量？

正是在这里，思想把握住最值得一思的东西。

鲁迅为什么能看见个体？盖因他很早就"活向"个体。家学渊源，母性呵护，百草园和三味书屋，健全的童年生活，奠定了他的雄厚基础。十三岁，落差来了，人受刺激，紧张的思索年复一年。江边的一根芦苇迎着大江边呼啸的长风。

南京四年，逆境奋斗。

二十岁前后，鲁迅形成了个体修炼的态势，步入个体的运行轨道。

唯有这种坚实的个体，方能发现个体的对立面：庸众，沙聚之邦。

鲁迅断发照

鲁迅赢得了思想的持续喷发，"赢得了"前所未有的麻木与黑暗。他栖身于黑暗，盖因他心中有大光明。他浑身敏感，所以他几乎洞察了一切麻木。

说几乎，是因为思想的冲击力本身会形成某些盲点。这个稍后谈。

鲁迅的喷发力，乃是针对黑暗的攻击力，对光明的辨认能力。

理解鲁迅，不妨聚焦于此。他的写作风格，他的战斗姿态，他在中国不变的价值，以及他在运思过程中出现的盲点。把握鲁迅的精神脉络，乃是本文的努力方向。也许只能思到中途，但只要有思，就是好的。

个体的特征，思为第一要素。

鲁迅在东京弘文学院待了两年多，然后去了仙台，学医。严谨而又慈祥的藤野先生，后来成了他终生铭记的恩师。20世纪30年代，日本对中国虎视眈眈，但鲁迅的书房里仍然挂着藤野的照片，仍与开书店的内山完造交厚，信任日本医生须藤，这说明他确实对事不对人，待人行事，全凭自己的目光。日本军国主义和具体的日本人，他是区别对待的。

鲁迅对西方医学有浓厚的兴趣，各科成绩好。这也如同他对地质学、生物学的浓厚兴趣。他一直是文理兼修，能同时看见物质与精神，看见二者的融合与二者的分界。

在东京，鲁迅与许寿裳深入讨论：中国的国民性中最缺乏的是什么？它的病根何在？

当时的日本，由于1894年的中日海战，由于稍后的日俄战争，好战分子急剧增长，军国主义气焰嚣张。鲁迅被仙台的日本同学视为"支那学生"。成绩好反受奚落、受怀疑：一个支那人，怎么可能在骨学、神经学、血管学、解剖学、细菌学的课程上都取得好成绩呢？

有个日本学生写信给鲁迅，开头便说："你改悔吧！"

鲁迅不理睬，班上的同学对他侧目而视。他住在一所监狱旁的低级旅馆，瘦弱之躯饱受蚊子的叮咬。陋室没蚊帐。顿顿粗食，咽下却不难……

有一天，学校放一部日俄战争的纪实影片，片中有个中国人，因做了俄国的奸细而被日军处死。围观的中国同胞一个个身强体壮，神情却麻木，他们在看热闹、看杀头，鸭子般伸长颈项，死鱼般的眼睛转动着某种兴奋。

鲁迅大吃一惊。日本学生在欢呼、在起哄，打着尖厉的口哨。

体格强壮而神情麻木的中国人……鲁迅对此印象深刻，源于他对国民性的持续追问。思想感觉化了。感觉引发更多的感觉，又反证思想。

他做出了瞬间决断：弃医从文。

医学是不能深入灵魂的。行尸走肉满街乱窜，"病死多少是不必以为不幸的"。

后来他的小说《药》《示众》《阿Q正传》，对国民的麻木做了入木三分的描绘。

鲁迅是相当敏感的。叶圣陶说："在同时代的人中间，鲁迅先生的确比别人敏感。有许多事，别人才有一点儿朦胧的感觉，他已经想到了，并且想得比别人深。"

毛泽东称他是伟大的文学家，思想家，革命家。

他想得深，于是他走得远。他走得远，于是他日益孤独。

他考察人性，拷问灵魂，也从不放过他自己。他欣赏陀思妥耶夫斯基对灵魂的拷问、穷追不舍。在特定的历史情境中，他反礼教，反孔夫子。

鲁迅雄文《在现代中国的孔夫子》。鲁迅与孔夫子有互补的空间。

中国封建社会，越到晚期，权力运行越呈极端化。

极端化意味着：唯有这种极端化，方能维持日趋腐败的权力系统的运行。

鲁迅受西方文化的大力牵引而不乱阵脚，与他的"国学"功底是大有关系的。这个问题很重要。把握"鲁迅之为鲁迅"，需抓住纲，纲举才能目张。

1906 年的夏天，鲁迅回到东京，生活仍然艰苦。吃得很差，想得很多。这年轻的大脑几乎昼夜不息地运转。"赴会馆，跑书店，往集会，听讲演。"

心中风云激荡，人在苦苦求索。起于少年的那双眼睛……

在精通了日语之后，他又学俄语、德语，如饥似渴地阅读俄国、德国的文学和哲学经典。他渴望去德国留学。他拟购的德文书目多达一百二十七种。买一套德文版的《世界文学史》，他花了十个大洋。他读过托尔斯泰所有的日译本。美国人的书，他接触甚少，没兴趣。

文学养分嫌不够，他转向德意志哲学家尼采……

中国精神界之战士，蓄势待发。

鲁迅一生全神贯注于社会批判、文明批判、生活批判，而康德在 19 世纪已经有"四大批判"之一的《判断力批判》。针对判断力的批判，晚清的士人们可能还不知所云。

20 世纪 50 年代后期，毛泽东曾在《同音乐工作者的谈话》中指出："近代文化，外国比我们高，要承认这一点。"青年毛泽东在长沙、在北京，读西方人的经典著作如饥似渴。

鲁迅的奋起，乃是瞄准中西方文化的落差。他跃入西方文化，贪婪地呼吸着异质性的空气，反身打量中国的传统文化，"看见了"传统文化——它的精髓和它的诸多弊端。

鲁迅能对同质性的东西作陌生化处理。这也包括他将要展开的汉语艺术。他的小说，从《呐喊》《彷徨》到《故事新编》，几乎一篇一个风格，其艺术蜕变的能力令人惊叹。他不刻意追求形式，反而获得了"有意味的形式"……

鲁迅之所以能够审视中国，盖因他汲取了中西方文化的力量。

鲁迅做了国学大师章太炎的弟子。章太炎在当时是声名显赫的革命家，进过清廷监狱，出狱后把他的讲坛论坛搬到日本东京，与改良派、保皇派领袖梁启超、康有为等展开激烈论战。

鲁迅听章太炎讲《说文解字》。太炎先生席地而坐，挥舞着手臂，绘声绘色讲汉字的起源，五六个小时一晃而过。听讲的学生环坐于矮桌旁，上厕所都要抓紧时间，生怕漏听精彩处。钱玄同听得忘形，每次上课都眉飞色舞，身子不觉前移，移至先生跟前。师生讨论，数钱玄同的话多。鲁迅对钱玄同小有不满，给他取个绰号"爬来爬去"。

后来，钱玄同做了古文字学家，提倡复古，鲁迅写文章批评他。鲁迅写《关于太炎先生二三事》，对作为儒学大师的章太炎也有微词，不过，这篇文章的基调是亲切的，怀念的。

鲁迅在日本办《新生》杂志，不分昼夜读西方经典，同时聆听章太炎授业。视野开阔的思想家正在酝酿中，20 世纪无与伦比的汉语艺术在锤炼中。

战斗的鲁迅之所以能够战斗，其文化视野乃是决定性的因素。

他的同乡徐锡麟刺杀清廷大员恩铭，举国震惊。徐锡麟被处死，开膛，心、肝、肺做了恩铭亲兵的下酒菜。不久，鲁迅的另一位同乡，鉴湖女侠秋瑾，也在她的故乡绍兴，死于清廷刽子手的屠刀下。

秋瑾生前，随身带着一把短刀。鲁迅也有一把短刀，那是在仙台的时候一个日本朋友送的。

夜里他看刀。他并不是一名刺客。这是一把灵魂的手术刀。

鲁迅看刀，看来看去，"看"出日后的投枪匕首式的杂文。

郁达夫说，鲁迅的杂文"能以寸刀杀人"。

郁达夫通常给人留下风流才子的印象，却对鲁迅杂文推崇备至，反击鄙薄杂文的梁实秋。梁实秋先生翻译莎士比亚功莫大焉，也许他是走了"雅"的极端。民国时期，这类雅士不少。

杂文的特点是：嬉笑怒骂，皆成文章。

孟子写文章，也是要骂人的。孔夫子杏坛讲课，骂人很凶。王国维、章太炎、辜鸿铭、郭沫若……谁不骂人呢？骂是广义的，并非人身攻击。"辱骂和恐吓绝不是战斗。"

鲁迅从仙台返回东京，又待了三年。屈指算来，他到日本七年多了。

他想家，想念母亲。他曾经加入东京的浙学会，秘密策划国内的武装起义，先从暗杀清廷大臣开始。鲁迅接到充当刺客的任务。他同意了，念及老母又踌躇。他对组织说："我可以立即动身的。现在只想了解一下，如果自己死了，剩下老母，那时候该如何替我照料呢？"

浙学会回复："不用去了。"

1908 年，鲁迅居于东京的一幢公寓"伏见馆"，他快满二十九岁了，唇上留了一点胡须。他还不想回国，回国意味着成家。成家意味着过老式

青年时期的鲁迅

的日子，在绍兴生儿育女，做师爷或幕友。母亲拍电报催他回去。绍兴有一位名叫朱安的姑娘在等着他，她的年龄比鲁迅略大，家境也不错。但鲁迅对她没感觉，不想娶她。类似的婚姻，也发生在郭沫若、胡适的身上。

母亲再拍电报，称卧病在床。鲁迅赶紧启程了。

其实母亲没病，是催他回去完婚的。

鲁迅令人费解地同意了，在绍兴与朱安举行了旧式婚礼。

原来，他有个折中的办法：为母亲迎回了一位儿媳妇，却拒绝一个妻子。他拒绝和朱安同床共枕，一辈子为朱安提供生活的费用。朱安曾经许过人的，她为逃避包办婚姻而住进了周家，却遭受了鲁迅迎娶式的逃避。按绍兴习俗，如果鲁迅不娶她，她很有可能永远嫁不出去，连生计都成问题。处于两难境地的鲁迅，将朱安的生活也考虑到了。

他拒绝朱安，拒绝新房的双人床。按"坐床"的婚俗，他端坐在床沿上。红烛灭了，她在等他。等到后半夜了，新娘子吞声哭泣，新郎泪流满面。

第二天，母亲发现他的眼睛浮肿。他不去拜祠堂。第四天，他带上周作人去了日本。

鲁迅归国后，到杭州的两级师范学堂教书。许寿裳在那儿当教务长，校长是沈钧儒。鲁迅教化学和生理卫生，兼博物学的翻译。他对学生讲生殖系统，面对一张张惊异甚至惊恐的娃娃脸，他面无表情，单用抑扬顿挫去表达。声音是他的表情，沉默是他的不满。他冷幽默。下面哄堂大笑，他的面部肌肉变化不大。

鲁迅讲课的风格，讲演的风格，形成于杭州师范。幽默这东西，一旦"热膨胀"，很容易油腔滑调。鲁迅懂得这个微妙的分界，专门写文章，告诫年轻人切忌油腔滑调。

三十岁的鲁迅住着单身宿舍。学校里他是最能熬夜的教员，备课，读书，整理和学生们一块儿从野外采集来的植物标本。他抽"强盗牌"香烟，吃杭州有名的条头糕。这两样东西，校工每晚给他送上。物质生活比在日本的时候强多了。

学生有错，他一向宽容。

深夜他在小院徘徊，觉得天空奇怪而高。

香烟总是在手上，思绪袅袅在空中。然后，一个人卸衣上床⋯⋯

沈钧儒去职，来了个新校长夏震武，强拉许寿裳陪他去孔庙"谒圣"，遭到许寿裳的拒绝。鲁迅给这位新校长起了个外号："夏木瓜"。很快，"夏木瓜"在教员们中间广泛传开了。恼羞成怒的"木瓜"摆出了权力面孔，拉大旗作虎皮，惹得群情激愤。双方斗了几个回合，以教员们的胜利而告终。"木瓜"辞职，学校开起了庆功会，鲁迅痛饮绍兴老酒。

这是 1910 年，离辛亥革命很近了。

鲁迅"升官"了，从杭州返回绍兴，在绍兴府中学做了学监。还是穿廉价的羽纱长衫，抽"强盗牌"香烟，还是形同单身汉……绍兴古城弥漫着革命的空气，人们公开议论三年前死去的秋瑾、徐锡麟。鲁迅一头短发，昂扬走在街上。绍兴府中学的学生们满怀敬意地望着他走过，悄声议论他与女侠秋瑾的友谊。

"革命"来了。

鲁迅带领一批学生迎接革命党，手持一把钢刀。学生们叫他"拼命三郎"。一个学生队长问："万一有人阻拦怎么办？"

他回答："你手上的指挥刀做什么用的！"

必要时，武装斗争。这一点，反抗者鲁迅不含糊。

革命党人王金发的队伍从杭州连夜开到了绍兴。穿蓝色军装的士兵们，穿草鞋，扛步枪，打裹腿，精神抖擞。绍兴城亮起了各种各样的灯：油灯、纸灯笼、玻璃方形灯、桅杆灯。没灯的人点起了火把。

革命照亮了千年暗夜。

绍兴光复前，王金发把杀害秋瑾的胡钟生干掉了。

鲁迅出任绍兴师范学堂的校长。上任的头一天与全体学生见面，他戴一顶军帽。校长致辞，简短有力。下面的操场内响起了欢呼声。可是没过多久，绍兴的人们看见革命的标志性人物王金发长胖了，满脸油光。他的太太阔起来了，在绍兴城抖了起来。他的爷爷坐四人大轿招摇进城，士兵列队去迎接。绍兴的士绅们用祖传的老办法，群起而捧之，拜帖如雪片，这个送衣料，那个送翅席。绍兴府虽然改成了军政府，进进出出的还是那些人。

思想者周树人冷眼观察。冷思索才有热效应……

城里忽然有了许多名目的革命党。不少人开口革命闭口革命，唯恐不革命。

城里和乡下的闲汉们兴高采烈，纷纷拥入军政府衙门，穿皮袍蹬皮靴，大摇大摆。

沉渣泛起。鱼龙混杂。沙粒怪异。面团人一群群。变色龙一条条。乱哄哄你方唱罢我登场。王金发变了，拒绝青年们提出的惩办杀害秋瑾的刽子手杜海生的强烈要求，说是"不念旧恶""咸与维新"。青年们愤怒了，发传单，办报纸，痛骂王金发，请鲁迅做他们的后盾。

鲁迅站到了王金发的对立面。思想者与权势者针锋相对。绍兴城一度盛传，王金发要派人杀鲁迅。鲁迅的母亲吓坏了，叫他到乡下去躲避。

鲁迅不走。夜里还上街，打着灯笼，灯笼上写着大大的"周"字。过了一段时间，平安无事。他还当校长。王金发虽然糊涂，却不至于暗杀他。

许寿裳在南京临时政府的教育部任职，请鲁迅去南京。教育总长是蔡元培。

1912 年的春天，鲁迅离开了故乡绍兴。

同年五月，临时政府迁往北京。鲁迅随教育部北上，住在宣武门外一条僻静的胡同——南半截胡同里的绍兴会馆。八月，他升为教育部的佥事，兼社会教育司第一科科长，月薪丰厚，权力亦大。于是，找他的人多起来，每日排着队，到他的办公室或会馆小屋。如果他愿意在官场中谋个前程、编织关系网、搭建利益平台的话，此间是个好机会。

可是对鲁迅这样的人来说，他看不见这些机会。许寿裳也被人拉去打麻将了，鲁迅不去。喝酒是可以的。

鲁迅的意识之所向，乃是时代。多年来他死死地盯住人，盯住个体不放，所以，他所看见的那个时代，跟他的同时代人有巨大的差异。

人是怎么看见事物的？现象学抛出了这个根本性的问题。

尼采说：眼见为实是人类最大的认识误区。

人是谁？人是"角落站立者"。

教育部的同事们能看见鲁迅之为鲁迅吗？

鲁迅实在不喜欢那些形形色色的来访者。事实上，那些人怀揣的各种名利念头，他要么在脑子里一晃而过，要么视若无睹。

一个不愿意把别人当成敲门砖的人，自己也不愿成为别人的敲门砖。

鲁迅说："浪费别人的时间，无异于谋财害命。"

乡愿人、两可人、骑墙之辈，各自盘算私利，又要凑到一起。单位或公司的大楼里，这个景观会长存。只要基础性的东西在那儿，它就会变着花样上演悲喜剧……

现代中国杰出的思想家，不得不置身于庸常官府、庸常的人际关系的纠缠。他做教育部的高级干部，跟教育总长蔡元培的欣赏有关。后来，二人都从按部就班的政府部门转入了大学。蔡元培是现代教育的奠基人。鲁迅是现代思想和文学的奠基人。

思想家每天上下班。思想家夹着公文包匆匆走着，走过北京的一年四季。

如果年轻的鲁迅在北京结了婚，那么，他的能量会分散。大脑的高速运转未必能持久。

思想家，先决条件之一，是身体能量。

看来，成大事者，元气自守是必要的。

思维形成穿透力，非有能量的非凡聚集不可。本文在这个角度阐释鲁迅，是个意外，事先没想到。这个阐释，自然会通向其他领域的脑力工作者。

写作是什么？写作是思绪在纸上的延伸。不写，想不远。口头表达也是好的，激烈争论更好。

好作家有三器：思绪弹射器、情绪加热器、信息处理器。

袁世凯在列强的支持下，继续做着临时大总统。教育部的旧势力占了上风。

袁世凯复辟，做着皇帝梦，打算改"中华民国"为"中华帝国"，要改元"洪宪"。这是 1915 年 12 月。

初，教育部删除了美育。鲁迅写日记："此等豚犬，可怜可怜。"

蔡元培提倡以美育代宗教，初衷是好的。不过，美育在大众的普及是个难题。让终年劳累的农民欣赏陶渊明吗？让一般市民欣赏古代的音乐、绘画和书法？

士大夫的审美情趣大规模向民间转移，可能还需要数百年。真是过于漫长了。

时至今日，一般人要欣赏《兰亭序》《寒食帖》《辋川图》《富春山居图》，真不是轻而易举的。欣赏古典音乐更不易。艺术品历千年，从来拒绝吹糠见米式的轻佻靠近。

在追逐速度的互联网时代，靠近艺术品更难。

人的生存固化，一般起于青年，强化于中年。人一固化，意思就不大了。

个体质量小，固化概率高。固化意味着：生命不再更新了。

"人在诸物中稳如一物。"（海德格尔语）人的自我物化古已有之，眼下大抵举目皆是，从念头的产生到走路的样子。所谓人，终于是一块石头。石头没有时间的流动。石头是其所是。壮年中年已是垂暮之年。比如：生命中只剩下几场牌局……

鲁迅先生不固化，盖因他的小时候，孩子气十足，大起来又长于思索，顺藤摸瓜反观自身。所以他格外看重童年。这个话题，本人极看重，后面还要谈。

民国初年，思想在北京的一条小胡同里高速运转。

鲁迅一头扎进古书。为了前行，他回思历史，获得一段助跑以跃入当下。他辨认着黑暗。针对历史进程中的毒素，他携带着强大的异质性力量，跃入历史的深潭。他清点着历史的有毒物质，寻找那颗支配着无数吸盘的魔鬼般的章鱼头。

礼教。这狰狞的章鱼之头。鲁迅自己就是礼教的受害者。那位在绍兴默默地陪着母亲的无辜的朱安……

六年过去了。鲁迅郁积着巨大的攻击力。是的，郁积。近乎阴郁之郁积。

思想者身在负能量中，思想者以身试毒。

地火在运行，岩浆在奔突，自动寻找着喷射点。

阴冷而孤独的六年，鲁迅先生完成了自身的修炼，朝着更高、更强、更坚硬、更具韧性。

同时他也攒着钱，准备在北京买房子，把母亲和朱安都接过来，让两个弟弟的两家人一同住进来。老大要在北京安顿一大家子，一个都不能缺。这位教育部干部抽劣质烟，喝廉价酒，头发长，胡子乱，一日三餐无规律；衣服和鞋子都是旧的，破了自己补……

鲁迅多年的郁闷也包含了性苦闷。大脑不间断的运思强制了身体。

1918 年春季的某一天，老朋友钱玄同来访，带来了一本《新青年》杂志，请鲁迅写一点文章。鲁迅淡淡的，他说了一段后来被引用无数次的话："假如一间铁屋子，是绝无窗户而万难破毁的，里面有许多熟睡的人们，不久都要闷死了，然而是从昏睡入死灭，并不感到就死的悲哀。现在你大嚷起来，惊起了较为清醒的几个人，使这不幸的少数者来受无可挽救的临终的苦楚，你倒以为对得起他们么？"

钱玄同反驳："然而几个人既然起来，你不能说决没有毁坏这铁屋的希望。"

鲁迅抽了几支烟，才同意给《新青年》写稿。

这一年的五月，白话短篇小说《狂人日记》问世。这是漫长的封建礼教史上的第一声惊雷，也是中国现代文学的第一块奠基石。现代小说自《狂人日记》始。

"古来时常吃人，我也还记得，可是不甚清楚。我翻开历史一查，这历史没有年代，歪歪斜斜的每页上都写着'仁义道德'几个字。我横竖睡不着，仔细看了半夜，才从字缝里看出字来，满本都写着两个字是'吃人'！"

鲁迅在《论睁了眼看》中说："中国人向来因为不敢正视人生，只好瞒和骗，由此也生出瞒和骗的文艺来。"

直面人生的鲁迅，发现了瞒和骗。两个字，概括了多少事，多少怯懦的、丑陋的内心。

直面惨淡的人生，正视淋漓的鲜血。

战士鲁迅，如此登场。《狂人日记》的主题只有几个字——"礼教吃人"。

强者吃弱者，弱者又吃更弱者，于是吃人的筵席就排得很长了。人肉筵席五花八门。

清朝中叶的思想家戴震说："后儒以理杀人。"理，是清朝盛行的程朱理学，是"灭人欲存天理"的那个理。曹雪芹与戴震气息相通，所以才写出豪门大族的那么多惨死。

封建统治者在举起屠刀的同时，玩弄着各式各样的软刀子。鲁迅反抗屠刀，又辨认软刀子。辨认的艰难在于：仁义道德贯穿了封建社会的教育体系，渗透各地的风俗。

仁义道德，在它的源头上、在孔子的思想体系中不是这样的。历代杰出的儒者、文人，亦在强力维护着这个源头。即使封建统治阶层，也从来不乏敢于为民请命的"中国的脊梁"。

而鲁迅在当时，必须亮出彻底反封建的战斗姿态。

针对封建礼教的极端化、日常化，必须以另一个极端来揭示它。否则，礼教强大的遮蔽功能将抵消任何揭示的力量。

思想的高速运行显现了穿透力。1908 年，二十八岁的鲁迅写《文化偏至论》，亮出了他的辩证思维。偏执有洞见。或者说：偏执的洞见。尼采的哲学中，偏执的洞见很多。

思之力，并无现成的制动系统。先要动起来，火箭般冲出大气层……

在这里，思之力乃是杀伤力。

《狂人日记》是岩浆的喷发点，从此，鲁迅一发不可收。六年的沉默、沉积，来了个大爆发。

《药》。

《祝福》。

《故乡》。

《铸剑》。

《孔乙己》。

《在酒楼上》。

《阿 Q 正传》。

《黄花节的杂感》。

《记念刘和珍君》。

《为了忘却的记念》。

《中国人失掉自信力了吗》。

…………

《阿 Q 正传》编入小说集《呐喊》，一经问世，轰动全国。连云南昆明这样的西部偏远城市也供不应求。小说连载到第四章，茅盾惊叹："这是一部杰作！"

鲁迅剖析国民魂灵的手术刀，首先对准他自己。

混合了自卑与自傲的"自欺欺人"的心理模式，是鲁迅揭示的。

由此生发了这种心理模式的对立面：勇于解剖自己；触及灵魂；人贵有自知之明；批评与自我批评……20 世纪六七十年代的人，对这些句子耳熟能详。

毛泽东把鲁迅精神带到了新中国。

鲁迅以轻松的笔调为阿 Q 画像，同时检点着自己身上的阿 Q 因素。

比如"忘却"。鲁迅显然敏感这个词，他目睹了那么多锥心的事，想忘却，但忘不了。推己及人，他发现了国人的忘却。

鲁迅对各种类型的"忘却"深恶痛绝。

然而，忘却也是弱者的特征，弱者的生存术。此一层，鲁迅先生思未深也。试想：如果阿 Q 不善于忘却，桩桩屈辱铭心刻骨，他还能在未庄混下去、活下去吗？悲剧多了，忘掉悲剧，才能摆脱残酷生活的纠缠，忘得越快越好。

忘却的极致，在鲁迅的笔下。

鲁迅先生对阿 Q 们、对孔乙己们，对"鸭子般伸长颈项"的可怜又可恨的看客们，是"哀其不幸，怒其不争"。

作家"揭出病苦"，是为了"引起疗救的注意"。

中国灵魂手术之第一刀，鲁迅当之无愧。

《阿 Q 正传》问世以后，数十年间一直处于激烈的争论中。争论的焦点是：阿 Q 这个艺术形象，是否指向中国社会各阶层？阿 Q 的时代一去不复返了吗？

1933 年，鲁迅在《再谈保留》一文中又说："十二年前，鲁迅作了一篇《阿 Q 正传》，大约是想暴露国民的弱点的。"

鲁迅认为，"中国国民性的堕落……最大的病根，是眼光不远，加以'卑怯'与'贪婪'，但这是历久养成的，一时不容易去掉"。这"一时"是多久，鲁迅先生没有讲。

几千年形成的病根，一二百年难以去掉。历史有不易察觉的惯性。

法国作家罗曼·罗兰读《阿Q正传》深有感触，他写道："可怜的阿Q将长久地留在人们的记忆中。"可见，国外也不乏阿Q。

毛泽东在《论十大关系》中指出："《阿Q正传》是一篇好小说，我劝看过的同志再看一遍，没看过的同志好好地看看。"真该好好地看看。一本好书，不妨看十遍八遍。少年看不懂，过几年再看，有了人生阅历再看。

一般来说，严格意义上的好书是不大叫人愉快的。卡夫卡、伍尔夫、契诃夫、加缪、海明威、杰克·伦敦……文学大师们叫人愉快吗？

在时下的语境中，阅读变成"悦读"，真是一大笑话。浅阅读严格对应浅表性生存，快餐式生存。米兰·昆德拉发现了这个，写《生命中不能承受之轻》。

鲁迅探究国民性由来已久，《呐喊》是一次集中喷发。他要"救救孩子"，免得他们长大后，"昏天黑地在社会上混"。

到了21世纪的今天，我们很遗憾地发现，"阿Q"还在到处走，怯懦、油滑、轻佻、短视、中立、骑墙、乡愿、两可；麻木、侥幸、忘却、投机、算计、钻营；自卑、自傲、自欺欺人、盲目自大、装腔作势、欺软怕硬、鬼头鬼脑、嬉皮笑脸、娱乐至死……虽然他已经不戴毡帽，不唱"我手执钢鞭将你打！"

20世纪20年代初，鲁迅成为新文化运动的一面旗帜，"颇激动了一部分青年的心"。他的作品吸引了大批追随者。追随者众，意味着那个年代数不清的青年在思索。

鲁迅仍在教育部做佥事，兼了北京大学的课，讲中国小说史。1919年，他花掉多年积蓄，卖掉绍兴老屋，在八道湾买了房子，将母亲、朱安和两个弟弟都接来同住。

他回过一次绍兴，闰土（运水）来看他，当初的英俊少年变得木讷、迟钝，四十多岁已是满脸皱纹。鲁迅写下著名的《故乡》，忧郁的目光瞄准饱受欺压的底层民众。

鲁迅回故乡卖祖屋，却干了一件很不该干的事：他烧爷爷的日记。

林贤治《人间鲁迅》："烧到祖父的日记时，建人不免犹豫。桌子般高的两大叠日记。线装得很好的日记。用红条十行纸抄写的字迹工整的日记。他向大哥道：'这日记也烧掉吗？'

"'是的。'鲁迅答道，但接着问：'你看过吗？'

"'还来不及看。'

"'我翻了翻，没有多大意思，买姨太太呀，姨太太之间吵架呀，写这些有什么意思？'

"建人忆起祖父临终前发高烧的时候，还在记日记，心里想，总不至于都写姨太太吧？于是说：'他一直记到临终前一天的。'

"'要带的东西太多，还是烧了吧！'

"这样，两大叠日记本子，连同当年皇帝赐封的两副诰命，都付之一炬了。"

鲁迅这一烧，九泉下的祖父和父亲都要流泪。真不该，非常不该。

年近四十岁的光棍鲁迅，烦祖父身边的姨太太们。那么多日记本，鲁迅何以单单敏感姨太太？生存情态决定意识的向度。性苦闷旷日持久。

烧日记的执念，有多少潜意识的含量呢？这一层，鲁迅有能力反观他自身吗？

祖父的日记不仅有家族记录，更有官场的、科场的、社会的记录。恐怕有百万字。

绍兴一把火，天堂泪如雨。这是何必？

鲁迅先生的反封建肯定有反过头的地方，我们不必为尊者讳。

1919年，鲁迅介入《新青年》的编辑工作前后，他的小说、杂文，皆

1920 年的鲁迅

呈井喷之势。北京的刘师培、辜鸿铭等人筹备《国粹学报》《国粹丛编》复刊，鲁迅写信对钱玄同说："中国国粹，虽然等于放屁，而一群坏种要刊丛编，却也毫不足怪。该坏种等，不过还想吃人……"

信的末尾又挖苦："然既将刊之，则听其刊之，且看其刊之，看其如何国法、如何粹法、如何发昏、如何放屁、如何做梦、如何探龙，亦一大快事也。国粹丛编万岁，老小昏虫万岁！"

烧祖父日记，骂国粹丛书，做过头骂过头了。

鲁迅这是明确地以极端反制另一个极端吗？不是。他意识不到这个。他干了，助推他的是潜意识。此后十几年，他并未有效地清理那些盘根错节的潜意识。

也许无人做得到，包括弗洛伊德和荣格。

人类三大盲点，此其一也。突破盲点可能还需要千百年。

1919年巴黎和会，在美、英、法、意、日的操纵下召开。强权对公理，完全不屑一顾。中国被列强任意宰割。五四运动爆发，北京的学生们挺进东交民巷的使馆区，受武装到牙齿的警察阻拦，转向赵家楼胡同的曹汝霖住宅。学生痛打卖国贼章宗祥，火烧赵家楼。

参加了游行的孙伏园发现，鲁迅先生很冷静。

他还是盯着个体。一年后的五月四日，他在写给友人的信中说："近来所谓新思潮者，在外国已是普遍之理，一入中国，便大吓人；提倡者思想不彻底，言行不一致，故每每发生流弊……他国思潮，甚难移殖。"

鲁迅说，中国人缺"个人的自大"。

沙多，人少，风大。沙聚之邦转为人国，前路十分遥远，岔道扑朔迷离。

鲁迅一度热衷世界语。这位深谙汉语之妙的作家，跃跃欲试想拿母语开刀。他和周作人、钱玄同等人在八道湾嘀咕，想要废除汉字。蔡元培也糊涂，在北京大学推广世界语。

19世纪，别林斯基对一个出国的朋友喊道："你不带普希金的书，在国外怎么活呀！"

普希金改造了俄罗斯的语言。民族自信，首先是（！）母语自信。

托尔斯泰盛赞契诃夫："您是非常、非常俄罗斯的！"

如果没有从普希金、别林斯基到契诃夫的几代作家、批评家、艺术家的努力，俄罗斯不可能有极坚实的文化自信。文化自信是民族自信的核心。21世纪，跌入苦难深渊的俄罗斯重新崛起……

鲁迅的彷徨，主要是因为国家的屈辱，奇耻大辱。他把汉字、汉语视为民族衰弱的病根。

家的败，人的败，国的败，有一条连接三者的隐秘线索。鲁迅，也是盲区中的鲁迅。

四十岁的鲁迅在犹疑、徘徊中。他翻译，他写作。他在北京寒冷的冬夜里寻找火。

他在北京大学教中国小说史。胡适多次拜访八道湾，与鲁迅先生长谈。

金岳霖、钱锺书、胡适、朱光潜都爱看古典小说。鲁迅不例外。这个比较普遍的现象说明什么呢？

鲁迅在北大开课，学生们奔走相告。其他系的学生也来听先生的课。"有一种沙沙沙的声响，如千百只甲虫在干草上急急爬行，那是许多铅笔在纸片上做着记录。"

鲁迅讲课，既有宏阔的历史把握，又有微观的、不动声色的细节生动。

林贤治描绘：单是为了评述《水浒传》，他就查看了一千多万字的古籍。

思想家的目光穿过了故纸堆。打进去，冲出来。而古往今来的泥古学者多如牛毛。

中国古典文献浩如烟海，打得通是好汉，打不通则麻烦。

哲思，血性，有助于打通。

鲁迅说："一部《水浒》，说得很分明：因为不反对天子，所以大军一到，便受招安，替国家打别的强盗——不'替天行道'的强盗去了。终于是奴才。"

"欲得官，杀人放火受招安。"

鲁迅谈《三国演义》中的诸葛亮："状诸葛多智而近妖。"

鲁迅点评贾宝玉："悲凉之雾，遍布华林，呼吸领会之，唯宝玉而已。"

贾宝玉对大观园的姐妹们"昵而敬之"。贾宝玉从命运的高度注视着她们。

《红楼梦》写人：好人不是一味地好，坏人不是一味地坏。

"正因写实，转成新鲜。"

鲁迅特别推崇《儒林外史》《红楼梦》《金瓶梅》，认为这几部小说具有真实的、讽刺的力量，表现了中国罕有的人道主义的胚芽。

鲁迅上课时的语速不快，往往一语中的，停顿的几秒钟依然是表达。沉默是有意味的沉默。传授知识是为了启人思。一流的教师和一流的演讲者皆如此。

他点评古典小说，几句话，胜过眼下学者们的厚书。这个现象说明什么呢？我订了许多年的《鲁迅研究》《红楼梦学刊》《文学评论》，记不住一篇文章。也许有潜移默化。但《宋词三百首笺注》一类的书，古人的点评与鲁迅的文风相似，三两句，直取宋词的要害处。

《道德经》《论语》《庄子》，加起来才九万字。亿万字的学术著作能敌否？天文数字般的网络文字能敌否？

看来，书与书的差距要用光年来计算。

中国古典文学研究，是否走了大弯路呢？学院里的学刊，有价值的人文洞见可不多。

人文科学的研究方式臣服于自然科学的研究方式，很可能是问题的症结所在。"人文科学"这个词，本身就有问题。科学是一把"双刃剑"，不是正确的同义词。

科学寻找自然规律，而不是发现生活的意义。人，首先是寻找意义的人，探索价值关系的人，置身于是非曲直的人，栖居于风俗道德的人。

海德格尔："语言是存在的家。"

语言的抽象规定了一切具象。语言的细化开启世界的细化。汉语的细化程度是极高的。

人之为人，首先是语言。民族之为民族，首先（！）是母语。

1922 年，鲁迅上班、教书之余，正在写小说《故事新编》。

周作人作为自由主义知识分子，强调抽象的自由。其实他自己未必信。作人，后来做了汉奸。陈独秀说他向强者献媚，击中他的要害。

1923 年 7 月，鼎鼎大名的周氏兄弟失和。鲁迅四十三岁，周作人三十九岁。

鲁迅生活在八道湾，却是家庭生活的旁观者。二弟、三弟的一家子，有儿有女，欢声笑语。朱安自居一室。吃饭在一处，吃完了，鲁迅去他的前院书房。他每天向母亲问安。

7 月 14 日，鲁迅日记："是夜始改在自室吃饭，自具一肴，此可记也。"

鲁老太太说："大先生和二先生忽然闹起来了，也不知道是什么事情，头天还好好的，兄弟二人还忙着把书抱进抱出的商量写文章呢……"

此后五天，兄弟冷战。

周作人给哥哥写了一封绝交信："鲁迅先生：我昨日才知道，——但过去的事不必再说了，我不是基督徒，却幸而尚能担受得起，也不想责难，——大家都是可怜的人间。我以前的蔷薇的梦原来都是虚幻，现在所见的或者才是真实人生……以后请不要再到后边院子里来，没别的话。愿你心安，自重。七月十八日，作人。"

绝交书一般都不长。

鲁迅看了信，请人到后院，把周作人请来面谈，周作人不来。

林贤治写道："当初，离开日本是为的谁呢？买下八道湾是为的谁呢？排长长的队伍日夜索薪是为的谁呢？……所有的钱都交出去了。"

教育部欠薪，鲁迅排队索薪。许广平《鲁迅回忆录》："鲁迅在八道湾住的时候，初期每月工资不欠，不够时，就由他向朋友告贷……"

每月六百元是很大的一笔钱，十倍于普通家庭的开销。鲁迅在教育部、北京大学拿薪水，连同可观的版税，全部交给二太太。二太太叫羽太信子，周作人在日本留学时与她结婚。

周作人旅日六年，大小事不管，一切由鲁迅操劳。钱理群教授的《周作人传》记之甚详。

周作人从绍兴到北京大学任教，鲁迅费尽了周折。周作人生病住院，鲁迅天天跑医院……

鲁老太太实在忍不住了，对人说："这样要好的兄弟都忽然不和……我想来想去，也想不出个道理来。我只记得：你们大先生对二太太当家，是有意见的，因为她排场太大，用钱没有计划，常常弄得家里入不敷出，要向别人去借，是不好的。"

郁达夫《回忆鲁迅》："有时候鲁迅对我说：'我对启明，总老规劝他的，教他用钱应该节省一点，我们不得不想想将来。他对于经济，总是进一个花一个的，尤其是他那位夫人。'"

一是钱。另一个问题是所谓性骚扰。

《周作人传》："当时与鲁迅、周作人双方都有密切交往的章廷谦（川岛）曾对鲁迅博物馆工作人员说：'鲁迅后来和周作人吵架了，事情的起因可能是，周作人老婆造谣鲁迅调戏她。周作人老婆对我还说过：鲁迅在他们的卧室窗下听窗。这是根本不可能的事，因为窗前种满了鲜花……主要是经济问题，她（羽太信子）挥霍得不痛快。'"

周建人《鲁迅与周作人》："她（信子）并非出身富家，可是气派极阔，架子很大，挥金如土。家中有管家齐坤，还有王鹤拓及烧饭司务，东洋车夫，打杂采购的男仆数人，还有李妈、小李妈等收拾房间，洗衣、看小孩等女仆二三人……她经常心血来潮，忽然想起要吃饺子，就把饭菜退回厨房，另包饺子。被褥用了一两年，还是新的，却不要了。赏给男女用人，自己全部换过。"

周作人夫妇那边主仆一大群，鲁迅这边形单影只。那边挥金如土，这边衣裳、皮鞋打了补丁，去北京大学、女子师范大学教书，去教育部上班。可怜的大先生一忍四年。

1923 年的夏末，鲁迅搬到窄小阴暗的砖塔胡同。

1924 年 6 月 11 日，鲁迅日记："下午往八道湾宅取书及什器，比进西厢，启孟及其妻突出骂詈殴打，又以电话招重久及张凤举、徐耀辰来，其妻向之述我罪状，多秽语，凡捏造未圆处，则启孟救正之。"

《周作人传》："据说周作人拿起一尺高的狮形铜香炉向鲁迅头上砸去，幸亏别人接住。"

《人间鲁迅》："章廷谦闻声赶到西厢房，正好遇到作人举起墙角的狮形铜香炉，向鲁迅头上砸去，便急忙抢了下来。"沉重的铜器为什么要砸向头部？

写闲适小品文的周作人，何以如此行凶？单怪那恶妇，理由不充足。

他的闲适从何而来呢？这是一朵恶之花吗？温文尔雅、闲适古朴的下面隐藏着什么？

1937 年，周作人在北平附逆。

鲁迅搬到砖塔胡同后，老母经常过来。

孝敬长辈，民间有两个试金石：想得到还是想不到；看得粗还是看得细。

鲁迅看母亲的生活很细的。孝与敬，以毫不经意的方式流布于日常。

此一层，在今天无限重要。何以无限重要？只因千家万户，秘而不宣的辛酸事正多。

多少辛酸事，只能悄悄讲……多少当妈的泪往肚子里流。

孝顺未必好。但孝敬一定是正能量。

今日，断不可接受的是：这种家庭中最大的正能量的动态性衰减。

讲道理是没用的，几个动作胜过一堆道理。

1923 年 10 月，鲁迅花八百元，买下西三条胡同 21 号，一所旧院，六间房。大作家手头没钱，许寿裳、齐寿山各借四百元给他。他亲自设计修改，改成了一座小巧的四合院，他的书房叫老虎尾巴。他把母亲接来。母亲喜欢花木，他种下了一片太阳花，订购了丁香、碧桃、榆叶梅，种在母亲的窗前。周作人夫妇在八道湾花天酒地。鲁迅不会向他借钱，尽管八道湾三进大院是鲁迅花巨款买下的。倒是便宜了那个日本泼妇。

在砖塔胡同住了五个月，鲁迅写下《祝福》《幸福的家庭》《在酒楼上》，写了论文《宋民间之所谓小说及其后来》，发表了著名演讲稿《娜拉走后怎样》《未有天才之前》，校勘了《嵇康集》，编完了《中国小说史略》。

工作，工作，工作。

鲁迅先生一向很平和。激烈的人往往能平和，脾气大的人往往心肠好，迥异于乡愿之辈。砖塔胡同的俞氏姐妹，对鲁迅的亲切与朴素，感受颇深。

鲁迅挣钱多。北新书局一度欠他的版税八千多元，逐步结清了，那可不是小数。后来他在上海定居，也能享受，电灯电话，楼上楼下的，家里常有客人，也时常吃得挺好，下馆子、坐汽车、看电影。有一次他对萧红说：电影没啥好看的，看看动植物还可以……

看完电影，回大陆新村的家，若是人多，小汽车装不下，他让别人先走，自己倚着苏州河的栏杆吸烟等车。他烟瘾大，小听装的好烟是留给朋友抽的，比如上海有名的"黑猫牌"。他自己抽廉价的"品海牌"，一支接一支，袅袅在静夜里；写作到半夜，先生也吃点饼干，也喝点小酒，也望望夜幕深处的街市，也听听有轨电车的声音。

鲁迅一生利他，毫不自私，凡事替别人着想。

鲁迅给朋友写信，平和而又随意，与杂文的风格很不同。鲁迅书信集，厚厚的两大本。

他的书法文人气浓，绵中带骨；随手书赠朋友，"横眉冷对千夫指，俯首甘为孺子牛"，是在郁达夫组的饭局上赠给柳亚子的；诗后题跋说："达夫赏饭，客人打油……"

写给瞿秋白的则是："人生得一知己足矣，斯世当以同怀视之。"

瞿秋白精通俄文和俄国文学。红军长征到达陕北时，鲁迅托人带去一条火腿。他想写红军的小说，细听冯雪峰讲红军的故事、毛泽东的故事。他保存过方志敏烈士的遗物、书信，两次会见陈赓将军。

鲁迅横眉执笔的那张像，叫人看不够。那份冷峻，中国罕有。面部轮廓有如雕刻。

他走路步子迈得很快。有一幅照片是在去讲演的路上，呼呼生风的样子。他头发硬，一根根迎风上举，没一根趴下。

许广平形容说："真当得怒发冲冠的那个'冲'字。"

1923 年，鲁迅在北平女子师范大学当教授，上下一身黑，衣衫、皮鞋都有大大小小的补丁，小姐们哗然，一个个掩了嘴娇笑。可是台上一开讲，下面清风雅静了。

学生当中，就有许广平。还有一位脸蛋儿圆圆的、杏眼儿亮亮的刘和珍。

1925 年，上海"五卅"惨案后，北京女师大的学生运动进入高潮。

《人间鲁迅》："在教育部的支持下，杨荫榆暗中制订了一个毁灭女师大的计划。"

8 月 1 日，这个绰号"恶婆婆"的女校长，带军警一百多人包围了女师大，切断电线，停止伙食，强令住校学生离校。刘和珍、许广平等率领学生反抗。下午，下大雨了，杨荫榆指使军警殴打女学生，女学生们仆倒在泥水中，学生的裙，学生的血，学生翻转泥水的肢体与面容……泥水中有刘和珍、杨德群。暴雨中的暴行。柔弱者的反抗。

鲁迅带病去女师大，坚决抗击女校长。

22 日，杨荫榆武装接管女师大。女学生们又遭"混合军"殴打，重伤二人，失踪七人。

杨荫榆的背后是章士钊，章士钊的背后是段祺瑞。正当女师大学生秩马厉兵、背水一战的时候，章士钊秘密呈请段祺瑞，撤除鲁迅的教育部佥事的职务。

从 1912 年到 1925 年，佥事做了十三年。教育部佥事，分管社会教育司。

收入减少了，鲁迅也生气，买了几盒高级烟抽给人看。

24 日，许寿裳、齐寿山联名发表《反对章士钊的宣言》。二人都是教育部的高级干部。宣言宣告："自此章士钊一日不去，即一日不到部！"

许寿裳还把《宣言》抄送了章士钊。很快，许、齐二人被免职，失去高薪。

9 月，章士钊的势力卷土重来。"警察厅接受章士钊的指使，天天到学校传人。"女师大的几个学生领袖东躲西藏。许广平等学生躲进鲁迅的家。

疾风骤雨的间歇，盛开了爱的百合花。挑明了。"小鬼"命令鲁迅戒烟戒酒。酒戒了大半，烟戒了小半。有一天他在外面喝多了，许广平说："不诚实是很叫人难过的，你知道吗？"

鲁迅低了头，小声答："我知道……"酒瘾又犯时，许广平流泪。

为了让鲁迅戒烟，她和另一个女生许羡苏，在客厅跟鲁迅谈了一通宵。

此间的鲁迅先生，走路蹦蹦跳跳，西三条的四合院无处不歌，"他还双手撑着桌子，像当年做学生的时候上体育课一样，从这边纵身跳到那边"。

10 月，许广平在报上发表爱的宣言《风子是我的爱》："不自量也罢！不相当也罢！同类也罢！异类也罢！合法也罢！不合法也罢！这都于我们不相干，于你们无关系，总之，风子是我的爱……"

11 月，北京数万工人、学生举行大规模示威运动，游行队伍冲进卖国贼段祺瑞的官邸，怒毁章士钊、刘百昭等人的私宅。段祺瑞逃走。月底，女师大复校。斗争胜利了，鲁迅先生题词，引用了古诗："修我甲兵，与子偕行。"

1925 年的鲁迅先生，既是战士又是恋人。

鲁迅与许广平

1926 年 3 月，腥风血雨。

冯玉祥的国民军与奉系军阀张作霖开战，日本帝国主义见奉军失利，唯恐失掉它在华的既得利益，炮击国民军。16 日，又纠集英、美、法、意、荷、比、西七国，向段祺瑞执政府发出"最后通牒"。18 日，北京各界十万人在天安门广场，召开"反对八国最后通牒国民大会"。会后，两千多人组成的请愿团直奔铁狮子胡同。

段祺瑞下令开枪。子弹横飞，棍棒乱打。

段祺瑞杀死始终微笑着的、温和的、圆脸的刘和珍。一共杀死四十七人，伤二百余人。

刘和珍的老家在江西，家中唯有老母亲和弟弟。段祺瑞的卫队专挑短发女生开枪，刘和珍恰好是短发。她中弹，张淑静想扶起她，也中弹。杨德群又来扶她，也中弹，并且，头部挨了沉重的棍棒。三个女学生倒在血泊中……

人坏起来无边无际，任何毒蛇猛兽不能比。列强虎视眈眈，军阀气焰嚣张。

许寿裳和林语堂赶到国务院，"只见尸体纵横，鲜血遍地……杨德群的尸骸，横陈在一张板桌上，下半身拖露在旁"。

《人间鲁迅》："刘和珍！去年天安门集会，在棍棒交加中，大家亡命地逃开，回头看她手执校旗，蠢立不动。"回头见刘和珍的是许广平。

3月25日，刘和珍、杨德群的追悼会在女师大礼堂举行。

刘和珍的未婚夫方其道的挽联："生未同衾，死难同穴，劳燕每分飞，六载订婚成一梦；外抗强权，内除国贼，疆场空有约，白官溅血泣黄泉。"

追悼会上全体学生放声大哭。

我念高中时，语文老师讲《记念刘和珍君》，几次背过身去。

鲁迅《记念刘和珍君》："我独在礼堂外徘徊，遇见程君，前来问我道……"

林贤治写道："惨案发生后，鲁迅一连几天吃不下饭，说不出话，过度的悲愤使他病倒了。"劝解、问候的人纷至沓来，鲁迅先生只有一句："刘和珍是我的学生。"

陈源等走狗文人在《现代评论》上大造舆论，诬蔑学生、群众手执"有铁钉的棍棒"，是"自蹈死地"，许多妇女小孩"是被群众挤倒后踏死或踏伤的"。

陈源称："以后不再参加任何运动。"这种话，胡适也认同。胡适写信给鲁迅、陈源，试图调和不可调和的矛盾，乡愿面目一露，鲁迅十分反感。

孔子说："乡愿，德之贼也。"

段祺瑞给《现代评论》拨过一千元。

北京警察厅开的黑名单中，有鲁迅。

3月26日，段祺瑞执政府宣布：通缉共产党人李大钊和国民党进步人士。

4月，张作霖手下的北京卫戍司令下令："宣传赤化、主张共产，不分首从，一律死刑。"

军阀一丘之貉，背后各有列强。

鲁迅躲进了熟悉的山本医院。先生写下民国时期最为沉痛的文字：《记念刘和珍君》。

"苟活者在淡红的血色中，会依稀看见微茫的希望。"

"真的猛士，将更奋然而前行。"

鲁迅接受了厦门大学的邀请，担任教授和文科主任。许广平赴广东省立女子师范任职，那是她的母校。他们一同启程了。到上海停留了几天，会见了郑振铎、刘大白、夏丏尊、陈望道、沈雁冰、胡愈之、朱自清、叶圣陶等文化名人。陈望道是《共产党宣言》的翻译者。

1926年9月1日，四十五岁的鲁迅登上"新宁号"轮船，赴厦门。

北京风狂雨疾，大海边的厦门一片寂静。

厦门大学的学生，学的还是《礼记》《大学》之类，写的是文言文。大礼堂开会，男女生各坐一边。大学的空气沉闷。

"夜九时后，一切星散，一所很大的洋楼里，除我以外，没有别人。我沉静下去了。寂静浓到如酒，令人微醺。……"

鲁迅的这篇文章冷气逼人。冷是热的冷。他品尝寂静的浓度。鲁迅出版了杂文集《坟》，他在坟头照相……西方的哲学家和艺术家都敏感死亡，而中国历代大文人，追问死亡者寥寥无几。

孔子称："未知生，焉知死？"

西哲却认为：不知死，焉知生？

国民革命军北伐攻克了武昌，鲁迅写信说："此地北伐消息也甚多，极快人意。"

校园内的演说，放鞭炮，所有的活动都让鲁迅激动不已。市区的阔人们却纷纷搬到号称"万国公地"的鼓浪屿。

广州那边的市民是冒雨庆祝的，五色旗已被取消，代之以青天白日旗。

《人间鲁迅》："事实上，集党政军大权于一身的蒋介石正在悄悄地培植个人势力，等待机会给中国革命以毁灭性的打击。"

11月11日，鲁迅接到广州中山大学的聘书。

离开厦门吗？鲁迅犹豫，担心这一走，对不住邀请他的林语堂。他一度考虑辞去教授的兼职，林语堂就一夜不眠。

林贤治写道："北京是官地，厦门是商地，厦大当局则既官且商。校长是尊孔的，但又很看重金钱，因为在教授们的身上投资不少，便汲汲乎要收获些经济实效。"

教授中有顾颉刚，自称只钦佩胡适、陈源，宣称只读书不问窗外事，却在学校安插了七个羽翼；夜里放留声机，咿咿呀呀的梅兰芳之类。

学校邀请中国银行总长马寅初来演讲："厦大所有来自北大的教授列队欢迎，唯有鲁迅一个人不参加……在北京女师大风潮中，马寅初是同陈源们一起站在杨荫榆这边的。"

鲁迅不与压迫者为伍。

他在厦大演讲:《少读中国书，做好事之徒》，指出三点中国书的流弊:一、使人意志不振作；二、使人但求平稳，不肯冒险；三、使人思想模糊，是非不分。

鲁迅的反思传统是单刀直入。投枪扎入病灶，也伤了好细胞。同一时期的西方哲学家们，却正在忧虑西方人自文艺复兴以来的自我膨胀，这种膨胀借助技术的力量愈演愈烈。

"二战"后，罗素指出：要警惕两种权能陶醉，人对人的权能和人对自然的权能。

好事之徒多，贪婪无止境。

鲁迅先生自己，不好事，更不贪婪。

由他倡导捐款，厦门大学学生自治会办了一所平民学校，他去演讲："你们都是工人农民的子女，你们因为穷苦，所以失学……但是，你们穷的是金钱，而不是聪明才智。"

穷人的孩子在下面哭着听。

鲁迅说："没有什么人有这样的大权力：能够叫你们永远被奴役。"

个体的生长要紧，但是，先要解决群体受压迫的问题。鲁迅以激动的语气结束演讲："军阀被消灭了，中国才会好起来，你们的境况才会好起来！"

接下来，另一个留学西洋的教授登台，说："这学校之有益于平民也，例如底下人认识了字，送信不会再送错，主人就喜欢他，要用他，有饭吃……"

鲁迅走开了。

后来他在黄埔军校演讲："一首诗吓不走孙传芳。"

批判的武器和武器的批判，二者都要发出巨响。

思想家鲁迅的运思，正在寻找新的方向。

鲁迅要走了，厦大的学生挽留不住。

五六百学生开了一个空前的送行会，依依不舍，眼泪在笑声中无声地飞。

1927年1月中旬，鲁迅赴广州，一些厦大的学生随他而去。

鲁迅在广州中山大学是唯一的正教授，许广平担任他的助教。他搬进宏大壮丽的大钟楼，来访者不断，学生、老师、富人、名流……国民党的头面人物陈公博、孔祥熙、戴季陶等，纷纷请吃饭，送礼物。"作为中国思想界的著名斗士，鲁迅不能不成为各派政治力量共同争取的对象。"（《人间

鲁迅》》

鲁迅迎来送往，热情的下面伏着固有的冷静。高官来访，前呼后拥，他表情淡淡的。

先生想什么呢？有一点可以肯定：先生不会去掂量利益。

这才是严格意义上的知识分子的人格独立，思想自由。丝毫不阿权贵。

中山大学举行盛大的欢迎大会，朱家骅致欢迎词，称周树人先生是思想先驱，新文化的革命家，杰出的战士。

接下来，一个穿布袍的瘦小的人登上讲台。原来他就是鲁迅！大礼堂响起潮水般的掌声。

鲁迅先生慢吞吞地开口了，一贯的低沉声音。大礼堂楼上楼下，密密麻麻坐满了屏息静气的学生。有些学生忘情地张大嘴巴，想吞下先生讲的每一个字。

鲁迅这么开讲："开欢迎会这件事是不大好的……"

中山大学的头面人物朱家骅坐在头一排。

鲁迅说："朱先生说我是'革命家'，我这个人能有什么'革命'？和章士钊斗就算'革命'？当时，我在教育部当差事，章士钊把我的差事给撤了。我有一个老娘要养活，没有钱了，当然要斗，不给饭吃，就斗到底！"

他的眼睛开始发亮，扫一眼全场。

"广东实在太平静了，因此，刺激和压迫，也不免太少了，诸位青年不知是何种感觉，我是觉得不大舒服的。因为我从前受的刺激和压迫太多了，现在忽然太轻松了，反而不高兴起来。"

全场鸦雀无声，只有掌声雷动。

鲁迅挥了挥手："现在不是沉静的时候了，有声的发声，有力的出力，现在是可以动了！是活动的时候了！"

演讲结束了，学生们却刚刚被点燃，过道上、校门口，鲁迅先生被学生团团包围。

深夜里，鲁迅想起黄花节，想起黄花岗的烈士，想起孙中山和其他先驱者，他写下《黄花节的杂感》："久受压制的人们，被压制时只能忍苦，幸而解放了便只知道作乐，悲壮剧是不能久留在记忆里的。"黄花岗的七十二烈士……

与学生座谈，鲁迅经常提起中山先生的话："革命尚未成功，同志仍须努力。"

孙中山是革命者，而且是头脑非常冷静的革命者，革命成功了，他的忧虑却远多于欣喜。鲁迅很理解孙中山的内心。

1927 年春，头号卑鄙者蒋介石，联手上海的黑帮，向革命者磨刀霍霍。

2 月 18 日，鲁迅去香港演说，《无声的中国》，拿汉字和古文开刀；又说起社会改革，"中国人的性情总是喜欢调和，折中的，譬如你说，这屋子太暗，须在这里开一个窗，大家一定不允许的。但如果你主张拆掉屋顶，他们就会来调和，愿意开窗了。"

另一次演讲，《老调子已经唱完》，鲁迅说，中国的老调子就是唱不完。"我们的老调子，也就是一把软刀子。"软刀子"割头不觉死，一定要完"。

鲁迅称："中国的文化，都是侍奉主子的文化。"

"无论中国人，外国人，凡是称赞中国文化的，都只是以主子自居的一部分。"

"保存旧文化，是要中国人永远做侍奉主子的材料，苦下去，苦下去。"

汉字，古书，旧文化，一律要推倒重来。鲁迅认为，大凡称赞中国旧文化的，多是住得安稳的阔人，他们怎么能不唱那些老调子呢？

鲁迅的盲点还是那个盲点。凡是旧的都不好，新才好。他是《新青年》的主力作家。

我们来看旧。

"仁者，爱人。"

"人者，仁也。"

"道法自然。"

"己所不欲，勿施于人。"

"平畴交远风，良苗亦怀新。"

这些句子是如此之旧，却与天地共存亡，与日月共光辉。可惜，迄今为止，人类远远达不到这些境界，背道而驰却常有。

本文在鲁迅先生的盲区停留，因为它不是小事。比如鲁迅看陶渊明，单单看见"金刚怒目式"，这表明他看见的是他想要看见的东西，他不能克服"角落站立者"的遮蔽。他没有领略到陶渊明逍遥的一面。"有酒斟酌之，登高赋新诗。"陶渊明甚至懂得植物的朦胧欣悦。

托尔斯泰亲自翻译《道德经》，似乎未能进入鲁迅的视野。荷尔德林、叶芝、里尔克、艾略特对西方文明忧心忡忡。大诗人庞德翻译中国古典诗歌……

据陈鼓应先生讲，《道德经》在全球的发行量仅次于《圣经》。这说明什么呢？

人是谁？人从哪里来？人向何处去？

人不能变成无休止的消耗者，人不能被放进复杂的利益链条。一旦放进去，人就变成乌眼鸡。人就算计人，压迫人，剥削人，奴役人；大国变尽花招欺负小国……

功利主义，技术主义，把人逼入死胡同。

海德格尔断言，唯有艺术才能拯救技术时代的危机。

1927年，三十七岁的海德格尔完成了《存在与时间》。大师非常重视东方文化。

同一年，鲁迅以"不配"为由，拒绝了诺贝尔文学奖提名。

鲁迅生长于旧文化旧风俗，呼吸着"旧空气"。长达二三十年，他与旧，有一种近乎病态的纠缠，犹如堂吉诃德忍不住要去缠斗风车。斗士一味地斗，落入"求意志的意志"。

这里的问题是：如果土拨鼠挖的地道不够长，深埋在历史厚土下的不好的东西会继续深埋。

勇往直前的土拨鼠孤军深入，有获得，也有迷失。

鲁迅关注底层，一生利他，重情重义，尤其是他的孝敬母亲，真是无微不至，这些好品质都来自传统生活的浸润。思想家判断中国文明，何以匆匆掠过了这些呢？

思想者必须先走极端吗？但是，巨大的思想冲击力，使力度本身难以掌控。发现并纠正偏颇，需要时间与时机。鲁迅直到晚年，未能突破盲点，未能整体把握传统文化的价值。

仁义道德并不是孔夫子的发明，它的雄厚基础在民间，它是人际交往永恒的黏合剂。务农，做工，经商，须臾不可缺。鲁迅对孔子老子庄子的思考，穿透力是不够的。

春秋战国五百多年，人性的各种极端性的东西全部登台亮相，催生了华夏族的大智慧。智慧是逼出来的。仁义源自邪恶，悲悯源自杀伐，天道源自无序。

海德格尔："善是恶的善。"

《论语》为什么罕言利？因为利字有刀。"孔子西去不到秦。"

孔子孟子的大拒绝，他们在乱世中的固守仁与爱，鲁迅先生掂量否？

一拒一守，先生掂量否？

持续数百年的暴力太可怕了，"春秋无义战"。

词语的力量能够应对人性恶吗？庞大的教育体系能够提升人性善吗？

《孟子》："人之异于禽兽者几希？"

孔子暮年仰天长叹："吾道衰矣！"

一百年前的鲁迅先生，对中国传统的思考有明显的盲区。

中国传统文化两大价值：一、对自然抱审美态度；二、对生活抱质朴态度。

在今天看，人类最难克服的是自己。贪婪与自私借助现代力量有了更大的表演空间。

苦海无边，回头是岸。

1927年，许寿裳到中山大学任教，应鲁迅邀请住进大钟楼。

看电影，下馆子，逛公园，远足风景名胜。花城无处不飞花。鲁迅生命中的半个多月，享受爱情、友情、师生情。学生们来到大钟楼，邀请他去东如茶楼的太白厅。鲁迅大谈而特谈。

夜里十一点以后，大钟楼的客人散去，作家开始写作，有时候通宵达旦。

思想家的磁铁效应是明显的。

请他赴宴的阔人们排着队，他不耐烦，在门上写了四个浓墨大字："概不赴宴"。

如此宣言式的拒绝，中国知识界百年唯一。

莫名其妙的饭，吃一回就会有十回。饭桌上人五人六，找利益的、找感觉的、拜访名人以自大其身的……"我的朋友胡适之"，成了当时学界流行的口头禅。

后来，蒋介石想见鲁迅，鲁迅不见。

权贵们、阔人们，鲁迅先生不感兴趣，除非他要揭露其丑行。

4月8日，鲁迅在黄埔军校作《革命时期的文学》演讲："文学文学，是最不中用的，没有力量的人讲的；有实力的人并不开口，就杀人。"

天体的运行只有力学关系，没有道德因子。

如果宇宙中没有道德因子，那么上帝能做什么呢？

国与国，人与人，如果只有力学原理，那就无话可说了。

强势者却还要占领道德高地。为什么？道德具有原始性，对与错、是与非，具有永久性的民间基础，强势者会百般利用，霸占话语权。近现代的西方强盗深谙此道。远在工业革命时期，维多利亚女王封一个臭名昭著的海盗为爵士，大张旗鼓表彰侵略与残杀，为英国几百年的殖民掠夺开了头……

黑格尔："国与国之间只有自然关系而没有道德关系。"

我们终于知道了：唯有国家强大，才能安居乐业。

在大是大非问题上，国家立场是唯一的立场。

鲁迅谈论政治的常用词："无聊"。

无聊是因为无奈。"心事浩茫连广宇"，又能怎么样呢？何时何处有惊雷？

强有力的思想家，能触摸到无力。

1927 年，他在黄埔军校演讲的结束语："愿意听听大炮的声音，仿佛觉得大炮的声音或者比文学的声音要好听得多似的。"

4 月 10 日，当广州百姓欢天喜地，庆祝北伐军攻占上海和南京时，鲁迅写文章泼冷水，《庆祝沪宁克复的那一边》预言："黑暗的区域里，反革命者的工作也正在默默地进行。"

4 月 12 日，蒋介石利用上海的黑帮头子黄金荣、杜月笙，疯狂屠杀革命者，"凡被认为是共产党员，立即逮捕、枪毙、杖毙、绞死、杀头，甚至腰斩及凌迟"。

4 月 28 日，奉系军阀张作霖杀害李大钊。

鲁迅连日思念这位《新青年》时代的良友，伫立窗前无语，狠狠地抽烟。吃不下，睡不着。彻骨的疼痛，透心的悲凉。《守常全集》，鲁迅写序。

鲁迅曾经对北伐军寄予厚望。而蒋介石的屠刀挥向了广东，继上海"四一二"大屠杀后，在广州搞"四一五"大屠杀。

中山大学半夜被包围，几十个进步学生被军人抓走。教务主任鲁迅在紧急会议上质问朱家骅："对于被捕的学生，政府能否解释：他们究竟违背了孙中山总理三大政策的哪一条？"

权势者顾左右而言他。鲁迅辞职。傅斯年考虑校方的面子，请鲁迅收回成命。"全校学生大会也做出挽留的决定，于次日派出四名代表，前来白云楼寓所。"

周树人教授在门内对学生说："周先生不在家。"

《人间鲁迅》："有为的青年都被捕了，被杀了，在如此恐怖的时刻被委为代表者，会是什么人物呢？对于青年，他早已不如先前的那般敬重了……"

学生代表与鲁迅谈了三个钟头，无果。鲁迅看青年，面无表情。目光一直冰冷，是因为他向来对学生抱着热切的希望。冷却，也是一种自保的方式，怕失望。

鲁迅的冷，乃是热的变式。有多热，就有多冷。

朱家骅一次又一次来，无果。中大委员会两次派人来，鲁迅闭门不见。

此间，《野草》成书了，《题辞》曰："当我沉默着的时候，我觉得充实；我将开口，同时感到空虚。"

他决计离开广东。一年几千块大洋，不稀罕。

鲁迅在广州的最后一次演讲，《魏晋风度及文章与药及酒之关系》，讲司马昭围剿竹林七贤，讲包括曹操在内的权力者，杀害有良知的知识分子。时在大雨天，礼堂的四百多个座位不够用了，五六百人济济一堂，气氛活跃。市长、教育局长在台下。

鲁迅说："在这半年中，我譬如是一只雄鸡，在和对方呆斗。这呆斗的方式，并不是两边就咬起来，却是振冠击羽，保持着一段相当距离的对视。

因为对方的假君子，背后是有政治力量的……"台下的市长、局长装出笑容听。青年学生凝神倾听。

鲁迅写《小杂感》："每一个破衣服人走过，叭儿狗就叫起来，其实并非都是狗主人的意旨或使嗾。叭儿狗往往比它的主人更严厉。"政界的叭儿狗，文坛的叭儿狗……

中秋节，鲁迅编完了《唐宋传奇集》。

1927年10月，鲁迅携爱侣许广平去了上海。

北京成为军阀的战场后，大批文化人也南移到上海。

鲁迅住闸北的景云里，许广平先生有文章《景云深处是吾家》，每个字都饱含亲切。后来迁北四川路大陆新村九号，房子宽敞而整洁。鲁迅不排斥物质生活。

《语丝》从北京搬到了上海。

创造社、太阳社在上海很活跃。茅盾、郭沫若分别从武汉和香港来到上海。鲁迅与茅盾、郁达夫、冯雪峰等一见如故，后来与瞿秋白更是平生至交。他不喜欢梁实秋，讨厌帮闲文人如陈源、徐志摩……"帮闲"这个词是鲁迅造的。

到上海不久，鲁迅认识了一个开书店的日本人——内山完造。

内山书店设有茶座，经常有中、日两国作家的"漫谈会"，郭沫若、郁达夫等都去过。内山完造也写文章，仗义而好客，书店人气很旺。他把认识鲁迅看作"一生的幸福"，称为"刎颈之交"。鲁迅隔两三天就会去内山的书店，买书，喝茶，会朋友。

读书人需要价值抱团。魏晋时期的士人们在竹林抱团……

内山对鲁迅说："不出卖朋友的人，在日本人中也有的。"

几年后鲁迅避难，内山出了大力。

鲁迅初到上海就有一系列的演讲。《关于知识阶级》，鲁迅说，知识和

"强有力"是不能并立的。知识阶级是在指挥刀下听命行动，还是发表倾向民众的思想呢？

在暨南大学演讲，他对几年来的所谓"革命"持否定态度。《人间鲁迅》："（他）甚至不承认，在中国的土地上曾经发生过一场本来意义上的革命……他称国民党政权统治下的生活环境为'大铁幕'。"

在《文学与社会》的演讲中，鲁迅列举了三种文学现象：一是造象牙塔，为艺术而艺术；二是把社会的苦痛趣味化；三是诅咒社会获得发泄的满足。

苦痛趣味化，今日依然是恶俗。娱乐圈年复一年助推这种东西，嬉皮笑脸成时尚，装怪装疯受追捧。共情他人痛苦原本是一种能力，这种能力却在怪异的氛围中日益衰减。我写苏东坡，诧异他一辈子为亲友的逝去而痛苦不堪。秦少游死，坡翁大哭于道路。南宋陆游伤心唐琬，六十年不变。

古代，近现代，痛苦在民间是恒常的。亲友病了，健康的人会担忧，会不安，常常不敢启口问；亲友走了，活着的人会长久地想念。

古代，近现代，死亡绝不是一件表面上的大事。

我妈妈生前说过：亡人越望越远。

妈妈去世近三十年了，妈妈的儿子年年在望……

如果哀伤、痛苦、怀念的分量在未来持续变轻，人情如纸复如烟，那么，生活就没多大意思了。断不可接受的是：利益算计、信息刺激、娱乐起哄、轻佻麻木，表现为人之常态。

冷漠会碰上冷漠，麻木将遭遇麻木，不仁会招来不义。

鲁迅在上海亮相，引来创造社、太阳社的围攻。郭沫若、冯乃超、钱杏邨、成仿吾、李初梨、蒋光慈等，在《文化批判》等多种杂志上撰文，向鲁迅开火，而鲁迅据以反攻的，只有一本《语丝》杂志。

冯乃超说："鲁迅这位老生……是常从幽暗的酒家的楼头，醉眼陶然地眺望窗外的人生。世人称许他的好处，只是圆熟的手法……"

蒋光慈称："有很多作家，他们虽然也攻击社会的不良，虽然有时也发几声反抗呐喊，但是始终在彷徨，彷徨。"顺便提一句，蒋光慈的新诗写得动人。

钱杏邨火力最猛，在《死去了的鲁迅》一文中，以审判的口吻说："鲁迅先生，现在是醒来的时候了……要就死亡，要就新生，横在你面前的是这两条路。"

钱杏邨叫嚣："鲁迅的出路只有坟墓，鲁迅的眼光仅及于黑暗。"

黑暗是深不可测的黑暗，"仅及于黑暗"是什么意思呢？鲁迅的价值，恰好是他在无边黑夜中的巍然站立。他把暗夜里很难看清的东西揭示出来。洞察暗夜的文学大师，唯有鲁迅。

郭沫若化名杜荃，写长文批判鲁迅："他是资本主义以前的一个封建余孽。"

"以前说鲁迅是新旧过渡期的游移分子，说他是人道主义者，这是完全错了。"

革命处于低潮，革命文学家倒是情绪高涨。

鲁迅反击。坚实的个体面对一个个热血青年。在广州，他曾看见成仿吾穿高统军靴在街上昂首阔步，不觉皱眉头。后来左翼作家联盟的一些人，他也看不惯，嘲笑说：从车上下来四条汉子，"一律洋服，气宇轩昂"。

冷静的思想家，冷眼打量热膨胀的年轻人。而在风起云涌的时代，怀抱远大理想的青年，热血沸腾注定是常态。

鲁迅先生写信对朋友说："上海书店四十余家，一大队新文豪骂了我大半年，而年底一查，拙作销路如常，捏捏脚膀，胖了不少。"

鲁迅不动如山。李初梨叹息："他所喜欢的，无论是谁，是动也不许动的。"

鲁迅真正的敌人其实是新月派，徐志摩、梁实秋之流。还有胡适。

徐称："在一个常态社会的天平上，情爱的分量一定超过仇恨的分量，互助的精神一定超过互害和互杀的动机。"军阀混战、百姓涂炭之时，这个有钱人的儿子说这种话。

梁称：穷人"只消辛辛苦苦诚诚实实地工作一生，多少必定可以得到相当的资产"。

这是胡说八道，不仅帮闲，而且帮凶。几亿农民辛苦一辈子，得到"相当的资产"了吗？

鲁迅《"丧家的""资本家的乏走狗"》，描画梁实秋："不知道谁是它的主子，正是它遇见所有阔人都驯良的原因，也就是属于所有的资本家的证据。即使无人豢养，饿得精瘦，变成野狗了，但还是遇见所有的阔人都驯良，遇见所有的穷人都狂吠的，不过这时它就愈不明白谁是主子了。"这种走狗会一直走下去。

胡适称："日本只有一个方法可以征服中国，即悬崖勒马，彻底停止侵略中国，反过来征服中国民族的心。"胡适与汉奸周作人相距不远。

胡适成了"日本帝国主义的军师"。

1928年1月，鲁迅家里来了一个穷青年，名叫廖立峨，原是中山大学的学生。他一来就要做鲁迅先生的"义子"，还带上妻子与妻兄。"把先生当家长了，供给膳宿，津贴零用，一切由先生负担。"三个人占底楼的房间，住了七个多月。鲁迅给上门的"儿子"介绍了工作，代付工资，每月达三十元。这所谓儿子嫌麻烦，不干了，白吃白喝。鲁迅不说什么。廖立峨要回老家，用命令的语气叫鲁迅掏路费。鲁迅给足了路费，对方又提出回老家要买地。鲁迅瞠目结舌了。几年后廖立峨又写信来："原来你还没有倒掉，那么，再来帮助我吧。"

许广平《欣慰的纪念》："世界上竟有这样的呆子吗？可是这呆气，先生却十分珍贵着。他总是说：'我不能因为一个人做了贼，就疑心一切

1928 年 1 月在上海演讲期间的鲁迅

的人！'"

　　廖立峨的故事，时下的中小学班主任不妨讲一讲。

　　后来又有王阿花的故事。王阿花是鲁迅家里的女工，勤快，无拘束，干活总是唱山歌。鲁迅和许广平都喜欢她。可是有一天，一伙浙江的乡下人上门来闹事，原来王金花是逃婚逃出来的。她死活不肯回去。鲁迅拿出一百五十元替她赎了身，她欢天喜地了。两个月过后，王阿花有了男朋友，想离开，鲁迅当即同意，并且祝福她。她抹着眼泪走了……

　　生活细节是很能说明一个人的。

　　历代大文人几乎都是宅心仁厚，有悲天悯人之情怀。

　　文气通正气，歪风邪气写不出传世佳作。《品中国文人》揭示了这个现象。

7月，鲁迅携夫人许广平，去杭州玩了四天。

思想者不能长居温柔乡。作家是要思考的。鲁迅更是战士。

林贤治写道："他购入马克思主义经典著作及社会科学书籍共一百三十多种。"

李霁野《回忆鲁迅先生》："他觉得马克思主义是最明快的哲学，许多以前认为很纠缠不清的问题，用马克思主义的观点一看，就明白了。"

1928年的这个转向是决定性的。与创造社、太阳社的论战也有好处，使鲁迅谋求自身的突破，思想朝着更高的山峰。

1929年5月，他曾去北京探母，日记："晨登沪宁车，柔石、真吾、三弟相送。"他在砖塔胡同住了十九天。写信对许广平说："母亲精神容貌仍如三年前。"

许广平描绘鲁迅的母亲："在夏季，人们多要穿白色鞋子了……而这位老人家，暑天也穿白色鞋子了。头发并不很白，面孔是细致，白皙而圆圆的。戴起蓝眼镜，穿起玉蓝色旗袍，手撑蓝洋伞（她喜欢蓝颜色），脚蹬白色鞋，坐在人力车上，实在足够精神。"

鲁迅的母亲七十岁穿旗袍，穿白色鞋子。应该是胶鞋，走路很轻快，一步踏上人力车。

许广平写道："她还有一点好处，就是从不迷信，脑里没有什么神鬼在作怪。一切都自然地生活。又从不唠叨，不多讲闲话。和年轻人最合得来，所以精神活泼而强健。"

"七十岁的高龄，就如同十五六岁的小姑娘一样埋头苦学，始终不倦。"

真是中国女性的好榜样。生命在不断地更新。

《人间鲁迅》："他告知母亲，说八月间就要有小孩子了。鲁瑞很高兴……"

1929年9月，许广平生一子，取名周海婴。因是难产，要做手术，医生问鲁迅："留小孩还是留大人？"鲁迅不假思索答："留大人。"

许广平回忆："在小孩出世的第二天，他非常高兴地走到医院的房间里，手里捧着一盘小巧玲珑的松树……轻轻地放在我床边的小桌子上。"

松是坚劲的，又含长命之祝福。

"鲁迅每天至少到医院两三次，有时还领着一批批的朋友来慰问。"

他给小孩洗澡，弄得大人小孩都狼狈。小孩生病，他一定失眠。他抽烟门窗紧闭，咳嗽压低嗓子，不能惊了孩子的梦。半夜他总是蹑手蹑脚上楼去，看孩子六小时，让夫人多睡。孩子七个月以后，家里才来了一位女工，她就是王金花。

鲁迅曾经注意到"母爱的盲目"，现在他发现父爱的盲目。他关心孩子太细了，难免有些神经质。明知神经质，又拿自己没办法。许广平说："小孩有些咳嗽，不管在另一间屋子或另一层楼，最先听到的是他。"

"鲁迅反对小学教师的鞭打儿童，但有时对海婴也会加以体罚……要打的时候，他总是临时抓起几张报纸，卷成一个圆筒，照海婴身上轻轻打去，但样子是严肃的，海婴赶快就喊：'爸爸，我下回不敢了。'"

痛感也是一种挫折感，适当的体罚对小孩是有效的。尤其是男孩子，在挫折中健康成长。

1930年2月，鲁迅加入了中国自由运动大同盟。国民党浙江省党部呈请南京政府，通缉"堕落文人"鲁迅等五十一人。很多人躲起来了，鲁迅不当一回事，每天上街去。许广平非常担心，内山完造再三苦劝，他才躲进了内山书店。妻子不时抱着孩子去看望。鲁迅偶尔外出一回，背后就有三个穿学生装的特务跟踪。5月，他搬到北四川路的公寓。

蒋介石对文化人搞白色恐怖了。

《人间鲁迅》："中国共产党中央负责人对中央文化工作委员会书记潘汉

年指示说：解散创造社和太阳社，立即停止对鲁迅的论争，把鲁迅以及在他影响下的人们争取过来。"

冯雪峰、柔石、殷夫等青年作家，常与鲁迅见面。"冯雪峰在鲁迅面前，真正感受到了与朋友相处的愉快。在他们之间，革命、阶级、知识分子、人道主义、现在与将来的各种话题，无所不谈。"

鲁迅感慨："人道主义也的确是无用的……除非也有刀在手里。"

"托尔斯泰还是难得的，敢于向有权力者抗争。"

先有刀，然后才能谈人道。有刀的邪恶者却在不断地屠杀，拿人权、人道主义做幌子。

刀枪对刀枪，舍此无二途。选择了人道主义就是选择了战斗。丢掉幻想，武装斗争。

善良的人们往往对人性善抱着幻想，流了很多血。仁者要拿起枪杆子。

冯雪峰向鲁迅讲述工农红军，鲁迅听得非常仔细。

"哪里有压迫，哪里就有反抗。"

"星星之火，可以燎原。"毛泽东这句名言，写于 1930 年 1 月。

狼吃羊，羊逃跑。人吃人，人要反抗。这个颠扑不破的规律不亚于物理定律。

1930 年 3 月，"中国左翼作家联盟"在上海成立。筹备小组十二人，除了鲁迅和郑伯奇，其他人都是年轻的共产党员。冯乃超、蒋光慈、钱杏邨等，曾与鲁迅论战。"冯乃超是站在阵前攻击鲁迅最力的人，但是见面以后，鲁迅却因他的诚挚而全然忘却了过去的仇隙，热情地接待了他。"为了共同的大目标，个人的恩怨不计较。鲁迅推荐郁达夫加入了左联。

在左联成立大会上，鲁迅发表演说："我以为在现在，'左翼'作家是很容易成为'右翼'作家的……"台下的一些人表示不满。左联内部的问题并不少。

摄于 1930 年"左联"举办的"鲁迅五十寿辰庆祝会"上

左翼作家的大方向是好的，这毋庸置疑。选择了站在大多数人一边，就意味着：反抗一切形式的强权。

强权却意味着：不择手段吸附强势者，分化中间派，压迫弱势者。

9 月，史沫特莱认识了鲁迅。她是德国《法兰克福日报》驻中国的特派记者，是著名作家，小说《大地的女儿》的作者。这一年她三十八岁。她生于美国，当过烟厂工人、书刊推销员。后来她去延安，采访了朱德总司令，并为朱德写传记。她为中国革命呕心沥血。

9 月 17 日，上海文化界、教育界二百余人，秘密庆祝鲁迅先生五十岁生日。

鲁迅与史沫特莱用德语交谈。"他的风度，他的语言，他的每一个手势，都放射出一种完美的人才可能具有的魅力。在他的面前，史沫特莱突然感觉到自己像一个呆子似的粗野笨拙和局促不安。客人们很快到齐了。这时，鲁迅便回到花园里去。史沫特莱再三转过身来看他。他因某些手势而举起来的细长而生动的手，紧紧地攫住了她的心。"

男人之美，美在力度。史沫特莱一眼就发现了鲁迅的力之美。这叫本质性直观。

中国面团人多，面团人活得像一堆仿制品。鲁迅出现在任何场合，都会显得卓尔不群，包括他的谈吐、他的目光、他的表情与手势。

知识界能思考的人原本有限，教授学者，往往不崇洋就泥古。

背向权势的鲁迅，随身携带强大的气场。这个现象耐人寻味。

"屈平辞赋悬日月，楚王台榭空山丘。"

春秋战国五百多年，数不清的权豪人物早已灰飞烟灭，而民间生长的老、庄、孔、孟、墨，永载教科书，永远指点华夏文明的进程。

"李杜文章在，光焰万丈长。"

一个巨大的文化符号要管一万年。

从长远看，思想家乃是强大者。

在生日宴会上，鲁迅演说，认为中国的知识青年，没有体验过工人农民的生活，是不能产生无产阶级文学的。

有热血青年当场埋怨："太令人失望了！"

史沫特莱扭过头大声说："我完全同意鲁迅的意见！"

《人间鲁迅》："在她看来，中国的知识分子从来没有做过体力劳动，他们的写作，是一种同实际经验脱了节的职业。"

眼下中国的青年作家，抓紧大地才好。抓紧意味着：摆脱形形色色的无根性。

"为有牺牲多壮志，敢教日月换新天。"

1931 年 2 月 7 日，柔石牺牲了。殷夫、胡也频、冯铿、李伟森也牺牲了。

柔石身中十弹。胡也频是丁玲的爱人。殷夫的哥哥是国民党高官。

柔石这个台州青年，善良得近乎迂腐，他相信人总是好的。有人告诉他社会的种种阴暗，人的凶狠残暴，他会惊疑地睁大了近视眼睛，抗议道："会这样的吗？——不至于吧？"

生活中的事情，柔石总是先考虑别人，就连过马路也小心翼翼抓住朋友的衣裳，担心朋友撞了汽车或电线杆。"只要是损己利人的，他就挑选上，自己背起来……"

柔石与女性在街上同行，要隔三四米的距离。旧道德与新道德，柔石兼而有之。

不相信恶的柔石，被罪恶的子弹洞穿了年轻的身体。

上海龙华警备司令部屠杀二十四个共产党员，活埋、射杀，其中有五位左联作家。

当史沫特莱赶到鲁迅家时，她发现极度悲哀的鲁迅整个地变了，"慈父般的仁爱被深深地掩藏起来，表露出来的是严秋的憔悴与冷峻……他的声音里充满着一种可怕的仇恨"。

爱，直接是恨。爱有多深，恨有多深。

他沉重地感到，中国失掉了很好的青年。

他写下不朽之作《为了忘却的记念》："不是年青的为年老的写记念，而在这三十年中，却使我目睹许多青年的血，层层淤积起来，将我埋得不能呼吸，我只能用这样的笔墨，写几句文章，算是从泥土中挖一个小孔，自己延口残喘，这是怎样的世界呢。夜正长，路也正长，我不如忘却，不说的好罢。但我知道，即使不是我，将来总会有记起他们，再说他们的时候的。"

愤怒的鲁迅，文字却是平静的。这种文字风格，是三十年的血与火逼出来的。

中国半封建、半殖民地社会，作家鲁迅始终踏着血迹前行。

20世纪的作家当中，鲁迅对血与火的感受是最深的。

他翻译战斗民族俄罗斯的作品《毁灭》《铁流》，也翻译幽默大师果戈理的《死魂灵》，翻译许多童话，欣赏冯至、汪静之的新诗，情诗。

大作家鲁迅，不仅是愤怒者，也是美好生活的揭示者、赞美者。

1931年，"九一八"事变，日本关东军占领东三省。蒋介石的一句"不予抵抗"，导致东北长期沦陷。

1932年，鲁迅与宋庆龄、蔡元培、杨铨等人组建中国民权保障同盟。1933年6月，副会长杨铨被执政当局派出的特务暗杀。鲁迅也被列入暗杀名单。他去参加杨铨的追悼会，出门不带钥匙，赴死之心已决。

大雨滂沱送杨铨……

杨铨字杏佛，江西人，十八岁就做过孙中山的总统府秘书。蔡元培创办中央研究院，任命他为总干事。5月，国民党特务绑架了丁玲。6月，杨铨收到许多恐吓信和子弹，他对孩子们说："即使我遭遇不测，你们也会有人照顾的。"牺牲前两天，他去看望宋庆龄，希望她保重。而他自己并不保重，带着十四岁的儿子杨小佛去郊游。复兴社的特务在中央研究院的大门口动手了，杨杏佛身中十余弹，却扑在儿子的身上一动不动……儿子活了下来。

"岂有豪情似旧时，花开花落两由之。何期泪洒江南雨，又为斯民哭健儿。"

血呀，血呀，同志的血；同胞的血。炮火威胁鲁迅的寓所，曾使他几度出走。年初，在内山书店的楼上，大人小孩挤在一间屋，十个人席地而卧，寒冷中度过了三十六天。大作家失踪了！郁达夫等人在报上登寻人启事，许寿裳到处找他，读者们纷纷询问他的安危。史沫特莱冒着生命危险，驱车冲过日本兵的街头工事，冲进他的寓所寻找他，狂喊他。

日后见面时，她哭了。这位勇敢而美丽的女战士。

鲁迅开玩笑说："用脚逃跑，比用手写作还要忙。"

杂文一本接一本。《伪自由书》《准风月谈》《花边文学》《二心集》……抨击当局、文坛、世相。日本女作家柳原白莲问鲁迅："你是讨厌出生在中国吗？"

鲁迅正色道："不，我认为比起任何国家来，还是出生在中国好。"

他决定不再躲避，也不搬家，他写道："只要我还活着，就要拿起笔，去回敬他们的手枪。"

鲁迅杂文《沙》指出：造成中国"一盘散沙"的，是大大小小的统治者，"他们都是自私自利的沙，可以肥己时就肥己，而且每一粒都是皇帝"。

鲁迅的杂文涉及面非常广，嬉笑怒骂，匕首投枪。一寸短一寸险；一寸长一寸强。他先后用了一百四十多个笔名，在上海，用了八十多个。

伟大的战士是这么迂回战斗的。打一枪换个地方。十八般兵器，般般派上用场。

上海是民族矛盾与阶级矛盾最激烈的地方。鲁迅栖身于强对流张力区。

20世纪二三十年代的中国作家，身处炽热地带而八方受力的，而冲锋陷阵的，而迂回作战的，而沉痛到底的，而苦苦寻找光明的，唯有鲁迅。每一天都在战斗。在盘根错节的国民性的深处，在对敌斗争的前沿阵地，在自己人的复杂的营垒中。

鲁迅一支笔，点石能成金。

思想所到之处，生活扑面而来。

在今天看，任何人想要获得思之力，情之力，不读鲁迅是不可思议的。

中小学语文课本，多选一些鲁迅文章才好。

大约在 2008 年，绍兴柯桥小学的刘发建老师写了一本《亲近鲁迅》，钱理群作序。刘老师说："小学鲁迅教学沦为鲁迅研究专家们遗忘的角落，基本上处于无序的自然教学状态。"

刘老师建议三点：一、回到鲁迅；二、回到儿童；三、回到语文。

这位语文老师引述学者王富仁的论断："鲁迅作品恰恰是最好懂的，因为鲁迅的作品里，充满了人性的语言，是与人的最内在的感受结合在一起，这样的感受与儿童感受事物的方式、与一般人感受事物的方式最接近。"

"在现代文学中，像鲁迅这样以人性、童心去感受世界的作家不是太多，而是太少。"

笔者重复一句：对童年的探索，依然是中国作家的短板。

刘发建老师的鲁迅作品教学，获得很大成功，在浙江起了示范作用。

小学教育就是儿童教育，这一点，要成为共识。

取得共识的前提却是追问：什么是童年？

常识丢失在最不应该丢失的地方。

1933 年前后，瞿秋白夫妇与鲁迅为邻。他先在鲁迅家住了近一个月，其后搬到不远的东照里。萨特尝言：男人的友谊以世界为背景。鲁迅的朋友很多，只写给瞿秋白一对条幅："人生得一知己足矣，斯世当以同怀视之。"瞿秋白迁新居，立刻把条幅挂在墙上。他评价鲁迅的一句话被广泛引用：鲁迅是野兽的奶汁所喂养大的。

二人相知如此，首先是价值观一致，其次，趣味相投。

瞿秋白编《鲁迅杂感选集》，写一万多字的序。

他手头紧，却给海婴买了一套非常昂贵的外国玩具，他说："留个纪念，让孩子大起来也知道有个何先生！"他的笔名叫何苦。革命家吉凶难卜。瞿秋白在上海避难，隐名埋姓。

两家人处得十分融洽。瞿秋白搬走，鲁迅不放心，嘱咐："明天叫××

来告诉我一声，免得我担心。"瞿秋白不禁心头一热。搬走的当天，托人给鲁迅送来火腿爪。

1934 年 1 月，瞿秋白前往中央苏区。鲁迅依依惜别。8 月，他听到瞿秋白被捕的消息，多方营救，一日数惊。他病了。"瞿秋白在三楼住过的房间，条桌，雪白的桌布，桌面削好了的铅笔，毛笔，墨盒，信封，拍纸簿，桌前的靠椅，单人床，一切布置如旧。他不愿挪动任何一件小器物……"

学生遇难，朋友不幸，鲁迅先生要生病的。何况是瞿秋白，他的平生知己。

次年 6 月 18 日，瞿秋白从容就义，临死，面不改色。南京的戴季陶力主杀他。

鲁迅着手编亡友的译文和作品集《海上述林》。六十万字，分上下卷。鲁迅设计封面，选插图，购纸张，拟广告。"一百部皮脊麻布面，四百部蓝天鹅绒面，装帧和印刷质量是中国第一流的。"大热天，鲁迅一遍遍地看清样。他说："一个人如果还有友情，那么，收存亡友的遗文，真如同捏着一团火，常要觉得寝食不安，要替他流布的。"

夜深人静，他望着窗外，一支接一支抽烟……

谁能掂量鲁迅的心？

1936 年 5 月，《海上述林》上卷问世，鲁迅笑着对许广平说："这一本书，中国没有这么讲究的出过。"9 月他病重，让许广平替他校稿，跑印刷厂。10 月，下卷出版。鲁迅生前未能看见。

1936 年 10 月 19 日，这个日子，当年的日历本要纪念的。

一百年来，中国最杰出的作家鲁迅。

鲁迅致力于翻译外国文学作品，在上海办《译文》杂志，出《译文丛书》，与黄源、巴金、郑振铎、邹韬奋等人合作。鲁迅注重东欧和巴尔干地区的作品，注重那些被压迫的国家与民族。这种明确的努力方向，译界是没有的。关注底层，关注弱国，二者是相通的。正如他看中国历史，对野史、对民间的声音更感兴趣。

《死魂灵》的译笔，完全是鲁迅式的，句子不长，幽默只在不经意处。鲁迅的文笔，显然有早年读古典文学的童子功，尽管他不大乐意承认。他的句子，平均长度七八个字，小说中只有《伤逝》有欧化的倾向。他的杂文比之小说，短句更多。

作为中国新文化的主将，鲁迅的文风却得益于古典作品。

汉语艺术的韵味，是节奏感，是意象的跳跃，是言外之意，是一个字当三个字用。

鲁迅文字的受力，更是在狂风暴雨中。狂风一吹三十年……

20世纪30年代中期，鲁迅与左翼作家联盟的几个领导人产生了分歧。事情颇复杂。作家进入团体，一般都会面临这样那样的分歧，何况是特立独行的鲁迅。他不满周扬、夏衍、田汉，厌恶徐懋庸。他写信对胡风说："我本是常常出门的，不过近来知道了我们的元帅深居简出，只令别人出外奔跑，所以我也不如只在家里坐了。记得托尔斯泰的什么小说说过，小兵打仗，是不想到危险的，但一看见大将面前防弹的铁板，却就也想到了自己，心跳得不敢上前了。但如元帅以为生命价值，彼此不同，那我也无话可说，只好被打军棍。"

《人间鲁迅》："这里的'元帅'，指的是周扬……周扬不但自己不做事，还指责别人不做事。令他特别生气的，就是指责他'懒'，'不写文章'。"

鲁迅埋怨："他们个个是工头，我有时简直觉得像一个戴了脚镣的苦工，不管做得怎样起劲，总觉得背后有鞭子抽来。"

他写信给萧军、萧红："敌人不足惧，最令人寒心而且灰心的，是友军中的从背后来的暗箭；受伤之后，同一营垒中的快意的笑脸。因此，倘受了伤，就得躲入深林，自己舐干，扎好，给谁也不知道。"

鲁迅先生要生气的，于是，他反复受伤。

文坛的风风雨雨，是是非非，文豪鲁迅是躲不过的。文坛又牵涉严峻的政治现实。

茅盾写文章批评周扬，周扬火冒三丈，叫了沙汀、周立波等青年作家，一起拿了棍子，要到茅盾家去把茅盾揍一顿，被夏衍遇见了，加以阻止……

徐懋庸写长信给鲁迅，劈头就说："在目前，我总觉得先生最近半年来的言行，是无意地助长着恶劣的倾向的。"后面又说，"我觉得不看事而只看人，是最近半年来先生的错误的根由。先生的看人又看得不准。"

《人间鲁迅》："就在鲁迅收信的当天，冯雪峰来看他。他余怒未息，一边把信递给冯雪峰，一边说：'真的打上门来了！他们明明知道我有病，这不是挑战是什么呢？过一两天我来答复！'"徐懋庸的身后有一群人。

鲁迅写万字长文，《答徐懋庸并关于抗日统一战线问题》，在他的论战文章中是最长的，有兴趣的读者不妨看看，也了解一下相关背景。文章在上海、北平、东京的文化界引起强烈反响。长文中有这么一段："去年的有一天，一位名人约我谈话了，到得那里，却见驶来了一辆汽车，从中跳出四条汉子，田汉、周起应，还有另两个，一律洋服，态度轩昂……"周起应即周扬，当时很年轻。

郭沫若撰对联称："鲁迅将徐懋庸格杀勿论，弄得怨声载道；茅盾向周起应请求自由，未免呼吁失门。"郭沫若又发表文章，《鲁老头子笔尖儿横扫五千人，但可惜还不能自圆其说》《梅雨以大义责鲁迅》等，连篇攻击。此前他打出"国防文学"的旗号，试图一统文坛，而鲁迅认同"民族革命战争的大众文艺"。

内部矛盾也是相当尖锐。论战远远超出了文学。

鲁迅写道："拒绝友军之生力的，暗暗的谋杀抗日的力量的，是你们自己这种比'白衣秀士'王伦还要狭小的气魄。"他写信对王冶秋说："如徐懋庸，他横暴到忘其所以，竟用'实际解决'来恐吓我了，则对于别的青年，可想而知。他们自有一伙，狼狈为奸，把持着文学界，弄得乌烟瘴气。我病倘稍愈，还要给以暴露的。"

鲁迅在长文中愤然道："首先应该扫荡的，倒是拉大旗作虎皮，包着自己，去吓呼别人，小不如意，就倚势（！）定人罪名，而且重得可怕的横暴者。"

又致信友人："有些手执皮鞭，乱打苦工的背脊，自以为是革命的大人物，我深恶之，他其实是取了工头的立场而已。"

鲁迅在病中。这是 1936 年的夏天。

他致信翻译家曹靖华："近十年来，为文艺的事，实已用去不少精力，而结果是受伤。认真一点，略有信用，就大家来打击……我真觉得不是巧人，在中国是很难存活的。"

巧人、两可人、圆滑之人，点头哈腰之辈，繁殖力强，分布面广，却使族群长期平庸。

20 世纪 30 年代，有一些文化人是阶段性恶劣，以一生看，总体是好的。

鲁迅八方受力，四面受敌。时代是血腥的，文坛是诡异的。历史又充满毒素……鲁迅变身为十个鲁迅也难以做到游刃有余。他的身体本不好，超人般的强力意志支撑他。

萧红是生长在东北呼兰河畔的姑娘，有一张圆圆的可爱的脸。文字好，画画有天赋。她一生下来就遭到父亲歧视，九岁丧母，祖父疼爱她。二十岁她逃婚出走，流浪在哈尔滨街头。她遇到一个甜言蜜语的阔少，以为有了爱情，阔少纵欲了一阵子突然消失，留给她旅店的账单。困顿中，她给杂志投稿，于是萧军来看她，把她救出旅馆。她开始写小说，写底层的苦难与挣扎。《生死场》是她的代表作。萧军写《八月的乡村》，写失去天空和土地的东北人民。

二萧流亡到关内。他们对自己的写作并无把握，凭着两腔黑土地血性，斗胆写信给文坛泰斗鲁迅。

鲁迅先生迅速回信，指出两点：

一、不必问现在要什么，只要问自己能做什么。现在需要的是斗争的文学，如果作者是一个斗争者，那么，无论他写什么，写出来的东西一定是斗争的。就是写咖啡馆跳舞场罢，少爷们和革命者的作品，也决不会一样。

二、我可以看一看的，但恐怕没工夫和本领来批评，稿可寄"上海、北四川路底、内山书店转、周豫才收"，最好是挂号，以免遗失。

二萧读信，狂喜不已。

二萧从青岛坐邮轮到了上海，迫不及待拜见鲁迅。在内山书店，鲁迅出现了，带他们去附近的一家咖啡馆。"萧军和萧红默默地跟在后面。寒风里，没有帽子，没有围巾；袍子，裤子，网球鞋，几乎全作深黑色。"

十多年前，初到北京女师大授课的鲁迅，也是一身黑。

这位穿过中国黑夜的作家。

咖啡馆聊着，气氛很亲切。萧军含着泪，萧红差一点哭起来。

景宋夫人和小海婴也来了。临别时，鲁迅交给萧军一个信封，里边有二十块钱。二萧连车钱都没有，鲁迅又掏出铜板……半个月以后，鲁迅请二萧赴宴。

萧红看短简，双泪长流。

萧红常去大陆新村9号鲁迅先生的家。三层小楼，底层有明亮的会客室。鲁迅住二楼。写字台靠着南窗，有冯雪峰送的台灯，白瓷的烟缸，小砚台，乌龟笔架。作家下半夜开始写作。林贤治说："这里，是他与整个世界对抗的地方。"

白天，客人们不断。鲁迅是一直微笑着的鲁迅，谈锋甚健的鲁迅，砸煤包书的鲁迅，追逐小孩的鲁迅，替客人们布菜斟酒的鲁迅。夜幕降临了，夜半了，鲁迅先生的表情渐渐起了变化。久经沙场的战士进入了临战状态。对作家来说，写作就是燃烧。黑夜被火光照亮，黑夜又吞掉火光。这是一场三十年的黑与光的拉锯战。

思想是紧凑的，文字是放松的。这就是鲁迅。激烈与平和共属一体。

写作，乃是思绪和情绪的双重燃烧。

唯有精神的强大者才有更多的精神记忆。好作家都是强大者。

天欲晓，人睡觉。鲁迅先生的睡眠时间是不多的。

鲁迅经常看一幅小画：一个穿长裙子的披头散发的女人在大风中跑。

为何总看这幅画呢？萧红问许广平，许广平说，她也不知道。

鲁迅的手边有三幅木刻，都是女性题材，其中一幅《入浴》，一个丰臀女人正低头沐浴。丰臀一半在水中，一半在水上。另一幅《夏娃与蛇》，一条衔苹果的蛇游向目光迷离的夏娃。德国画家比亚兹莱的作品，充满了生命的原欲，也带了病态美。

病中的鲁迅想回到生命的源头吗？他一向对弗洛伊德反应激烈，回避内心深处的某些东西。那些东西埋得太深了。

1936 年的夏天，萧红将赴东京，向鲁迅辞行。鲁迅设宴饯别，席间对她说："每到码头，就有验病的上来，不要怕。"萧红笑着点头，笑出眼泪来了。可是到了秋天，到了秋天……

埃德加·斯诺问鲁迅："既然国民党已经进行了第二次革命，难道你还会认为阿 Q 跟从前一样多吗？"

鲁迅笑道："更坏，他们现在管理着国家哩。"

中国工农红军东征胜利后，鲁迅委托冯雪峰，赠送两本《海上述林》给毛泽东、周恩来。

他想写红军长征的小说。他十分珍爱《铁流》。他憧憬中国革命的滚滚洪流。

毛泽东晚年说："我跟鲁迅的心是相通的。"

鲁迅："我们从古以来，就有埋头苦干的人，有拼命硬干的人，有为民请命的人，有舍身求法的人……虽是等于为帝王将相作家谱的所谓'正史'，也往往掩不住他们的光耀，这就是中国的脊梁。

"这一类的人们，就是现在也何尝少呢？他们有确信，不自欺；他们在前赴后继的战斗，不过一面总在被摧残，被抹杀，消灭于黑暗中，不能为大家所知道罢了。……

"自信力的有无，状元宰相的文章是不足为据的，要自己去看地底下。"

地底下有亿万民众。

鲁迅回答日本友人的提问："我认为，两国的'亲善'，要在中国的军备到达日本的水平才会成为可能，但是，谁也不知道要经过多少年才行。譬如一个懦弱的孩子和一个强横的孩子在一起，一定会吵起来，然而要是懦弱的孩子也长大强壮起来，就会不但不吵闹，反而会很友好地玩了。"

鲁迅焦灼地等待着，自己的祖国强壮起来。

他说："写作总根于爱。"

"人类最好是彼此不隔膜，相关心。"

几千年来，人类有良知的智者们说着类似的话。

鲁迅先生写信给母亲："男所生的病，报上虽说是神经衰弱，其实不是，而是肺病，且已经生了二三十年，被八道湾赶出后的一回，和章士钊闹后的一回，躺倒过的，就都是这病，但那时年富力强，不久医好了。男自己也不喜欢多讲，令人担心，所以很少人知道。初到上海后，也发过一回，今年是第四回……"写信的日期是 1936 年 9 月 3 日。

鲁迅自知难起，所以给母亲写了这封信。提到八道湾，不提周作人。

"被八道湾赶出"，六个字，道出他的生前沉痛。

初，上海最好的医生邓恩，由史沫特莱请来，诊断后对她说，鲁迅恐怕过不了今年。

她一听就哭了。邓恩医生又说，如果是欧洲人，五年前就死了。

大家紧急商议，要让鲁迅入院治疗或易地养病，鲁迅生气了，说："当别的人正在斗争，吃苦，死，而你们却要我在床上安安静静躺上一年，对吗？"

坚强的史沫特莱又哭了。"她知道，要打动这样一个钢铁般的汉子，她已经无能为力。"

鲁迅感叹："她实在太感情了，感情对于病人，其实是不好的。"

宋庆龄在病榻上写信："我恳求你立刻入医院医治！因为你延迟一天，便是说你的生命增加了一天的危险！！你的生命，并不是你个人的，而是属于中国和中国革命的！！！……"

鲁迅先生越来越瘦了，一度中断了写日记。稍有好转，他写《女吊》，称女吊比别的一切鬼魂更美、更强，就因为她是带复仇性的。绍兴的童养媳受不了恶婆婆，不乏上吊的。

鲁迅说："会稽乃报仇雪耻之乡，非藏垢纳污之地。"

他写《半夏小集》《这也是生活》《三月的租界》《写于深夜里》《关于太炎先生二三事》《我的第一个师父》《立此存照》；翻译《死魂灵》，编《海上述林》下卷……

鲁迅抱病为殷夫的诗集《孩儿塔》作序："这是东方的曙光，是林中的响箭，是冬末的萌芽，是进军的第一步，是对于前驱者的爱的大纛，也是对于摧残者的憎的丰碑。"

憎恨，仇恨，一切都根植于爱。

然而，恶之花到处开。

西方人总结他们的历史："魔鬼比上帝还要原始。"

牢牢记住这句话吧。

第一次世界大战结束，有"巴黎和会"；第二次世界大战结束，有《雅尔塔协定》……

鲁迅写下《死》，等于他的遗嘱。共七条，大意是：一、不得因为丧事，收任何人的一文钱，但老朋友例外；二、赶快收殓，埋掉，拉倒；三、不做任何纪念；四、忘记我，管自己生活；五、孩子长大，倘无才能，可寻点小事情过活，万不可去做空头文学家或美术家；六、别人应许给你的事物，不可当真；七、主张宽容的人，万勿与他接近。

这篇文章的最后写道："一个都不宽恕。"

事实上他宽恕了很多人，但在原则问题上寸步不让。

人间一切邪恶，他永远横眉冷对。

9月，鲁迅的病情好转，对冯雪峰笑道："总还有十年可以活吧。"

10月8日，他到八仙桥，参观"中华全国木刻第二回流动展览会"，与曹白、陈桥烟等青年座谈，谈了三个多小时。15日，从青岛回上海的萧军来看他，谈孔夫子。17日，鲁迅和胡风到一个日本友人的住所，谈《鲁迅杂感选集》的翻译……

萧红这样写："一九三六年三月鲁迅先生病了，靠在二楼的躺椅上，心脏跳动得比平日厉害，脸色略微灰了一点儿……鲁迅先生必得休息的，须藤老医生是这样说的。可是鲁迅先生从此不但没有休息，并且脑子里所想的更多了，要做的事情都像非立刻就做不可，校《海上述林》的校样，印珂勒惠支的画，翻译《死魂灵》下部；刚好了，这些就都一起开始了……鲁迅先生知道自己的健康不成了，工作的时间没有几年了，死了是不要紧的，只要留给人类更多，鲁迅先生就是这样。不久书桌上德文字典和日文字典又都摆起来了……"

鲁迅照片中唯一大笑的镜头，摄于 1936 年 10 月 8 日

　　拿什么作比方呢？普罗米修斯偷火给人间以光明。

　　鲁迅的一生，是"肩住了黑暗的闸门，放青年们到光明的地方去"。

　　先生的犟脾气，真叫热爱着他的人毫无办法。他甚至不听医生的再三叮嘱，不喝牛奶。许广平对萧红说："周先生人强，喜欢吃硬的，油炸的，就是吃饭也喜欢吃硬饭。"

　　先生硬到骨髓里去了。

　　萧红这样写：

　　"楼下又来了客人，来的人总要问：

　　"'周先生好一点吗？'

　　"许先生照常说：'还是那样子。'

　　"但今天说了，眼泪又流了满脸。一边拿起杯子来给客人倒茶，一边用左手拿着手帕按着鼻子。

　　"客人问：'周先生又不大好吗？'

　　"许先生说：'没有的，是我心窄。'……"

　　鲁迅曾写诗："十年携手共艰危，以沫相濡亦可哀。聊借画图怡倦眼，此中甘苦两心知。"

萧红的这篇《回忆鲁迅先生》，写于 1939 年的 10 月，鲁迅逝世三周年。三万字一气呵成，写日常的鲁迅、工作的鲁迅、病着的鲁迅。深情、节制；委婉、奔放。她是一口气叫了一百多次鲁迅先生，并无一丝一毫的重复感。她用汉语艺术向我们标示：什么叫情力。

这是怀念文字的巅峰之作。现在列为全国的中学生读本，真好。

萧红死于抗战期间，孤苦伶仃地死在香港，年仅三十一岁。临死前她声声说："不甘！不甘！"后来戴望舒写《萧红墓畔口占》："走六小时寂寞的长途，到你头边放一束红山茶，我等待着，长夜漫漫，你却卧听着海涛闲话。"

这首短诗，也被誉为现代怀念诗中之绝唱。

能怀念别人的人，亦能受到别人的怀念。

人，是能够怀念的。这是文明的结晶，也是任何时代的道德底线。如果人对亡人的思念动态性地变薄，缩短，那么，人这个物种就没有多大意思了。

1939 年的萧红，不忍心写鲁迅先生的死，她这样写："这一次鲁迅先生好了……鲁迅先生以为自己好了，别人也以为鲁迅先生好了。

"准备冬天要庆祝鲁迅先生工作三十年。

"又过了三个月。

"一九三六年十月十七日，鲁迅先生病又发了，又是气喘。

"十七日，一夜未眠。

"十八日，终日喘着。

"十九日的下半夜，人衰弱到极点了。天将发白时，鲁迅先生就像他平日一样，工作完了，他休息了。"

鲁迅先生治丧委员会成员中，出现了一个名字：毛泽东。

毛泽东对鲁迅的评价，时至今日仍然广为流传："鲁迅的方向，就是中华民族新文化的方向。"

追悼鲁迅的仪式在上海万国殡仪馆举行，宋庆龄出面主持。请看巴金《一点不忘却的记忆》："朋友，你要我告诉你一些关于那个老人的最后的事……我从来没有这样被感动过。灵堂中静静躺着那个老人，每天从早到晚，许许多多的人，一个一个地或者五六个人一排地到这里来向着他致最深的敬礼。我站在旁边，我的眼睛把这一切全都看了进去。"

巴金先生的文章，写于鲁迅逝世的当月。

灵堂中，葬礼上，有个身材高大的东北汉子像一头雄狮似的冲来冲去，他撕心裂肺的哭喊在许多人心中激荡了几十年，他的名字叫萧军。

宋庆龄不停地擦泪，许广平一直在哭，蔡元培、许寿裳、冯雪峰、沈钧儒、茅盾、周建人、史沫特莱、内山完造……

先生的遗体上覆盖着三个大字：民族魂。

22日出殡，上万人齐唱挽歌："他是我们民族灵魂，他是新时代的号声，唤起大众来生存……"

胡风、巴金、张天翼等七八个人抬着棺木。

有人喊："现在需要扛挽联的一百六十人！"顷刻间，数百人拥过去。

下午四点，葬礼开始了。蔡元培作了简短的发言。沈钧儒作了讲演。

章乃器说，鲁迅先生之所以伟大，是因为他为世界上最大多数的被压迫的人说话。

邹韬奋讲话以后，萧军几乎是冲上台，挥舞着手臂大声说："鲁迅先生的死是他的敌人逼死的……现在他已经死了，可是，难道他的敌人就胜利了吗？"

人们呼喊："他的敌人绝对不会胜利！"

请看许寿裳的悼亡诗："身后万民同雪涕，生前孤剑独冲锋。丹心浩气终黄土，长夜凭谁叩晓钟？"

20世纪的中国，鲁迅的葬礼是最隆重，也最感人的葬礼之一。使人想到法国的雨果、萨特的葬礼。法国人对雨果的崇敬，远远超过那位"只不过拥有让人死掉的聪明的拿破仑"（罗素语）。今日法兰西，要有反思。政客们不要搬起石头砸自己的脚。

鲁迅先生永在当下。一种永在当下的精神是什么样的精神呢？

他巨大的精神感召力影响了几代中国知识分子，不管是学人文的还是学理工的。他是中国现代史上最大的文化符号。他被称为二十世纪中国人的精神导师。无论是走向他的人，还是背离他的人，甚至诋毁他的人，"解构"他的人，都在他的光照之下。

我记得当年德里达去世，法国总统希拉克盛赞德里达："不断地质疑人类文明的进程。"

西方国家有质疑文明进程的传统。而鲁迅，质疑着中国的几千年文明。没人像他这么解剖国民性。是作为思想家的鲁迅，决定了作为文学家的鲁迅。

鲁迅式的质疑是开放式的，他欢迎一切对他本人的有价值的质疑。质疑的思想本身就具有冒险的性质，思想之路乃是幽暗的林中路。

运思有两个运动方向：一是追求真理；二是看破谎言，看破生活中形形色色的遮蔽。

鲁迅二者兼具。他给我们留下极其丰富的精神遗产，全集二十卷，译著与全集相等，二者相加近八百万字。以质量来衡量他的生命长度，堪比一千年。

在中国，有资格出全集的作家是不多的。

鲁迅的反传统具有针对性。过于漫长的封建社会，其惯性、其流布于社会生活的每个角落的不易觉察的毒素，需睁大眼睛，需以身试毒，需以毒攻毒。他批判封建权力运行的极端化，全力以赴使固化的文明疏松，打破旧秩序，"解构"四千年历史。这是什么样的伟业！

鲁迅反传统又归属于传统。笔者揣测：这可能类似针对一种事物运动的反运动，运动与反运动共属一体。这种辩证思维，西方哲学中常见。

眼下不少学者谈论五四运动的偏颇：打倒"孔家店"打过头了。我倒是觉得，与封建权力运行结合得如此之紧的孔孟之道，打破也必要，不破不立。

鲁迅的朋友曾把他比作屈原、杜甫，他先是虚逊，又不好意思地接受了，认为自己像杜甫。这是批判者对中国传统文化的重新接受。

鲁迅在今天的意义，依我看有两点：一、他对坚实个体的渴望；二、他对民族复兴的渴望。

这里略作阐释：漫长的封建权力把人变成沙，人要成为个体不易；而基于个体壮大的，必是民族的强大。

"心事浩茫连广宇，于无声处听惊雷。"

胡适

二十世纪一大乡愿

胡适

胡适字适之，安徽绩溪县人。那地方靠近黄山。有一年我去转悠黄山脚下的小村，发现家家户户的对联不一样，且是户主或邻居的书法，不是四川人爱贴的印刷品。安徽人历来重乡党，能吃苦，盖因水土贫穷，离乡背井做生意的多，在外地，颇善于抱团。徽商发了财，回老家盖房子，于是有了徽派建筑。建筑有文化，学究写对联。

绩溪的胡适一辈子人缘好，乐于助人，重乡党近乎拉山头，凡此种种，显然有他看不见的集体潜意识的支撑。

胡适生在商人家，父亲亦官亦商，做过候补的知州，曾经师从名学者刘熙载。胡适三岁，丧父，母亲冯顺弟才二十二岁。她是人口众多的胡家的填房，丈夫大她三十二岁，"以少年作后母，周旋诸子诸妇之间"。

冯氏的弟弟染上大肚子病（血吸虫病），将死，她听信古方割下左臂的一块肉，烤熟喂弟弟，未能起死回生。其仁慈可见一斑。这种事，村里村外要流传。

据李敖考证，第一个割股治病的女人是唐朝杭州的冯氏。李敖《我与胡适》一书中列一大表，举了六百多个古代割股的例子。

李敖《胡适研究》讲冯氏："她的丈夫的第一号前妻死后十年，她才出生。她的丈夫的第二号前妻，给她留下了三男三女。她结婚后第三天，大儿子就结了婚。大女儿比她大七岁……她十六岁做起晚娘——好难当的晚娘。她被儿媳妇欺负了，只能偷偷地流泪。她吃一块豆腐，也要登记一次。"

这后妈太难做，夫家一群子女和媳妇，每日不止鸡毛蒜皮。冯氏的娘家又有一群人需要应对。丈夫去世后，她的处境一天天坏下去。胡适《四十自述》："每个嫂子一生气，往往十天半月不歇，天天走进走出，板着脸，咬着嘴，打骂小孩子出气。"

冯氏不识字，却崇拜亡夫的学问，节衣缩食，偷偷攒钱，让儿子念书。胡适回忆："我母亲渴望我读书，故学金特别优厚，第一年就送了六块钱，最后一年加到十二元。这样的学金，在家乡要算'打破纪录'了。"其他学生的学金只有两元。

仁慈，不识字却看得远。何以如此？单赖"纯朴"二字。纯朴的人发正力，复杂的人往往发邪力。人群复杂了，力与力纠缠不休。冯氏身处复杂的家庭，却能单纯发力。

胡适写道："我母亲待人最仁慈、最温和，从来没有一句伤人感情的话；但她有时候也很有刚气，不受一点人格上的侮辱。"

李敖写道："她在二十三年的守寡日子里，历经了抚孤、忍辱、耐穷、借债、分家、重病、死父亲、死母亲、死妹妹、死弟弟、死女儿、死长子、死三子、死长孙。……这一切苦痛都是人生里的重要折磨。"

她送儿子到外埠求学，不掉一滴眼泪。她病得要死，却不许人家告诉她的儿子。

冯氏这样的女人，心肠好，长期隐忍，行事果断，坚决。优秀的品质却与文化程度无关，靠什么？靠风俗。中国民间的所谓旧女性，无私是常态，仁爱的、坚忍的、勤劳的女人是天文数字。

小胡适在家里读书，在学校开了九年的小灶，打下比较坚实的旧学基础。后来冯氏不顾窘迫，花大价钱为儿子买下一部《图书集成》，漂亮的线装书堆在书桌上，整整齐齐。其时胡适在海外，对母亲的举措无限感激。包办婚姻无所谓的，包办到老吧。

胡适小时候不顽皮，读古书摇头晃脑，穿长衫，走路迈方步，模仿戏台上的书生。男孩子的春夏秋冬，未见一次打架的记载。胡适不像鲁迅。鲁迅先生在三味书屋念书，同学叫他的外号"雨伞"，他要怒目而视，上课下课，捏紧小拳头。

《四十自述》："我小时身体弱，不能跟着野蛮的孩子们一块儿玩。我母亲也不准我和他们乱跑乱跳。小时不曾养成活泼游戏的习惯，无论在什么地方，我总是文绉绉地。"

胡适后来是美国"怕太太协会"的会员，肯定跟他的温文尔雅有关。李敖拿这个调侃他。胡适生得也儒雅，有利于当大学教授。

眉清目秀的小男生，走在绩溪县上庄的山间小路上。这是清朝末年，公元20世纪初。胡适生于1891年。日趋腐朽的清王朝大肆尊孔，把孔夫子抬到吓人的高度，试图以礼教掌控天下。小胡适一肚子曰诗云，走在闹市也目不斜视，"非礼勿视，非礼勿听"。道学小先生是他的标准形象。幸好他能读闲书，《水浒传》《红楼梦》《儒林外史》《聊斋志异》《七剑十三侠》《粉妆楼》等，颇不少，日后回忆说："所得小说良莠不齐，中多淫书，如《肉蒲团》之类，余害不浅。"

农民在田里收割，胡适"监田"，坐在树荫下看小说。夜幕降临了，他给村里的姑娘们讲聊斋故事。盘腿而坐，讲得煞有介事。夜风吹拂，满天星星鬼眨眼，流星不时划过广阔的天际。姑娘们旷野听厉鬼、饿鬼、厕鬼，听得脊背阵阵凉，裙裾一动，仿佛鬼在扯。忽听古树后的小子大叫：鬼来啦！

一群村姑从草地上弹起来，眨眼间跑没影了。胡适之发愣。第二天傍晚，村姑们又聚到古树下，听小弟弟说鬼谈妖。夏天，姑娘们不穿鞋的，白生生的胳膊腿在道学小先生的眼角闪闪烁烁。偶尔他会来一句："子不语怪、力、乱、神。"他在夜风中摇晃他的方脑壳，月光下面呈得色，村姑就拍他脑袋，扯他的长辫子，递给他一碗蛋炒饭。

为了讲故事，胡适读了大量白话小说。后来有了历史契机，他提倡白话文。

上庄的少女们听胡适讲聊斋，留下了她们的名字：巧菊，广菊，多菊，翠苹，定娇，杏仙……野地听鬼的感觉，十倍于室内看鬼片。毛发一根根倒竖、浑身起鸡皮疙瘩是孩子们的常态。当初我们在苏轼老家的祠堂竹林下听鬼故事，在眉山城三丈高的古城墙上听鬼故事，在仲夏夜空旷的工农兵球场听鬼故事，一声"鬼来啦"，多少次拔足狂奔，一口气奔几里地……

1904年，胡适在上海念书，穿大袖马褂，拖长辫子，还用一根红头绳扎起来。旧式学生进了新学课堂，满口土话。《天演论》影响他。适者生存。以前他叫胡糜，现在改名胡适。他看报，读梁启超。1906年他考进上海公学，各科成绩不错。他写长篇小说在报纸上连载。可是他生了脚气病，不得不请假养病，病中写起诗来。次年五月，脚气病又犯了，胡适回老家待了两个多月，诗兴大发，写很多打油诗。偶有佳句："西风莫笑长条弱，也向西风舞一回。"村姑们端着蛋炒饭来找他，要听鬼故事。

村头的古槐下又开讲了，巧菊广菊定娇，一个个浑身哆嗦。姑娘们团团坐，胡适之坐中间。几双好看的手轮番为他打扇驱蚊。

胡适十九岁，忽然变成了上海滩的浪荡子，日嫖夜赌喝烂酒。不知道怎么回事。《肉蒲团》发酵了。看来，道学小先生对女孩子不是不敏感。他憋，有一天终于憋不住。这个萌欲轨迹跟李敖同，后来南辕北辙。李敖的爷爷闯江湖有名气，野性基因传给李敖。

据胡适自叙，"我那几个月之中真是在昏天黑地里胡混"。赌钱，喝大酒，逛窑子，追戏子，半夜三更敲妓院的门，这家关了敲那家，闹得鸡犬不宁。打烂牌打到天亮。若干年后他做了北京大学教授，打麻将的积习未改。

这是 1910 年，胡适在上海浪荡。他在中国公学教书，业余翻译外国小说，一个月收入一百多个大洋。鬼混一帮酒肉朋友，"打茶围子"，拉妓女的裙子，大呼黄包车。烂醉如泥，课堂上带了酒气讲国文课，诠释斯文。有一天他睡在租界巡捕房的地板上，一身泥，一只皮鞋不见了。原来这酒鬼在街头胡闹，撒酒疯，被巡捕拖进了监狱。

这一年夏，胡适去北京，考上官费生留学美国。

十年前，八国联军打进北京，清政府签了丧权辱国的《辛丑条约》，单是"赔款"一项，按当时的中国人口总数每人一两白银，计四亿五千多万两，四厘计息，分三十九年本息付清，共计九亿八千多万两。这就是庚子赔款。易竹贤《胡适传》："后来，英美等国宣布将赔款中尚未付给的部分'退还'，用在中国兴办学校、图书馆、医院，及设立各种学术奖金，或派遣留学生的经费。"

胡适到了美国，先学农业，后转哥伦比亚大学的哲学系，做了杜威的弟子。易竹贤《胡适传》："哥伦比亚大学，在学术界声望颇高。尤以招收外国留学生，为第三世界国家制造官僚和学阀而著名。中国在哥大留学的经常有三百人之多；当时的留学生，除胡适之外，还有宋子文、张奚若、孙科、蒋梦麟等。学成归国之后，他们都抖了起来……"

都抖了起来。有些人抖得厉害。

易竹贤的《胡适传》，出版于 1987 年。"胡适那个时代的庚款留学生，费用颇为充裕。除学杂费之外，每人每月生活费八十美元，约合当时中国银圆二百元左右……差不多等于国内四十个工人的收入。"

相当阔气的留学生。这个拿美元的留学生崇拜杜威的实用主义，耐人寻味。他考博士学位，写了九万字的博士论文，其后加以扩充，1919 年由商务印书馆出版，书名《中国哲学史大纲》，封面赫然有"胡适博士著"几个字。但 1957 年哥大出版的《博士硕士论文目录》，并没有胡适其人。胡适留学美国时的朋友唐德刚，于 1977 年撰文回忆说，当时胡适只是"博士

1917 年的胡适

候选人"。博士与候选博士差了一大截，而"胡适博士"的头衔早已在国内满天飞，北京大学校长蔡元培，因之而聘请胡适做了北大哲学系教授。

有人作词《西江月》讽刺："哥伦比亚读未终，先把博士使用。"

从 1935 年到 1959 年，胡适共获得三十五个荣誉博士学位。1917 年的那个候选博士弄假成真。1927 年，胡适才把博士学位拿到手。十年间他平步青云，风生水起。

1917 年，胡博士在北京大学当教授，只有二十五岁。陈独秀、刘半农、周作人也是这一年进的北大。先后进北大的还有李大钊、钱玄同、刘文典、鲁迅等。

　　胡适当了大学教授，回老家做新郎。妻子叫江冬秀，三寸小脚，没文化。婚事十几年前就定下了。胡适在美国追求过两个女郎，一个叫韦斯莲，另一个叫陈衡哲。韦是美国大学教授的女儿，活泼，任性，胡写给她的情书多达一百多封。二人的具体情形不详。胡在美国见过夹在母亲信中江冬秀的照片，写诗云："图左立冬秀，朴素真吾妇。"

　　勤劳，朴素，善良，本身就是民间风气的一种结果。女人无才是德，但什么是才呢？勤劳的女人缺才干吗？家务事那么多，年年要筹划，事事要操心，从早忙到晚。

　　婚后，胡适回北京。江冬秀留在绩溪侍奉婆婆。次年，冯氏卒。江冬秀到北京。她生下一个男孩儿，胡适给儿子取名祖望，以纪念孩子的祖母。

胡适与妻子江冬秀

胡适的孝心令人感动。在中国，孝道历来是大道。一个人如果是孝子，那么他在社会上究竟坏不到哪里去。胡适说："今既婚矣，吾力求迁就，以博吾母欢心。"

凡是孝的细节，笔者都不放过。总体来看，孝敬是好的。

孝的代际传递减弱了，每个人都会碰到一堆伤心事。

父不孝，子难孝。人在做，人在学。

1918 年及以后，胡适在《新青年》杂志频频写文章抨击礼教。《贞操问题》一文，披露报纸上宣扬的两起怪事。北京《中华新报》赞美某唐烈妇，丈夫死去，唐烈妇自杀了九次，最后服砒霜才死成；又一姓俞的女子，十九岁，尚未出嫁，未婚夫死了，俞寻死觅活，绝食七天，一心要做烈女。另有上海的报纸宣扬"陈烈女殉夫"，这烈女十七岁，许配给一个姓王的人，王死，陈烈女当天服毒自尽。两天后，上海县知事给江苏省长呈文，请省长表彰陈烈女，发烈女证书和褒扬费。

"饿死事小，失节事大。"宋儒男尊女卑的源头大约在孔夫子。孔丘本人是庶出，童年很受九个同父异母的姐姐的气，埋下怨恨女性的种子；他结婚后，繁文缛节多，"食不言，寝不语"，克己复礼，生活古板无趣，老婆亓官氏受不了，跑掉了。孔子对女性恒有偏见，汉儒宋儒又利用他的偏见。

人是一种氛围动物，氛围比人强。

有趣的是，孝子胡适抨击孝顺。孝敬好，孝顺不好。孝顺的源头还是在孔夫子。"父在，观其志；父没，观其行；三年无改父之道，可谓孝矣。"这道，包括凡夫俗子的谋生之道，并不那么高深的。

胡适说："假如我染着花柳毒，生下儿子又聋又瞎，终身残废，他应该爱敬我吗？"

胡适"打孔家店"。他追问："何以那种种吃人的礼教制度都不挂别的招牌，偏爱挂孔老先生的招牌呢？"他爱看《水浒传》，津津乐道"宋公明三打祝家庄""时迁火烧祝家店"。五四运动的著名口号，却来自梁山好汉。

胡适在北大教书，西装革履，发型很讲究，皮鞋擦得锃亮。他的学生渐渐多起来，学生坐不下，转移到第一院的大教室。当时的学生顾颉刚回忆说："他不管以前的课业，重编讲义，辟头一章是'中国哲学结胎的时代'，用《诗经》作时代的说明，丢开唐、虞、夏、商，径从周宣王以后讲起。这一改，把我们一般人充满着三皇五帝的脑筋骤然作一个重大的打击。"

而以前的北大教授讲哲学史，从神话般的三皇五帝讲起，讲半年才讲到周公。

冯友兰先生评价胡适的《中国哲学史大纲》："这对于当时中国哲学史的研究，有扫除障碍，开辟道路的作用。当时我们正陷入毫无边际的经典注疏的大海之中，爬了半年才能望见周公。见了这个手段，觉得面目一新，精神为之一爽。"

蔡元培为胡适的这本书作序，盛赞它："截断众流，从老子孔子讲起。"

讲古代哲学史，却用白话文，在教授和学生中引发轩然大波。不以为然的学生，骂胡适"胆大皮厚"。学生想把胡适赶走，又拿不稳，于是请北大才子傅斯年听胡适的课。傅听了几次课，说："这个人书虽然读得不多，但他走的这一条路是对的。你们不能闹。"

傅斯年原是"黄门侍郎"，师事国故大师黄侃，却转投胡适门下。

打孔家店，讲哲学史删三皇五帝，力倡白话文，是五四时期胡适的三个功劳。

新旧文化，当时碰撞激烈。刘师培、林纾、黄侃，名气很大，痛恨白话文。他们搞了一本杂志《国故》，对抗北大学生编的《新潮》。胡适骂文言文是"死文字"，骂旧文学是"死文学"。当时他是对的，后来他错得离谱。

胡适让《水浒传》《红楼梦》《儒林外史》这些"不入流"的作品登上讲堂，功莫大焉。

自近代以来，中国饱受西方列强的欺凌，知识分子痛苦地反思旧文化。讲过头话的人颇不少，包括陈独秀、鲁迅。鲁迅给学生开书单称：少看或不看中国书。鲁迅在日本待了七年。胡适在美国待了七年。爬了一段"西山"，回望"东山"，发现了问题。

传统文化是一种包袱吗？一百年来，问题在争论中变得比较清晰了。中国传统文化两点价值：一是对自然抱审美态度；二是对生活抱质朴态度。这两点，愈往后愈凸显。

"己所不欲，勿施于人。"

"道法自然。"

自然的危机归根结底是人的危机。西方人有一种"宇宙式狂妄"，而技术助推这种无边无际的狂妄。狂妄者不会珍惜地球家园，不会珍惜千差万别的生活方式。

唐诗宋词表达了对自然、对人事的无限欣悦——低沸点的欣悦，这种表达会过时吗？谁能拥有陶渊明、李太白、杜子美、苏东坡、曹雪芹的审美之眼？再过几千年，中国人还是在读老子孔子庄子屈子。但愿全世界都来读，仰望人类圣贤的高度。

胡适的言与行是在历史的张力中，他不可能看见这种张力场。他去美国，看见人人骑摩托车，兴奋得大呼小叫，急忙鄙薄中国的交通工具。后来到了台湾，他鼓吹全盘西化。

胡适提倡白话文，他自己的白话文很一般，跟鲁迅没法比。汉语艺术他可能属于三流角色。我不知道他的思想平庸和他的语言平庸有无联系，猜想是有联系的。孩提时代他活得中规中矩，过于听话，努力做乖孩子，妨碍了想象力，削弱了思维穿透力。

他聪明，转向了考证。这一转，成绩出来了。"胡适运用历史演进法，来考察《水浒传》故事的流传、演变及成书经过，从南宋时代流传于民间的'宋江故事'，到宋元之际的龚开的《宋江三十六人赞》《宣和遗事》，元代的'水浒戏'，到后来文人整理增删，创作成一百零八将的《水浒传》，作了系统的历史的考证，勾勒出了《水浒传》演变成书的基本轮廓。"

《三国演义》，"不是一个人做的，乃是五百年的演义家的共同作品"。

《西游记》，"起源于民间的传说和神话"，有五六百年的演化历史。

胡适总结："传说的生长，就同滚雪球一样，越滚越大，最初只有一个简单的故事作个中心的'母题'，你添一枝，他添一叶，便像个样子了。后来经过众口的传说，经过平话家的敷演，经过戏剧家的剪裁结构，经过小说家的修饰，这个故事便一天一天的改变面目：内容更丰富了，情节更精细圆满了，曲折更多了，人物更有生气了。"

《红楼梦》例外，属于"创造性小说"，主要是曹雪芹写的。胡适考证曹雪芹的祖上，得知曹家祖孙三代，相继做"江宁织造"长达五十八年，四次接驾，费掉银子巨万。胡适下结论说："《红楼梦》是一部隐去真事的自叙，里边甄贾两个宝玉，即是曹雪芹自己的化身。"

胡适还考证出，曹雪芹是曹寅的孙子。此前都认为曹雪芹是曹寅的儿子。这个发现使胡适"狂喜"不已。学者狂喜却容易脑子发热，爬故纸堆，爬来爬去钻入迷宫。俞平伯说："他们把假的贾府跟真的曹氏并了家，把书中主角宝玉和作者合为一人，这样，贾氏的世系等于曹氏的家谱，而《石头记》便等于雪芹的自传了。"

胡适小瞧了曹雪芹，只因他不懂小说艺术。曹雪芹年复一年在纸上过日子，重现时光，重构时光，远远超出了他自己的记忆和家族记忆。《红楼梦》首先是一部华夏女儿的辛酸史，写金陵裙钗们的几年时光，透视了几千年。

胡适在《新青年》撰文《多研究些问题，少谈些主义》，他却把实用主义教授杜威请到中国来，毕恭毕敬，亦步亦趋。打孔家店，搬来杜家店，一群杜门弟子围着杜威转了两年多，走了十一个省。易竹贤写道："杜威叽里咕噜，弟子华语翻译，一唱一和，大传实用主义之道。主调呢，也是反对马克思主义，宣传改良主义。"

杜威宣称：真理就是有用。

但什么是有用呢？眼皮子底下的有用与长远的大用常常相悖，有远见的人和鼠目寸光者势如水火。对少数压迫者有用的东西，对大多数被压迫者则是有害。

詹姆士、杜威的实用主义是美国的官方哲学，罗素嗅到这种哲学的危险，在《西方哲学史》中说："杜威的哲学是一种权能哲学。"权能哲学意味着：不考虑国与国之间、人与人之间、人与自然之间的道德约束；把人类之外的事物，当作有待加工的原材料，工具理性取消了价值理性。

19世纪，雨果抨击英国人的极端自私。20世纪，海德格尔对美国主义终身厌恶。

罗素说："文艺复兴恢复了人类的自尊，但又让自尊达到了造成无政府状态与灾殃的程度……已往过于谦卑的人类，也开始疯狂崇拜自己，开始把自己当作是个神了。"而古希腊哲学和中国古代的老庄智慧不是这样，人是谦卑的人，人不向人施虐，更不向自然施暴。《道德经》一书，民是一个崇高的字眼。托尔斯泰翻译这本书。托翁对近现代西方文明感到沮丧，为什么？这位伟人认为：爱是一切有价值的生活的基础，而物欲的充分调动势必破坏这种基础。罗素说："我觉得普遍的爱是关于这个世界我所希冀的一切事物的原动力。"

《中庸》："仁者，人也。"

《孟子》："仁者爱人。"

胡适讲中国古代哲学讲些什么呢？他除了截流，分类，注疏，正文顶格，哪里懂得老子庄子。金岳霖先生对胡适的哲学素养颇有怀疑。

罗素写道："阐述任何一种关于人类关系的圆满的现代伦理时，最重要的是承认人对于人类范围外的环境的权能必有的限度，承认人对人彼此间的权能宜有的限度。"

这种限度早已被西方强势者打破。

罗素针对杜威的权能哲学写道："我相信这种（权能）陶醉是当代最大的危险，任何一种哲学，不论多么无意地助长这种陶醉，就等于增大社会巨祸的危险。"

罗素严厉批评杜威，后者很敏感，说："罗素先生把实用主义的认识论同美国的工业主义可憎恶的各方面总连在一起……几乎像是我要把他的哲学跟英国的地主贵族的利益联系起来。"

日常生活中，实用主义是断断要不得的。人际交往如果只讲实用，只忙于扩大人脉，那么友谊这种东西将不复存在，你利用我，我利用你而已。一旦发现没用处了，马上拍屁股走人，十年八年不联系。人的情感需求是基因里带着的，又显形于父母疼爱的童年期，如果长大了被实用主义阻断，任何人都不可能获得灵魂的慰藉。挣几座金山也不行。

情感讲实用，情感就短了一大截。而且是动态性的短。

实用主义解构深度之生存。人是薄如纸的人，人是飘着活的人。人与人又互相提防，各怀鬼胎，无休止地竞争。

今天读一本天书，明天就要用起来，吹糠见米，立竿见影，急功近利，这是实用主义的一个非常糟糕的结果。

艺术圈子讲实用，写字画画的就会去钻营，去敲门，去忽悠，去弄手腕，去烧香拜鸟师，去乌烟瘴气。

而中国历代的一流艺术品，都不是功利的产物。

胡适作为大学教授，致力于整理国故，大方向是好的。他带动一批人作了基础性的研究。大胆提问，小心求证。他提倡白话文不遗余力，又提倡多写人物传记。涉及文艺思想，他浅薄如周作人。腥风血雨的时代，周作人躲进他的苦雨庵写小品文。

胡适的政治主张是"好政府主义"，不去触动军阀的利益。吴佩孚一亮相，"好人政府"就下台。

共产党人认为：列强的压迫不去，军阀的势力不除，中国是万难实现统一的，而且内乱还会不止呢！

而胡适说："外国投资者的希望中国和平与统一，实在不下于中国人民的希望和平与统一……老实说，现在中国已没有很大的国际侵略的危险了。"

易竹贤《胡适传》："在胡适的眼里，帝国主义列强对中国的侵略不算'事实'；受列强操纵的军阀战争也不算'事实'；而且，帝国主义似乎还变得很美妙了。"

在骨子里，胡适是个洋奴。

1925 年，帝国主义者在上海制造五卅惨案，广州、南京、汉口、青岛等地，帝国主义者也在屠杀中国人。全国愤怒，多地学生罢课，上街游行示威。胡适却撰文称："国家的纷扰，外间的刺激，只应该增加你求学的热心与兴趣，而不应该引诱你跟着大家去呐喊。呐喊救不了国家。即使呐喊也算是救国运动的一部分，你也不可忘记你的事业有比呐喊重要十倍百倍的。"

九月，他在武昌大学演讲，要求学生："闭门读书，不管闲事。"他被学生斥为"外国的帝国主义宣传者。"

西方列强高举着屠刀，中国的血气方刚的学生不愤怒不呐喊，国家还有希望吗？这是连文盲都能懂的常识，而大学教授要让学生"不管闲事"。

乡愿人物，爱憎都模糊。模糊的背后是利益的清晰。

这位教授游走于军阀和"好政府"之间，游走于爱国主义与帝国主义之间，游走于中国传统文化与西方文化之间，他多方受益，步步走高。他的利益取向大于他的价值取向。他是面影背影俱模糊的人，难怪李敖说，没人能看懂胡适。

胡适是 20 世纪的一个乡愿式人物。"乡愿"一词源自孔子，"乡愿，德之贼也。"关于这个词语的阐释，参见李泽厚《论语今读》。

胡适两次进宫见溥仪，由小太监引路。一个敏感人物去见另一个敏感人物，舆论大哗，钱玄同说："（胡适）对于千年积腐的旧社会，未免太同他周旋了。"1924 年 11 月，冯玉祥把溥仪的小朝廷赶出了紫禁城，胡适当天抗议，称："堂堂的民国，欺人之弱，乘人之丧，以强暴行之，这真是民国史上的一件最不名誉的事。"他去安慰末代皇帝，把国民军骂了一通。人们大惑，指责这个标榜新文化的教授，连周作人都对他不满。

末代皇帝溥仪是要复辟的，张勋曾经支持他黄袍登场，龙椅上坐了十二天。

胡适二进宫，有什么样的心理基础呢？

1922 年 6 月，陈炯明在广州叛变，炮击总统府，迫使孙中山转移到海上避难。胡适反应迅速，在《努力》杂志上撰文称："孙文与陈炯明的冲突是一种主张上的冲突。陈氏主张广东自治，造成一个模范的新广东；孙氏主张用广东作根据，做到统一的中华民国。这两个主张都是可以成立的。但孙氏使他的主张，迷了他的眼光，不惜倒行逆施以求达他的目的，……远处失了全国的人心，近处失了广东的人心，孙氏还要依靠海军，用炮击广州城的话来威吓广州的人民，遂不能免这一次的失败。"

胡适又称："陈炯明一派这一次推翻孙文在广东的势力，这本是一种革命；然而有许多孙派的人，极力攻击陈炯明。"

1923 年 1 月，滇桂联军讨伐叛逆，叛军土崩瓦解，陈炯明逃出广州，孙中山返回广州，重建大元帅府。对这件历史性大事，胡适哑巴了。次年，冯玉祥电请孙中山北上。

吴佩孚拼凑了一个"善后会议"，实际上是军阀官僚的分赃会。胡适去参加，为段祺瑞政府捧场。参会者还各领六百个大洋。易竹贤《胡适传》："三月十二日，孙中山先生也终于怀着对'善后会议'的极大愤慨，在北京逝世了。"

北京爆发女子师范大学风潮，是由于学生反对校长杨荫榆，后来发展到反对杨的后台，北洋军阀政府。杨在女师大以婆婆自居，把女学生看作她家里的一群童养媳。学生不满，发起"驱羊运动"，这恶婆婆搬来军警包围了女师大，勒令学生离开。

北京、上海的学生组织，纷纷支持女师大的学生运动。北京大学评议会通过决议："本校学生会因章士钊摧残一般教育及女师大事请本校宣布与教育部脱离关系事。"

决议案大快人心，而胡适跳出来反对，联合陈源等五人写信，向评议会提出"严重抗议"。北京、上海的教育界愤怒了。上海学生联合会致信胡适："先生前曾为青年指导者，青年所期望于先生者良切。先生近来种种举动，荒谬卑污，长此以往，先生将永为吾全国青年所深恶痛绝。"

胡适与复古派大佬章士钊走得近，一起照相，西装配马褂，坐在一条凳子上，互赠打油新诗。

章士钊解散了女师大。学生们激烈抗争，鲁迅支持她们，有良知的知识分子都支持她们。鲁迅与陈源展开笔战，胡适袖手旁观。

惨案发生后，鲁迅几天吃不下饭，病倒了。

鲁迅在医院写下《记念刘和珍君》。这是空前沉痛的纪念文字。

陈源作《闲话》，为杀人者掩盖暴行，墨写的谎言要掩盖血写的事实。现代评论派的文人摇唇鼓舌，诬蔑群众"自蹈死地"。《现代评论》是胡适、陈源等人办的杂志。

而惨案发生前后，教授胡适在干什么呢？

五卅惨案，三一八惨案，帝国主义、军阀对中国民众犯下滔天罪行，胡适作何反应？写过什么文章？如果他沉默，沉默意味着什么？这些事要追问。

胡适给鲁迅、陈源、周作人写了一封信，试图调和鲁迅与陈某的尖锐矛盾。这是乡愿式的调和，看上去他不偏不倚。

前一年，英国人搞了一个"中英庚款顾问委员会"，胡适被聘为中方三委员之一。1926 年 3 月，胡适在上海出席庚款顾问委员会。当年他留学美国，花的是庚子赔款，每月的生活费八十美元，非常阔气，相当于当时国内大城市四十个工人的收入。

胡适去莫斯科，又去伦敦，复去巴黎，再去纽约，去东京。他在海外阅读敦煌卷子，发现了神会的《显宗记》，达两万多字，是国内所得的三十倍。归国后，胡适博士整理了从巴黎伦敦影印带回来的神会遗著，写了一篇《荷泽大师神会传》，合编成《神会和尚遗集》，由上海亚东图书馆出版。序言说："神会是南宗的第七祖，是南宗北伐的总司令，是新禅学的建立者，是《坛经》的作者。在中国佛教史上，没有第二人比得上他的功勋之大，影响之深。"

胡适整理国故，真是卓有成效。

他在上海与徐志摩、余上沅重整新月书店，《新月》杂志，股东闹得不愉快，要撤股。他名义上是社长、董事长，而梁实秋《新月前后》云："杂志的筹办，最初是胡先生、志摩、上沅负责进行，有了成效之后，上沅到了闸北斯考特路潘光旦家，宣布杂志由胡先生任社长，志摩为主编。当时聚集在光旦家的闻一多、饶孟侃等表示异议，表面上是因为社长主编未经同人推选，手续不合，实际上是新月一批人每个都是坚强的个人主义者，谁也不愿追随在别人之后。志摩是何等圆滑的人，立刻主张改为集体制，胡大哥根本不列名其间。"

徐志摩的圆滑，他的朋友皆知。这种人一般说来人脉广。胡适类似。胡不同于徐的，是在国学领域下了大功夫。徐顶一块西方文化时髦招牌，鄙视中国的传统。徐既不懂罗素，也不懂泰戈尔，却乐于围着两位具有世界性影响的大师转，高分贝嚷嚷给人听。徐的个人品行是传统美德的反例。

新月书店出版了胡适的《白话文学史》，这是拓荒性的著述。此前他又发表了研究《红楼梦》的新材料。1928年，他当了中国公学校长，这个学校的学生中有吴晗，有后来的物理学家吴健雄等。张兆和是学校的健美校花，教师沈从文追求她，她不乐意，把沈老师的一堆求爱信交给胡校长。校长鼓励她试试。沈从文与张兆和，终成一段佳缘。

这位校长又谈政治了，谈人权，谈言论自由。但是，面对一系列的眼前大事他三缄其口，或是玩两可。他不爱，所以他恨不起来。他的所谓新自由主义，底色是实用主义。他摆出一副自由的姿态向强势者靠拢。也许他不自知，不自知更说明问题。这里有隐形的生存向度。在《新月》杂志上他撰文称："我们要打倒五个大仇敌：第一大敌是贫穷。第二大敌是疾病。第三大敌是愚昧。第四大敌是贪污。第五大敌是扰乱。"胡适解释这五条时，排除了资本主义、封建主义、帝国主义对中国的威胁，甚至扬言"我们还没有资格谈资本主义"。

如此怪论，学界震惊。梁漱溟先生用八个字形容胡适："轻率大胆，真堪惊诧！"

梁漱溟写文章反驳胡适："在三数年来的革命潮流中，大家所认为第一大仇敌是国际的资本帝国主义，其次是国内的封建军阀……帝国主义者和军阀，何以不是我们的敌人？"

梁漱溟说："救贫之道，非发达生产不可；帝国主义扼死了我产业开发的途路，不与他为敌，其将奈何？……遍查先生大文，对军阀之一物如何发付，竟无下文，真堪诧异！"

胡适写公开信《答梁漱溟先生》，声称："二十年来所谓'革命'，何一非文人所造成？二十年中的军阀斗争，何一非无聊政客所挑拨造成的？近年各地的共产党暴动，又何一非长衫同志所煽动组织的？此三项已可概括一切扰乱的十之七八了。"

这是在 1930 年。胡适讽刺二十年来的革命，包括辛亥革命。难怪他二进宫见溥仪。

这年 11 月，胡适准备迁居北平，动身前一天，又写文章叫嚣："被孔丘朱熹牵着鼻子走，固然不算高明；被马克思列宁斯大林牵着鼻子走，也算不得好汉。"

胡适讲这种话，蒋介石是乐意听的。行政院长汪精卫请胡适当教育部长，胡婉辞。他也批评蒋介石，却与蒋越走越近，替蒋抬轿子，造舆论："他不是自私的，也不是为一党一派谋利益的。"又说，"他一个人总在那里埋头苦干，挺起肩膀来挑担子，不辞辛苦，不避怨谤，并且能相当的容纳异己者的要求，尊重异己者的看法。"

胡适办《独立评论》杂志，在关键的时间节点上为蒋介石摇旗呐喊。胡确实聪明，说一些蒋的不是，更能包装他自己和他的杂志。

独立评论吗？对日本人的入侵，胡适唱低调主义，主张不抵抗。独立于什么呢？独立于民族的危亡吗？胡适《论对日外交方针》，妄言中国不得在东三省驻扎军队。他赞成"满洲自治"，公开支持《塘沽协定》。

这个人宣称："我自己的理智与训练都不许我主张作战。"

易竹贤《胡适传》："对于侵略和掠夺中国，阻碍我民族文化进步，造成我民族深重灾难的帝国主义，胡适不予谴责，反而为帝国主义的侵华罪行辩护，甚至把侵略写成友谊，百般美化颂赞……人们斥他为'洋奴''康白度'。"

卢沟桥事变后，胡适在庐山写打油诗："哪有猫儿不叫春？……哪有先生不说话？"他是教员，是先生，到处高调演说，在抗日问题上仍唱低调。

1948 年胡适全家在北平合影

1937 年 9 月，胡适受命去了美国做外交工作，一年后担任中华民国驻美大使。做大使的四年间他演讲百余次，拿到二十七个荣誉博士学位。

1946 年，胡适回国，做了北京大学校长。

1948 年 12 月，胡适逃离受人民解放军包围的北平，由于赶飞机仓促，只带了一些手稿和一部甲戌本《石头记》。次日在南京，蒋介石请他夫妇吃饭。

1949 年以后，胡适待在美国，几十个博士和荣誉博士学位忽然一钱不值了。找不到职业，又没人请他演讲。封笔，闭嘴，自说自话。住破烂的公寓，博士先生每天干家务，洗碗扫地擦桌子，出门扔垃圾，呆看豪华轿车。在实用主义的发源地，胡博士遍尝辛酸滋味。想当年做大使何等风光，收获了二十七顶博士帽。现在，"实用"二字压到他头上，他一生崇拜的美国，谁理他？他不写文章捧杜威了。

追随杜威三十年，到头来落得个异乡凄惨。上街靠边走，瞅着汽车高楼。

大白天，纽约的盗贼破窗而入，把胡太太吓得不轻。她回过神来倒颇冷静，打开大门，对贼吼道："出去！"那贼竟真的出去了，三寸金莲竟然把彪形大汉吓走。然后，这位胡太太进厨房继续烧菜。

江冬秀素有悍妇之称，她吼胡适的细节却少。胡适写日记尽量避开她。卤水点豆腐，一物降一物。学界传为笑谈。

唐德刚说："在这盗匪如毛的纽约市，二老幽居，真是插标卖首！"

可怜的胡适，先后在美国已经待了二十年的胡适，白天门窗紧闭，夜里辗转难眠。

胡博士做了大学图书馆的管理员。这个不起眼的图书馆，却拥有大批中国的线装书。胡适埋首于线装书，不会去思考帝国主义的文化掠夺。当初在巴黎和伦敦看见敦煌卷子，他也不愤怒，不追问。

血不热，学问也是有问题的。冷静思考与热烈洞见共属一体，价值判断清晰，方显大师风范。当年胡适在北京大学给学生开书单，古书多达几千卷。迂腐得令同仁吃惊。

如今，胡适在美国穷困，要挣钱。一美分难倒胡博士，柴米油盐，处处酸楚。老婆不作悍妇吼，老婆就不是江冬秀。她尖叫吓走偷东西的美国大汉，吓文弱的、老且穷的胡适之不在话下。江冬秀在多大程度上塑造了胡适之的性格呢？

蒋介石妄图反攻大陆，胡给蒋助威。胡飞到台湾演讲，出书，又有钱了。他领衔办《自由中国》杂志，这个杂志被查封，主编雷震蹲监狱。

蒋介石在台湾搞了一个"中央研究院"，圈定胡适当第二任院长。这是在 1957 年。胡在美国住了九年流亡公寓。4 月 8 日，他飞抵台北机场，迎接他的政要、名流排成长队。几天后他就任院长，蒋介石致词。台湾当局在南港给他建了院长宅子。江冬秀 1961 年才到台湾。1960 年胡适七十岁，蒋介石父子带头给他祝寿，热闹了好一阵。

胡适喜欢热闹。乡愿人物一般都喜欢热闹，看上去朋友多，车水马龙，花月春风。

严格意义上的学者，向来不避宿命般的孤独，而胡适怕孤独。他的文字平庸，和他的性格、他为人处世的方式是有关系的。

李泽厚先生尝言：胡适留下来的文字，可读的很少。

文气与脾气有相通之处。胡适脾气好，小时候凡事听妈妈的，后来听江冬秀的。

胡适眼观六路耳听八方，暗里有他的盘算。

蒋介石是胡适倚靠的一棵大树，胡以诤友自居，却善于在紧要关头捧蒋的场。后来李敖写八本书骂蒋，写六百五十页的《阳痿美国》，而胡适再活二十年也不可能干这个。

美国人在台湾搞了一个会议，胡适去发言，用英文否定中华文明。发言的题目大，《科学发展所需要的社会改革》，肆意攻击中国的古老文明："我们东方这些老文明中没有多少精神成分……现在正是我们东方人应当开始承认那些老文明中很少精神价值或完全没有精神价值的时候了。"

胡适讲这个，美国人爱听。

新儒学的代表人物牟宗三很不爱听。胡适九泉下的母亲冯氏同样不爱听。

华夏几千年文明没有精神价值吗？民间无处不在的仁慈与善良没有价值吗？谁强势、谁能推行丛林法则谁就有精神价值？这里显然有实用主义的逻辑。

台北大学徐复观教授抨击胡适："是一个作自渎行为的最下贱的中国人！"

叶青、郑学稼骂胡适是"文化买办在洋大人面前讨好的表现"。

台湾很多报纸杂志质疑胡适，李敖等少数人跳出来捧胡。李敖称：中

1960 年的胡适

国传统文化是死的文化；死的文化中纵使有一两个活的细胞，也对活生生的
现代不能移植；我们老老实实跟在强国的屁股后面学就是了，背着这个传统
的大棺材干什么？我们要追求西方活泼泼的大美人，不要抱东方冷冰冰的臭
僵尸。……

　　这是 1961 年，李敖二十六岁，还是个文化愣头青。

　　激烈的论战导致胡适生病住医院。心脏病发作。冬，入院五十多天，
病房外论战犹酣，胡适看报纸读杂志一肚子牢骚。他嘴硬，出院后对来访
者说："他们要围剿我胡适，你说，这是什么意思？我不懂，我胡适住在台
北，与他们有什么坏处！"

他伤了炎黄子孙的心。

1962 年 2 月，胡适主持院士会议，赞美杨振宁、李政道等科学家。座中有人提到他遭围剿的事，他顿时异常激动，说："我去年说了廿五分钟的话，引起了'围剿'，不要去管他，那是小事体，小事体。我挨了四十年的骂，从来不生气，并且欢迎之至，因为这是代表了自由中国的言论自由和思想自由。"不生气的胡适倒在当天的酒会上，送医院不治。中西方文化论战，使他的心脏病两次发作。

胡适整理国故有功，但是他不爱中国的传统文化。乡愿之所重，"利益"二字。

他生前风光，身后凄凉。借光的人群一哄而散。李敖《我与胡适》记之甚详。

胡适之先生究竟爱什么？唯一给人留下深刻印象的，是他爱母亲。读古书、留学西洋使他当教授做名流，他乡愿，骑墙，有利于自身利益最大化。他不爱这个世界，他利用。他的研究价值恰好是他的乡愿，他的不爱，他的模棱两可，他把乡愿式的生存模式推到一个显眼的地步。只因在眼下，形形色色的乡愿人物，正出没于各个领域。

推荐胡适早年的一首很感人的新诗，《十二月一日到家奔丧》。

今朝

依旧竹竿尖

依旧溪桥

只少了我心头狂跳

何消说一世的深恩未报

何消说十年来的家庭梦想

都——云散烟消

只今日到家时

更何处寻他那一声

"好呀，来了！"

林徽因和他们

梁思成，徐志摩，金岳霖

有一些生活细节让我记住了金岳霖。他是北京大学、清华大学的哲学教授，却很少谈哲学。他是个健谈的人，天南地北都爱谈，谈各式朋友，谈各地饮食，谈服装，谈斗鸡，谈蛐蛐，谈猫狗，唯独不谈他的学业和事业。哲学不好谈。金岳霖擅长的逻辑学更不好谈，尽管是在名教授云集的学院里。

谈不拢，知音少，金先生就不谈了。可见其性格，不会强人所难。他生得高大，性情很温和。他崇拜的西方哲学家大都身材偏矮，比如英国的罗素。罗素有个大脑袋。爱因斯坦、列宁、海德格尔，都是矮个子大脑袋。

哲学家长寿，这是金岳霖说的。罗素活了九十八岁。海德格尔八十七岁。海氏的弟子伽达默尔一百零三岁，另一弟子哈贝马斯今年九十三岁了，他是德意志的国宝。庄子八十四岁，孟子八十四岁，墨子九十多岁，老子一百多岁……金先生自己享年九十岁。

金岳霖叼着烟斗在北大校园散步，沉思，他有叼烟斗的照片。他抽雪茄烟，也抽纸烟，与朋友合影，指间夹着香烟。他的头上总是盖着一顶遮檐帽，他的眼睛有点畏光，可能是看书太多的缘故。他先在美国留学，后来在伦敦研究形式逻辑，回国后做了教授。他见过伯特兰·罗素。

金岳霖的照片一般看不见笑容。胡适的微笑有点做。徐志摩的西装和发型偏奶油。金先生不笑，也不深沉。平平常常的大个子，西装远不及胡适的挺。金先生的父亲是清廷的三品官，据他说是小官。胡适的父亲亦官亦商。

20 世纪 30 年代，金岳霖在北京独自住的小院子，有厨子和车夫。厨子能做西餐。车夫拉着金教授去北大教书，或是上馆子。小院子前面的大院子，住着梁思成、林徽因夫妇。梁思成是梁思成，不仅是梁启超的儿子。梁思成清瘦，话不多，个头不高。

小院子和大院子亲如一家。这边的单身汉过去，那边的一家子过来。小孩儿，书籍，美味佳肴，剧谈与闲聊，构成了两个院子之间的隐形桥梁。

还有白酒红酒，金岳霖喜欢小酌两三杯，喝绍兴黄酒就喝得多一些。

还有斗鸡。金岳霖养的一只黑山狼鸡比饭桌还高，跟他同桌吃饭，鸡头与人头同起落。有时人找鸡，找到了后院。有时鸡找人，也找到后院来了。

还有周遭的几家好馆子，还有妙不可言的蛐蛐……

"庭院深深深几许。"金岳霖有很深的古典文学修养。他看一幅古画，一看半天。他的房间里挂着邓以蛰先生送给他的书法和绘画，常常玩味。邓以蛰是"两弹元勋"邓稼先的父亲，美学宗师，跟宗白华齐名。

"雨打梨花深闭门。"穿长袍的金岳霖在雨中徘徊，梨花雨落进他的烟斗。静静的，不抽烟斗时，思绪也袅袅，心绪也浩茫。他自幼身体好，不怕淋雨的。

梨花时节，庭院中湿漉漉的一棵树。

立尽黄昏有几回？金先生记不清了……

想些什么呢？似乎也记不清了。

有一些哲学书，看了就忘了。忘了就记住了。

那个院子叫北总布胡同 3 号，典型的老北京四合院。邓以蛰来，徐志摩来，沈从文来，胡适之、陈岱孙、张奚若来……不是北大的教授，就是清华的教授。沈从文的妻子张兆和，那么标致的一张脸，配了月白色旗袍，还有那专注的秀目。物理学家周培源的夫人王蒂澂，一个典雅而又温婉的美人。谢冰心、凌叔华……不难想象那个年代的她们，美在举手投足之间。

教授们收入高。星期六的聚会，不叫沙龙，也不叫雅集，叫"星期六碰头会"。金岳霖随意命名的。这随意却呈报了某种严谨。

碰头会朋友多。促膝交谈头碰头。金岳霖的客厅和书房都嫌小。咖啡红酒随便喝，牛排、龙虾、螃蟹常有。没有金太太，男主人也是女主人。

金岳霖说，他在巴黎第一次吃龙虾，大龙虾，吃完了就钟情于龙虾，一发不可收。他能比较法国菜、英国菜、德国菜、美国菜。他写文章《中国菜世界第一》，如此命题，可不是随随便便的，他说："中国菜世界第一，这是毫无问题的……广东菜、四川菜、福建菜都是各有专长，而又各自成体系的中国菜。"

20世纪五六十年代，在北京，金岳霖教授有时参加国宴。

他家境好，从小到大吃南方、北方的菜，从湖南吃到北京。这对培养味蕾的精细有好处。"食不厌精，脍不厌细。"华夏族几千年的饮食传统，西方人的味蕾比不得。

在北总布胡同3号，金岳霖的客厅被朋友们叫作"湖南饭店"。他的回忆录却不谈辣椒。

平时吃饭，金岳霖教授只一荤一素。这习惯几十年不变。他痛恨铺张浪费。这跟他学哲学有关。他的哲学代表作叫《论道》。

《道德经》："五色令人目盲，五音令人耳聋，五味令人口爽。"

宋代的司马光身为宰相，却有个口头禅："食不敢常有肉，衣不敢纯有帛。"岳飞官至一品，家里的菜也限于一个荤菜。岳帅夫人李氏总是穿布衣。岳飞常说："文臣不爱钱，武将不惜死，天下太平矣!"这一点，范仲淹表率于前。而众所周知，宋代经济的发达远胜于唐代。

金岳霖长期浸润于传统文化。幼儿学奠了底，根深苗壮，留洋许多年而底色不变。

他对孔子的印象不好，说："我对孔子一点兴趣都没有。"

林徽因。这三个字意味着什么呢？

维特根斯坦与人交谈时，常常问：你确切的意思是什么？

林徽因对我而言，她的确切的意思是什么？我不知道。我所知道的是，我想写一篇有关她的文章。有一些情绪绕在方寸间，二三月不散，情绪带出了思绪，于是想提笔。我确切知道的就这些。而经验告诉我：一旦动笔，我就比我更多。

因为写作会强化情绪，延伸思绪。

哦，书房里阳台上也蹦蹦跳跳，情绪思绪双重饱满……

金岳霖本可以写一本关于林徽因的小书。他未写。他动过这个念头么？

不写，更多的记忆就丢了。他能写，与林徽因的丈夫不一样。

金先生说："古人曾说'饮食男女，人之大欲存焉。'本文不提男女，一是因为男女是神圣的事情，不能随意谈；涉及别人，并且异性，也不应随意谈。饮食是大家所关心的，也是大家所经常谈论的。"

大家经常谈饮与食，不谈男女，这个"不"呈报了哪些现象域呢？又形成了哪些生活遮蔽？生活方式常常取决于言说方式。

海德格尔："语言是存在的家，犹如云是天上的云。"

哲学不好谈，男女不能谈。金先生非常在乎的人和事是埋在心底的。

两进院子一小一大，金先生走来走去。月明星稀或是月黑天，前院的灯光飘过来，男人在光影中独徘徊。"若有思而无思"。春三月，姚黄又开花了。

夜半的香烟，一个单身汉的繁星满天。

"《诗》三百，一言以蔽之，曰：思无邪。"

不谈男女的金岳霖绮思绵绵。

"一寸相思一寸灰"么？不是这样的。人是万物之灵，爱有千差万别。金岳霖的爱，当时就与众不同。"碧海青天夜夜心"，这个倒有可能。博学的金先生向谁偷了灵药？

烛影深，晓星沉。李商隐的爱情诗写得好，跟他激烈的性格有关。

《金岳霖回忆录》："梁思成、林徽因和我抗战前在北京住前后院，每天来往非常之多。我作了下面这一对联：'梁上君子，林下美人。'思成听了很高兴，说'我就是要做"梁上君子"，不然我怎么能打开一条新的研究道路，岂不还是纸上谈兵吗？'林徽因的反应很不一样，她说：'真讨厌，什么美人不美人，好像一个女人没有什么事可做似的，我还有好多事要做呢！'我鼓掌赞成。"

这里有个女性爱用的语气词：真讨厌。

真讨厌的人是金岳霖。鼓掌的人是金岳霖。鼓掌，为一句带了娇嗔的"真讨厌"么？

另外，金岳霖称呼思成，并不称呼徽因。"林徽因"三个字是个整体。他的回忆录涉及林徽因不少，从来不见"徽因"二字。"此中有真意，欲辨已忘言。"

四合院中多少事，一天又一天的。"每天来往非常之多"，可谈的话题非常之多。另外，鸡和狗还两边走动，像懂人心思的鸡狗。

金岳霖写道："所谓'湖南饭店'就是我的客厅，也就是我的活动场所，写作除外。房子长方形，北边八架书架子。我那时候是有书的人，书并且相当多，主要是英文的……一个'光棍'住在那样几间房子里，应该说是很舒服的。"

20世纪30年代初，金岳霖三十几岁。按当时的标准，他已经是老光棍了。有些大他两三岁的朋友都抱孙子满街逛了。林徽因小他九岁。

萧乾二十出头，写了一篇小说《蚕》，受到林徽因的邀请。他说："那天，我穿着一件新洗的蓝布大褂，先骑车赶到达子营的沈家，然后与沈先生（沈从文）一道跨进了北总布胡同徽因那有名的'太太的客厅'……她对我说的第一句话是：'你是用感情写作的，这很难得。'给了我很大的鼓舞。她说起话来，别人几乎插不上嘴。别说沈先生和我，就连梁思成和金岳霖也只是坐在沙发上吧嗒着烟斗，连连点头称赏。徽因的健谈决不是结了婚的妇人那种闲言碎语，而常是有学识、有见地、犀利敏捷的批评。"

已婚妇女那种闲言碎语，从古代说到现代。难怪曹雪芹借贾宝玉的口惊呼：女孩儿都是好的，女婆子都是坏的！女人一旦唠叨不休，就变成了碎嘴婆娘。

家务事永远鸡毛蒜皮，妇女的念头纠缠于其间，唠唠叨叨也正常。一般家庭妇女，哪来的宏阔视野？一根葱子也要说来说去，没完没了的形而下。一群婆子凑到一起，说得唾沫星子飞。古往今来皆如此。这里，肯定有某种基础性的东西。

知识女性不一样。这个稍后谈。以前，女人三十岁是个坎。现在的女人大抵四十岁是个坎，过了四十岁，闲言碎语多起来。但是，毕竟进步了，十年光阴，不可等闲视之。

眼下的教师、编辑，大多数是女性。文化传承的重担落到女性身上，这在中国几千年历史上从未有过。这个现象要研究。

孔门弟子三千，没有一个女生。

女人天生的头发长见识短么？未必。

请看林徽因。

林徽因生于 1904 年，在杭州初长成。她父亲是司法部总长，她母亲是"二夫人"。后来家里有了来自上海的"三夫人"，二夫人靠边站了。父亲不是在外地，就是在外国，好不容易回一次家，三夫人那边待不够，二夫人

三岁时的林徽因

这边他晃一晃就走。

屈辱，伤心，数落，哭闹，一概没用的，二夫人何氏才三十岁，连肉体都不是了，腿不腿臀不臀的，曾经的步态体态，眼下啥态也没有。失态倒是她掩不住的常态。何氏先前受过宠，为林家生了一对可爱的儿女，她闻到了荣华富贵的味道。

然而，不过几年，她的存在不及林家的猫与狗。

少女林徽因的生长环境是这样。女儿似乎天生向着父亲。父亲是一大家子的中心，表哥表姐大姑母……谁不向着做大官、娶三房的林长民呢？小孩子也学会势利眼。

当这位在东洋留过学的高官高谈仁义道德之时，林徽因会迅速低下头。

祖上传下来的林家大院子，仁慈、怜悯在哪儿？对联标榜仁义，残忍却在眼前。

谁残忍呢？林徽因想要躲避自己的念头。追问却在萌芽。没办法。人活着，人要想事情。女孩子也要思考。

林徽因跟她母亲住。冷冷清清的小院，寻寻觅觅的妇人。"梧桐树，三更雨，不道离情正苦。一叶叶，一声声，空阶滴到明。"妇人的生活横竖展不开。进退失据，院墙是牢狱的形状，缠绕的花枝像铁丝网。怨妇唠叨，年复一年，不唠叨她会死的。唠叨是古今女人的良药。

林徽因向黄昏低着头。父亲回家了，热闹景儿一阵阵传过来。她到那边去，走出小院，又向可怜的母亲掉过头。黄昏里，母亲木着一张年轻光洁的脸。

林徽因走出一段路了，又驻足，耳朵听着两边。她听到了热热闹闹，也听到了冷冷清清。少女有个隐秘的心愿：不能活成母亲那个样子。不能。决不能。

林徽因先在私塾念书，后来去北京，进了英国人办的贵族式教会学校。林徽因十六岁随父游历了欧洲，大抵走马观花。她窝在室内读小说，尝试写小说。母语带给她的亲切感，远非英文可比。英国几百年出了几个大文人，而汉语艺术孕育了数以百计的大师。雨果一向瞧不起英国人，雨果青睐德意志。

工业革命时期，维多利亚女王封一个大海盗为爵士，向全世界释放了危险的信号。坚船利炮，金融掠夺，这两种东西强力推进星球的丛林法则。时至今日，英国可以开采的地下资源几乎为零，然而英国人过得奢侈。

20世纪20年代初，少女林徽因在伦敦的寓所读小说和诗歌。主要是维多利亚式的伤感小说，雪莱、拜伦的某些诗。狄更斯和哈代的长篇小说，她这个年龄段尚难靠近。

寓居伦敦的林徽因活在少女的憧憬中。伦敦不散的雾，伦敦绵绵的雨。壁炉的火光映着少女的面庞。林长民忙着他的考察。林徽因看书，看书，因之而获得内心纵深。

自由自在的阅读，飘来飘去的思绪。文字不断地把思绪弹向空中。

少女捧着书卷。这类场景在20世纪随处可见。人类文明在书卷之中。是的。如果林徽因一天到晚看手机，哪里还有令人神往的林徽因？

有一个叫徐志摩的年轻人来找林长民，他发现了生得清丽的林徽因。很快，他造访的次数明显增多。林长民经常不在。林徽因又希望他来，于是他的敲门声在高而宽敞的建筑物中令人愉快地响起。

伦敦漫长的冬季，闭门阅读的少女遐思也多，她抛书呆望窗外，暗暗渴望着敲门声。酷爱诗歌的徐志摩来了，他抬手敲门，同时倾听他自己陡然加速的心跳。

徐志摩是银行家的儿子，林徽因是高官的女儿。异国相逢，又是一见如故的知音，时间的流淌就叫欢快。他们用英文朗读英国诗歌，他们促膝交谈，一起远足去听音乐会。他们在林荫小道上散步：这个在国内是不可想象的，国内的男女还在授受不亲。

徐志摩到英国考察实业和金融，却迷上哲学家和文学作品。说他迷上哲学家，是说他对哲学本身是个门外汉，棋臭瘾大的门外汉。他想拜见剑桥大学哲学系教授罗素，而罗素携女友到中国讲学去了。他结识了伦敦的一些作家，出入文艺沙龙，坐汽车看电影，半夜在街头兜风。这是一个出手阔绰的贵公子。

徐志摩爱上了。诗人的特点是不断地爱上。林徽因是尤物，不是一般意义上的标致少女，她性情激烈，妙语脱口而出，双颊一时飞红。这鲜艳的少女之色却有身体的病因。

徐志摩迅速爱得如火如荼了，他要把胸中蹿出的那团火，接上少女的双颊之红。火向火发出吁请。此前他爱过谁不得而知。他去过美洲大陆。他不在乎自己年轻的妻子却是事实。妻子叫张幼仪，带着她和徐志摩生的幼小的儿子，寓居康桥附近。

诗人有爱情了。有了爱情的诗人要斩断亲情：张幼仪的肚子里正怀着他的第二个孩子。妻子牵一个怀一个。丈夫出门去找爱情。伸手不见五指的大雾天也要跑出去，汽车或马车驶过有名的康桥，朝着伦敦的街区。下雨天也要离开孕妻，离开眼巴巴的幼子，离开正在腹中生长的胎儿。

贵公子徐志摩在伦敦留学没人照顾，写信、拍电报把妻子唤来。生活般般舒适了，举止越发昂扬，他穿了张幼仪替他选的名贵西装，抬起一双锃亮皮鞋，出门一溜烟，奔向他的神圣爱情。这是 1921 年，徐志摩二十四岁。

诸多细节，林徽因是不知道的。徐志摩也不会讲。他有鬼精鬼精的一面。诗人有时候是个小流氓，是市井泼皮。

爱不假，残酷也是真的。六年的婚姻生活，身内身旁两个孩子，而丈夫兼父亲的那个人，那个人，嚷嚷着博爱之类的所谓普世价值，甩手出门去。

英语讲多了，母语就淡化。而汉语蕴含着中华文明的全部价值。

中国的传统，利他二字。《庄子》："至人无己。"

苏东坡说，利他就是利己。

在历史进程中为什么要强调利他？只因利己是本性，是动物性，利他是人性。

林徽因听见了熟悉的敲门声，快步走向那扇厚重的门。门开了，人进来，雨伞搁在外边。有诗意的雨声也进来了，男人急促的气息也进来了。那只敲门的手变成颤抖的手。也许未敲门已抖上了。少女薄薄的脸颊一阵轻红。

大半年光景，徐志摩造访林寓多少次？单独面对林徽因恐怕不止二十次。贵公子兼浪漫诗人潇洒亮相，省略了丈夫和父亲的角色。不提张幼仪，不提才几岁的儿子。

林徽因有时问及，徐志摩闪烁其词。

火是明明白白烧起来的火。少女低下头。眼睛躲开了火光，身子躲不开灼热。

高屋顶的大房子，坐得近的两个人。

一次次的敲门，一次次把门打开；写信，回信；同看一本书，同听淅淅沥沥的雨。

徐志摩不伸手就不是徐志摩了，林徽因不抽身也不是林徽因。

诗人巴不得百米冲刺，而少女的内心深处有一股斥力。源自童年的那股子心劲深不可测。它一直在长。少女决不能让自己活得像母亲，也不能让一个善良的女人活得像她母亲。张幼仪，林徽因见过的。只是见面时，张幼仪的身孕还不显。这一点，张并未告诉林，可见其自尊心。这是一个识大体的可敬的女人，尽管她只有二十一岁。

少女林徽因有足够的善良，盖因她目睹了实实在在的、光天化日之下的伤害：父亲伤害母亲，并且是常态化的、不经意的、旷日持久的伤害。不经意比刻意更残忍。

徐志摩跟林长民很谈得来，通信戏称情书。他们有诸多共同点。外表都潇洒，气味颇相投。

林徽因受徐志摩的吸引。固然她被动，被动也是动。父亲之外的男人，从未有人像徐志摩这样离她如此之近。第一次，印象深。女孩子尤难忘怀。哪个少女不怀春呢？何况她在伦敦的冬季，一本接一本读外国小说。梦是粉红色的。

19世纪的欧洲文学，浪漫主义是一大流派。法国英国的知识女人，可能一半是诗人。弗洛伊德证明了，浪漫有它巨大的内驱力。人类历史上它是个常数，任何压抑都意味着反弹的可能。

林徽因在伦敦怀春，继而动情。1921 年对她来说是刻骨铭心的。正在憧憬浪漫，浪漫诗人就来了。济慈，雪莱，拜伦，这些名字一百年后依然是欧洲的骄傲，连同法国的雨果，俄罗斯的普希金……顶级诗人们是两个中国男女永远谈不完的话题。

诗句是火药。诗句碰上春心，火上烹油。

林徽因不只是倾听，她一向悟性好。另外她语速快，这是抢话抢出来的敏锐性。

徐志摩不只是动嘴，他的身体蠢蠢欲动。已婚男人不一样的，何况是个贵公子加浪漫派。何况浪漫派面对的是空谷佳人般的林徽因。

徐志摩扑过去吗？林徽因会闪开。

诗人唐突美人。第二天，美人依然为他开门。

又来了。活火山不喷发它就不是活火山。徐志摩向林徽因下跪求爱吗？林徽因由于激动而饱含热泪吗？两个人都处于"恋爱的狂风暴雨期"（弗洛伊德），一个是浪漫派，另一个正趋于浪漫。

林徽因稍有妥协，徐志摩会抓住百年难遇的一刹那，扑吻她的秀脚。

浪漫派浑身上下都是浪漫，林徽因拼尽全力，才勉强招架得住。

说招架，是因为她的情火不大。这是一团犹豫不决的火。

火势熊熊的徐志摩，未能跟那团小火共燃烧。不错，他分明看见了那团小火，恋爱中人目如炬。大房子里追逐着小火吗？沙发、钢琴与壁炉之间，人在动，变换位置。每个位置都有预谋。身体自行其是。这叫不假思索，动作在念头之先。

那个漫长的冬季徐志摩有动作吧？这几乎可以肯定。

可是日记本丢了。先由凌叔华保存的徐志摩日记本，后由胡适保存，再后，不知所终。这是恋爱事件中推波助澜的神秘插曲。很多人开动脑筋猜想。始终不置一词的，是金岳霖。

动静闹得很大。谈恋爱变成了闹恋爱和绯闻，传到了国内。徐的父母大怒。徐的师尊梁启超写长信说："其一，万不容以他人之痛苦，易自己之快乐。弟之此举，其于弟将来之快乐能得与否，殆茫如捕风，然先已予多数人以无量之苦痛。其二，恋爱神圣为今之少年所乐道……兹事盖可遇而不可求……况多情多感之人，其幻象起落鹘突，而得满足、得宁帖也极难……呜呼志摩，天下岂有圆满之宇宙！当知吾侪当以不求圆满为生活态度，斯可以领略生活之妙味矣。"

讲得好。单凭这段话，梁启超先生也令人尊敬。

徐志摩回信称："我之甘冒世之不韪，竭全力以斗者……实求良心之安顿，求人格之确立，求灵魂之救度耳。"

良心，人格，灵魂。徐志摩用这三个词告诉人们，什么叫大言不惭，什么叫厚颜无耻，什么叫文化伪装。堂而皇之地欺负身边的人，先有林长民，现在是徐志摩。

徐的竭全力以斗，看来是追求林徽因公开化了。任性的富家子，不达目的不罢休。多半是小时候任性惯了，得不到就耍赖，耍横。任性远渡重洋，接上了西方式自由。奇怪的是徐志摩调子唱得高。他闹恋爱，闹婚变，写信给快要临盆的张幼仪，强烈要求离婚。信中形容六年婚姻与他梦想的新欢："转夜为日，转地狱为天堂。"

然后，他笔锋一转来了高调："彼此有改良社会之心，彼此有造福人类之志，其先自作榜样，勇决智断，彼此尊重人格，自由离婚……"

造福人类，先要伤害别人。确立人格，先拿一群亲人来垫背。而且，这不是徐志摩一时冲动说出来的话，是他白纸黑字写下来的信。写出来，寄出去，更无一丝迟疑。

徐志摩大闹离婚的两三个月，张幼仪的肚子一天天大起来。她跑到柏林去了，为了捍卫尊严，为了保护腹中的孩子。若是大吵大闹，对胎儿必定不好。她跑，徐志摩追到了柏林。

离！仿佛他正在干一件天经地义的事，并且占据了道德高地，插上一面人道主义大旗。他浑身是劲。他志在必离。

这个满嘴平等、博爱、自由的年轻人，骨子里隐藏着男尊女卑的潜意识。轻佻轻薄的徐志摩蔑视别人，这别人包括他自己的父母，他的老师梁启超。

离了。金岳霖是证人之一。这是1922年3月，在柏林。张幼仪刚刚生下次子。

孕妇，产妇，婴儿。还有一个正在懂事的、尝到了惊恐滋味的小男孩儿。

徐志摩的浪漫，是执意要让许多人付出代价。这浪漫直接是残忍，是赤裸裸的邪恶，而一般薄情者做归做，并不敢公然唱高调。徐志摩明明干着下作的事，却嚷嚷确立人格，改良社会，造福人类。这种心理模式倒是一些知识分子的专利。

私心膨胀的年头，类似的悲剧层出不穷。当人们习惯了悲剧之时，悲剧就是无声的。

在现存的相关资料中，涉及张幼仪的少，宽容徐志摩的多。针对这类宽容，要追问。追问支撑宽容的模糊、两可，追问冒牌的价值多元，追问五花八门的文化伪装。

卑鄙的东西，不去加以揭示，卑鄙就要无数次地粉墨登场。

《金岳霖回忆录》讲到徐志摩，只寥寥数语，显示了金先生的春秋笔法。"他（徐志摩）和我们很不一样。头一点是阔，我只有六十美元一月……徐是富家子弟。他来（美国）不久，就买了一套七十二块美金的衣服。不久裤子不整了。他不知从哪儿借来了熨斗，烫裤子时和别人争论，把裤子烫焦了一大块。只得另买一条灰色裤子。"

当时一美元，约合两个半大洋，是中国城市普通人家一个月的生活费。

七十二块美金买一套衣服。金岳霖说徐志摩："头一点是阔。"其

125

次呢？

浪漫是什么意思？浪漫是在不浪漫的地方开拓生活意蕴之处女地。西方的宗教束缚人性，中国的礼教束缚人性。19 世纪，西方浪漫主义兴起，是对技术文明的一种反向运动。简言之：要保护生活之意蕴层；要让个体有生长的空间，不至于沦为流水线上的复制品。罗素《西方哲学史》："浪漫主义运动的特征总的说来是用审美的标准代替功利的标准。"

罗素写道："机器生产对人的想象上的世界观最重要的影响就是使人类权能感百倍增长……大自然是原材料，人类当中未有力地参与统治的那部分人也是原材料。"

罗素强调："阐述任何一种关于人类关系的圆满的现代伦理时，最重要的是承认：人对于人类范围外的环境的权能必有的限度，承认人对人彼此间的权能的限度。"

对于徐志摩来说，他的老婆孩子是原材料。他是家中高高在上的统治者。当他不想统治的时候，扔老婆像扔一件旧衣裳。

林徽因的态度如何呢？1921 年的下半年，她渐渐冷却下来。这个富家女儿并不简单。换言之：林徽因并不仅仅是出落成一个漂亮姑娘。美丽面孔有思索，而思索来自孩提时代。每当父亲以冷落的方式伤害母亲的时候，她感受到了冷暴力。

小孩子敏感家庭氛围，古今中外概莫例外。

儿童期的高度敏感，使林徽因成为林徽因。

这种敏感塑造了她的面部表情，她的照片耐看，美，不浅薄。或者说，不浅薄的美是林徽因的特质。

如果她一直过得顺，不思索，那么，很难抵挡徐志摩一波又一波的进攻。

皮毛之美，经不起折腾。有内心之纵深，则能够从头打量。

林徽因在写给朋友的信中说："早年的家庭战争已使我受到了永久的创伤，以致如果其中任何一点残痕重现，就会让我陷入过去的厄运之中。"

她随父亲去了苏格兰。1921年的年底回国。

恋爱失败，徐志摩受重创。张幼仪又走了，他的日常生活重归于混乱。一堆脏衣服谁来洗呢？下顿饭到哪儿去吃呢？租来的几个房间蒙上了蜘蛛网。

康桥美，人落寞。忽然他又热情高涨，辗转托人介绍，去拜访一位写小说的病美人，惊叹对方的绝世容貌。病美人叫曼殊菲尔。

唯美。唯女人之美。唯美主义是浪漫主义的一个分支。

失恋，伤心，使徐志摩发现了康河上的自然之美。自古伤心人别有怀抱。徐志摩自况："我是绝对的单独。"一个人在河上飘来飘去，留步拜伦潭，想象拜伦勋爵的浪漫。

伤心是说，有心可伤。此前他没心没肺。心不定，老婆孩子热炕头，拴不住他心猿意马。他想得到他得不到的东西：这显然是源自童年的一种神经症。

失恋倒把他的心定住了。

"泪眼问花花不语，乱红飞过秋千去。"

"隔墙花影动，疑是玉人来。"但是玉人并不来，来的是花影。

"此情无计可消除，才下眉头，又上心头。"

"美人如花隔云端。"

古典诗词足以描绘徐志摩的心境，可他留学美国和英国已四年，正在鄙薄传统文化。他写新诗《送幼仪》，痛斥忠孝节义："四万万生灵，心死神灭，中原鬼泣！咳，忠孝节义！"1921年10月，林徽因离开英国，并未跟他招呼，只言片语也无。一个月之后张幼仪挺着大肚子逃往德国，他送行，写下这首诗，说忠孝节义"把人道灵魂磨成粉屑"。

我手头的若干资料，这些时间点看不见。有些人为他开脱，因为他是名人。

紧要关头，徐志摩还是唱高调。何以如此？看来他必须唱高调，他要让自己相信：他的行为无可厚非。即将被他抛弃的大肚子妻子他看不见，他盗用尼采式强力意志，把妻儿处理成盲点。他连最起码的恻隐之心都要抹掉。这个动作大，背后肯定有东西。他的无意识中有某种不安，所以他要掩饰，要唱高调，扯四万万生灵，扯人道灵魂。他一再宣称崇拜尼采，只知尼采的一点皮毛。尼采教授的一生并不伤害别人。鲁迅曾经是尼采的信徒，却对家人好，对母亲鲁瑞极孝顺。

孝的本义是什么？无非是从父母、长辈的角度感受处境，考虑一些事。

徐志摩分明对父母不孝，于是攻击孝道。反礼教不是这么反的。后来他父亲徐申如把家产的三分之一留给张幼仪。好个徐申如。

然而，那个惊恐的小男孩儿死在了德国。徐志摩忏悔吗？

"艺术是苦闷的象征。"

"艺术是欲望的升华。"

康桥孤独一年，徐志摩升华了，饱尝孤独并栖身于孤独，开出了一朵两朵不谢之花。他有条件交朋友，却总是一个人徘徊，漫步，划船。孤独的兴奋前来照面。他认为康河是全世界最美的一条河，犹如林徽因是最美的少女，曼殊菲尔是最美的少妇。

徐志摩就像一个使用频率很高的惊叹号。

诗人先后为康河写下许多诗，好诗《再别康桥》："轻轻地我走了，正如我轻轻地来……"

然而艺术升华与行为反思是两回事，康河上饱含诗意的风，并不包含道德因子。徐志摩将在婚恋的道路上沿着旧迹走得更远。

是的，沿着旧迹。

林徽因回到北平，继续在教会办的女子中学念书，两年后她订亲，未婚夫是梁启超的儿子梁思成，比林徽因大三岁。国学大师兼维新人物的家庭，自是与众不同。家教是严格的，生活是宽松的，"既有统一意志，又有个人心情舒畅"。做梁启超的儿子是一种福分，梁思成又懂得珍惜。这里讲的所谓懂得，并不容易发生。父与子的关系历来是个难题，当代尤甚。家境好了，子女教育反而更难。物的丰富与人的动力贫乏往往同步发生。懒虫太多。衣来伸手饭来张口。宰予昼寝，朽木不可雕也。

在富裕人家，对家风的要求会更高。

可惜"家风""家教"这类好词，正在日常生活中式微。看来，人是碰了钉子、撞了南墙、吃了大亏才会学着反思的一个物种。

何谓国学大师？是指那些有能力打通古今的人。

本文不追索梁思成的童年，尽管这个很重要。我想象中的梁启超是一个蓄着大力的人物，平时在家里谨慎发力。家教从来不是教条，家风是弥散的。梁启超严肃起来也不会绷着一张脸，他开怀大笑的时候则富于感染力。他是孝顺的儿子，是亲切的父亲，是尊重妻子的伟岸丈夫。妻子李氏身体不好，伟岸丈夫照料她。

梁启超精心为他的儿女们谋划前程与婚姻。

梁思成从十四岁起，在清华大学留美预科班读书，读八年。

北京景山后街的林家院子，1923 年，有个小伙子常来走动。他是林家未来的女婿梁思成。林家女儿十八岁，水灵，清丽，举止一派天然，有某些昂扬姿态。她的母亲何氏，非常喜欢梁思成。中意的女婿啊，任公的儿子。二十一岁的梁思成显得有些木讷，木讷正好，孔夫子不是讲过，"刚、毅、木、讷近仁"么？何氏吃了轻薄男人的大亏，她的女儿可不能嫁给油腔滑调的公子哥儿，比如林长民那种人。

林徽因在英国，差一点被那个姓徐的富家子灌了迷魂汤，何氏想一想都后怕。女儿若是跟了那个朝三暮四的、油头粉脑穿名牌的男人，那个陈世美，苦日子望不到头哩。

何氏的想法有道理么？有的。

女人们看戏，最恨陈世美。古今中外女人，这是基础性情态。

陈世美就是个坏蛋。没什么大道理好讲。再是所谓宏大叙事，蒙不了寻常百姓。凭你说得天花乱坠，我只知道一点：你做得不对！再过一万年，你陈世美也翻不了案！

所谓基础性情态，盖指此也。

梁思成在清华念书用功，成绩优异，他是足球队员，歌唱团成员，管乐队队长，十分喜欢绘画，能弹一手钢琴，总之，是个全面发展的好孩子。

学理工科的文艺青年，20世纪比较多。21世纪比较少。

梁思成激活了文艺细胞，并未放开手脚去追逐女孩子，释放他的力比多（荷尔蒙）。"少之时，血气未定，戒之在色。"在北京，纨绔子弟淘虚身子的大有人在。

在学校和家里，梁思成有高人指点的国学训练。这高人正是父亲。很幸运。虎父无犬子。梁启超在清华学堂当教授，要求学生读孔子、孟子、墨子、唐诗宋词、明清小说。维新的标杆人物对传统文化的价值，别有一番掂量。

文艺青年梁思成敏感女性之美，在学校的足球场上他会发呆。他抱着书本去听课，没由来地一阵奔跑。心里搁着林家院子。

"落花人独立，微雨燕双飞。"

"自来自去堂上燕，相亲相爱水中鸥。"

贾宝玉对林妹妹说："睡里梦里忘不了你。"

1923年的初春，情思忽然来得多。梁思成骑自行车去林家院子，去了一次又一次。有时手舞足蹈，双手放了双龙头，又腰显摆，或是劈空比画，哼着《茉莉花》。少年时代不欲而欲，青年迎来恋爱的"狂风暴雨期"。父亲安排好姻缘，有个丽人在小院。

雄赳赳的小伙子来找水灵灵的姑娘家。姑娘家在家么？在的。

他要来，她就在。不用打电话。恋爱的电流比电话快。

小伙子的敲门声也许有点拘谨，情力绕在方寸间，却是如何不拘谨？

清瘦的小伙子看上去并不浪漫。不浪漫是说：有些浪漫，姑娘家还看不见。

什么是看？看是携带了自身秉性与经历的目光之投射。

由此可见，人的目光差异大。

何谓浪漫？太阳每天照常升起，这升起乃是"宇宙式浪漫"。

姑娘家凭借她良好的直觉，会发现一些小伙子的好品质。他体育好，单、双杠发力，旋转自如，臂肌、腹肌成块状；读了那么多书，从来不知道炫耀为何物；尊敬长辈是发自内心的：二人世界初培养，从小院子到幽长的街巷，看戏、看电影、看杂耍，几个月下来，不曾碰过她的手。小伙子自然是想的，想接近她轻盈的体态，有他偶尔露出来的眼神为证。小伙子为自己的欲念一闪感到羞惭……

去找未婚妻的路上也在沉思的小伙子，他的发力将是多个方向。浪漫以毫不浪漫的表象作了它的强劲开端。

梁思成走进林家小院，通常是微微低着头的。他从来不会冲向她，即使是在兴高采烈的时候。父亲或是清华的老师表扬他，他会高兴半天，但不会原地蹦三尺。

徐志摩的浪漫是冲向暴雨天，要看雨后的彩虹。这跟他大雾天阴雨天走出康桥、寻找新欢的身影是可以重叠的。不错，这是浪漫，却是令家人头疼、让年轻的妻子和幼小的孩子感到害怕的浪漫。

欧洲浪漫主义运动的巅峰人物，维克多·雨果，深爱着已有多个孩子的妻子阿黛尔。

徐志摩大谈托尔斯泰，却哪里懂得托翁海洋般的内心。徐志摩拜访包括哈代、艾略特、罗曼·罗兰在内的诸多世界级文学大师，他介绍西方文化，其心可嘉。这个在欧洲跑来跑去的文学青年。时髦吗？拿了美国硕士学位的徐志摩比时髦多一点。

梁思成显然是另外一种青年。思沉，沉思的面影不舍昼夜。学习非常刻苦，他是看着父亲挑灯夜读的身影长大的。

北京的二月天，时见漫天好大雪。小伙子一身漂亮的运动装，跑向景山的林家院子。任公的儿子，浑身都是可能性，此间他深爱。力比多源远流长，他正在激活这一潜能。

小伙子生龙活虎，雪地里翻它几个跟斗，兴起也，来一串后空翻又怎地。

"琉璃世界白雪红梅，脂粉娇娃割腥啖膻。"

踏雪十里却为谁？望美人兮林家院。

两情相悦，世界就是一朵花。

头一次约会是在野外，林徽因十七岁。二人转来转去捉迷藏，梁思成调皮得很，林徽因找不到他。周遭荒无人烟，这个人在哪儿呢？却听得树上的一串笑声，丽人方抬头，小伙子纵身跳将下来。

男女慢慢靠近，花期比较长久。爱是雾状的东西，弥天大雾最好。20世纪上半叶的中国爱情，决不是直奔主题，有心跳，有羞涩，有杯弓蛇影的猜忌，有欲痴欲狂的念想。爱的双人舞千姿百态，一直持续到20世纪七八十年代。其后，欲望的起点就要谋求它的终点。这很遗憾。最宝贵的恋爱丢了千姿百态。

恋爱是文化的产物，是人类的想象力突破了性爱的周期性，漫延到一年四季。极寒极热而不废。哪怕冰天雪地，照样如火如荼。

林徽因的性格像活泼的史湘云，像证情后的潇湘妃子林黛玉。

有一天，梁思成与林徽因逛一座山间寺庙，拜佛祖，看建筑，闻香火的迷人气味。若问香火何以迷人？盖因香火有宗教意味。二人你跟我我随你的，恰似东北二人转。公共场合谈恋爱，跟家里很不同。林徽因又生得好，小和尚也要偷眼瞧。

却来了一个不把自己当外人的闯入者，一个不速之客。这个人叫徐志摩。

二人世界正氤氲。闯入者闯不进去。情网织得严密，把不讲礼的情敌弹开去。

梁思成白眼他。"步兵白眼向人斜。"

徐志摩搭讪这个搭讪那个，讪讪的样子，站也不是走也不是。腮帮子鼓起，面部肌肉抽动。浪漫变形了，一副强索爱的男人嘴脸。这叫抽风式浪漫。

如果我由这段史料想到了市井泼皮，那可不怪我。古语叫涎着脸。眉山俗话，叫作脸皮子比城墙倒拐还要厚。眉山古城墙厚一丈，城墙的拐角处更厚。

何必夺人所爱呢？这个西装男人大老远地赶来，就是为了夺人所爱。

林徽因很不喜欢，皱眉头应付他几句。不是讲英国的绅士风度吗？怎么这样？然而徐志摩原本就是这样。林徽因有所不知。

浪漫派拆烂了自己的家庭，毁掉自己的孩子，复去拆散一对鸳鸯。"君子成人之美，不成人之恶，小人反是。"二十几岁的徐志摩却会说：我是小人我怕谁？

梁思成对徐志摩就不客气了，用英文写下一句话，明告对方，他在此地不受欢迎。

诗人灰溜溜走人。

山色悄然转黄昏，林下美人与梁上君子还在看古建筑。无穷细节细端详。

谁在意那个闯入者走或不走呢？连山风都不在意。

后来徐志摩有一首诗《我不知道风是在哪一个方向吹》，标题不错。

梁思成和弟弟梁思永骑摩托车，被军阀金永炎的汽车撞了。金是陆军次长。梁思成住院三个多月，动了三次手术。手术后，一条腿短了一公分。军阀的汽车在北京横行惯了，撞人不当一回事。后来姓金的知道撞伤了梁启超的儿子，赶紧上门道歉，低颜色，赔笑脸，付了医药费。

世相如此。军阀混战的年代人命如草。汽车轮子压过去就压过去了。

梁思永也受了轻伤。这位未来的考古学家。

梁思成另外一个弟弟梁思礼，未来的中国工程院院士。

…………

梁启超的十个子女大都不凡，这么好的家风究竟是如何养成的？真令人向往。梁启超很重视曾国藩的家训。梁家除了李夫人，还有一位举足轻重的、极善良的女性王桂荃。

梁任公写信对躺在医院的儿子说："父示思成：吾欲汝以在院两月中取《论语》《孟子》，温习暗诵，务能略举其辞，尤于其中有益修身之文句，细加玩味。次则将《左传》《战国策》全部浏览一遍，可益神智，且助文采也。更有余日读《荀子》，则益善。"

孔孟讲性善，荀子讲性恶，二者之间形成了历史张力。

梁思成去美国留学，推迟了一年。这一年强化了他的国学训练。在清华学堂的八年间，他已有旧学根基。梁思成写道："我非常感谢父亲对我在国学研习方面的督促和培养，这对我后来研究建筑史打下了基础。"

不仅是撰写中国建筑史。传统文化之精髓浸入梁思成的血脉。

1923 年的夏天，林徽因几乎每天跑医院，事无巨细，伺候她的可心郎。跑药房，找大夫，学缠绷带，喂药喂粥喂坚果，读报诵诗讲故事。暑假同学们的邀约，她都婉拒了。身与心都在病房。未过门的媳妇，天天撸衣挽袖的，一双素手还去倒便盆，梁家妹子发现了，赶紧接了去。

林家大小姐，做事情手脚麻利。又快人快语的，时不时的欢声笑语，滚珠落玉。她并不在意自己在别人眼中的俏模样，俏也不争春啊，林徽因不是一朵矜持的花。

有一天她坐在床沿上替梁思成打扇，用手绢擦他脸上的汗，李夫人进病房看见了，当众加以训斥。男女能这样吗？未过门的媳妇先把床坐了，病床也是床。旧式婚俗，坐床是入洞房的一个环节，有讲究的。林徽因大白天坐床，她的手搁在梁思成的脑门，又移向他的脖子。太不像话了，必须打住。李夫人看不见手绢，只看见那姑娘家的素手，连美指甲都看分明了。戏台上的大家闺秀敢伸手吗？妇德，妇德！

李夫人对现代女性有意见。林徽因对旧式妇女有看法。婆媳将来咋相处？

徐志摩又来了。

这一回他陪伴印度大诗人泰戈尔，做翻译。梁启超、蔡元培、胡适等人邀请的。泰戈尔获得1913年的诺贝尔文学奖，当时的诺贝尔奖尚未被西方价值观所垄断。几十年后，萨特断然拒绝这一奖项，表示对西方意识形态的不屑。

徐志摩热情高涨，对泰戈尔推崇备至。推崇本不错，推崇备至有问题。此前徐志摩、胡适和另外几个人拉起了新月社，其中有银行家和政客，成员复杂。新月社从泰戈尔《新月》诗集获得社名。新月社，创造社，对中国新诗有贡献。

徐志摩撰文称颂泰戈尔："他是来广布同情的，他是来消除成见的……他永远指点着前途的光明。"指点光明前途已经是大词了，而且还永远。真是傻到家了。徐志摩哪里懂得泰戈尔。这是1924年，第一次世界大战刚

1924 年，林徽因与泰戈尔、徐志摩合影于北京

过去六年，第二次世界大战正在酝酿。有良知的西方知识分子正陷入空前的迷惘。美国作家菲茨杰拉德喊道："所有的上帝都死光光，所有的道德都死光光。"托尔斯泰、罗素、庞德、艾略特，都把目光转向悠久的东方文明。托翁亲自翻译了《道德经》。

泰戈尔在北京的日程安排得很满，徐志摩、林徽因全程陪同，梁思成参与。各报跟踪报道。有文章说："林小姐人艳如花，和老诗人挟臂而行；加上长袍白面、郊寒岛瘦的徐志摩，有如苍松竹梅的一幅三友图。"

热闹。1923年林徽因开始发表新诗，美人心也是一颗滚烫的诗心。梁思成是她的檀郎，徐志摩却把她拉走。演泰戈尔的戏剧，林长民也担任角色。梁思成设计舞美。泰戈尔在北大、清华演讲，徐志摩紧随其后，又是称圣人，又要拜干爹。

半个多月时间，徐志摩绕着两个人转，一个大诗人，一位林小姐。

批评泰戈尔的声音渐渐大起来了。鲁迅先生写《骂杀与捧杀》："他到中国来了，开坛演讲，人们给他摆出一张琴，烧上一炉香，左有林长民，右有徐志摩……说得他好像活神仙一样，于是我们地上的青年们失望了，离开了。神仙和凡人，怎能不离开？"

鲁迅说，邀请泰戈尔来华，是有人企图"借光自照"。

郭沫若称，邀请泰戈尔的人"只是一种慕名的冲动，一种崇拜偶像的冲动，促使我们满足自己的虚荣，热热闹闹地扮演一次神会"。

半封建、半殖民地的中国，不可能认同泰戈尔宣讲的和平主义。不抵抗主义也是托尔斯泰的短板。中国人必须斗争。哪里有压迫，哪里就有反抗。这是人类的永恒定律。

泰戈尔走了。林徽因也要走。徐志摩神伤。

别人正在热恋中，小诗人徐志摩囿于他的一己之私，伤心得很。别人是他的朋友，是他的老师梁启超的儿子，另一个别人是人家的恋人，人家的未婚妻，他可一概不管。空前地嚷嚷人类福音，空前地一门心思自私自利。泼皮泼到家了，又拉大旗作虎皮，把全人类往自己身上堆，俨然上等泼皮。

5月20日，梁思成、林徽因双双赴美留学。梁启超先生安排的行期，摆脱徐的纠缠。火车开动了。徐志摩写信："我真不知道我要说的是什么话。我已经几次提起笔来想写，但是每次总是写不成篇。这两日我的头脑总是昏沉沉的，开着眼闭着眼只见大前晚模糊的月色，照着我们不愿意的车辆，迟迟地向荒野里退缩。离别！怎么的能叫人相信？我想着了就要发疯！"

问号，惊叹号。要发疯。从此人是天各一方，写信未见一词祝福。爱林徽因吗？我是存疑的。徐志摩这个人从来不懂得推己及人，倒是善于反其道而行之。

传统的东西没学好，跑到美欧去，容易坏起来。

梁思成、林徽因在美国费城，学建筑学，学美术。梁思成后转哈佛大学，林徽因进了耶鲁大学。

梁思成当初选择建筑学与林徽因有关，他写道："在交谈中，她谈到以后要学建筑。我当时连建筑是什么还不知道。徽因告诉我，那是包括艺术和工程技术为一体的一门学科。因为我喜欢绘画，所以我也选择了建筑这个专业。"

谈恋爱的过程中谈起学问和将来的专业。恋人的话，一句是一句。

建筑大师梁思成追忆当年，既是描述事实，又有情感流露。

目标定得高远，学习备感艰辛。梁思成不怕吃苦，却怕枯燥无味。童年越健全，人就越害怕：枯燥是大敌，连婴儿都受不了，而趣味是所有人共同追求的东西，这里有人类的基因密码，有遥远的洞穴时期的野趣。有些人杰，临死前还要幽上一默。

梁思成的学业每天重复，画不完的图，算不完的题，难以应对的、望而生畏的大量资料。两位宾大教授是毕业于巴黎美术学院的，对学生极严格。

科学家的工作乃是积沙成塔，然而日复一日对付无边的沙子，那个曾经清晰的高远目标会变得模糊。梁思成向父亲吐露他的茫然，梁启超这么答复："觉得这几年专做呆板的工作，生怕会变成画匠，有这种感觉，便是你的学问在这时期内将发生进步的特征，我听见倒喜欢极了。"

梁启超毕竟是梁启超，"好之者不如乐之者"，他从艰苦走到了工作的快乐之境，两个孩子刚刚上路，见叶不见树，见了树又不见林子。

梁启超说："思成来信问有用与无用之别，这个问题很容易解答，试问唐开元、天宝间李白、杜甫与姚崇、宋璟比较，其贡献于国家者孰多？为中国文化史及全人类文化史起见，姚、宋之有无，算不得什么事。"

姚、宋是有名的丞相。

李白诗云："屈平辞赋悬日月，楚王台榭空山丘。"

多少权力人物，被风吹雨打去，而文化巨匠留下来。一个巨大的文化符号要管一万年，例如老、庄、孔、孟。春秋战国五百多年，诸子学说传到今。

梁思成从小听父亲讲墨子的吃苦精神，现在他走上了大国工匠之路。大国是弱国，饱受列强欺压的可怜的祖国。对梁思成来说，爱国一点都不抽象。

钱学森午后端一杯咖啡进书房，半夜十二点才从书房出来。六十年如一日。

钱学森热爱新中国，爱在分分秒秒。

梁思成与林徽因是一对恋人，恋人闹起别扭。有一次和几个同学约好了去野餐，林徽因兴致勃勃，穿了皮靴，剪了齐耳短发，别是一番俏模样。但梁思成临时有事，走不了。林徽因顿时兴头大减，她也不去野餐了。这类让她扫兴的事不少。说好了听歌剧，忽然又去不了。她不是沉稳型的女子，她是活泼灵动的姑娘家。

梁思成总是守着他的绘图板。林徽因忍不住要使小性子。小女子都有小性子，再是优秀女郎也未能免。要抱怨，要流眼泪，要向情郎背过身去。她的那个蹦蹦跳跳的运动员哪儿去了？那个爱捉迷藏的小伙子哪儿去了？

学业重，挤压了情侣的趣味空间。好玩，有趣，对恋人来说太重要了。林徽因在写给胡适的信中说："我是个兴奋型的人。"梁思成却不是书呆子。在美国的大学，他看上去像个书呆子。火热的情怀需要冷却，否则，看书收获不大。

1926 年，三十六岁的海德格尔写《存在与时间》，正与有着惊人才华和美丽的女学生阿伦特热恋，而这部划时代的哲学巨著中，毫无恋爱引发的相关情绪。身体是身体，大脑是大脑。人类智慧的巅峰人物，真是令人叹为观止，仰之弥高也。德国南部黑森林，托特瑙山上的一座小木屋里，年轻的大师写信对雅斯贝尔斯说："我向往山上强劲的空气。在这里，底下这种柔软的东西，时间长了会把人毁掉。我干了八天的木工活，然后继续写书。"

鲁迅对郁达夫说："西湖风景，虽然宜人，有吃的地方，也有玩的地方，如果流连忘返，湖光山色，也会消磨人的志气的。"

柔软的东西，时间长了会把人的才华毁掉。毕加索直到七八十岁，仍然对温情脉脉保持距离：这种东西妨碍他的创造力。

二十多岁的梁思成克制了他的浪漫情怀，这个远渡重洋的好男儿志存高远。他是梁启超的儿子，不可一味打情骂俏，偶尔为之可矣。他的百分之九十以上的精力都付与学业。林徽因有些受不了。她的浪漫在伦敦萌芽，在北京开花。这是女孩子的核心关切。

二人闹别扭，闹了半年多。闹得国内的家人忧心忡忡。

花儿的颜色与芬芳，梁思成感觉不到吗？何况是林徽因这朵花。

能感觉，却有限。梁思成专注于书本，大量消耗脑力，每天累得要散架。他只能用余力去欣赏林徽因。

梁思成的母亲因病去世了，林徽因的父亲林长民死于军阀混战。两个留学的年轻人相继受到沉重打击。林家瞬间败了，剩下两房太太、几个吃长饭的子女，全家只有三百块大洋，连吃饭都成问题。从上海来的那位三太太傻了眼。树倒了，她咋办？

这个节骨眼上，梁启超伸出援手，慷慨资助林家，又呼吁社会各界为林家筹款。

梁启超写信给梁思成："徽因遭此惨痛，惟一的伴侣，惟一的安慰，就只靠你……徽因留学总要以和你同时归国为度，学费不成问题，总算我多一个女儿在外留学便了，你们更不必因此着急。"

家庭的大变故使林徽因一度变得沉默了。梁启超给她父亲般的关怀。梁思成在她身边。儿女情长、花儿芬芳之类，一夜间遥远了，人要打起精神以应对遭遇。胡适到美国见到林徽因，说她"老成了些"。

沉静下来的林徽因走进课堂。学习刻苦了，她意识到梁思成用功的可贵。她的恋人设计的建筑图，两次获得学院金奖。浪漫是在不浪漫的地方开拓浪漫的处女地，为了一生的浪漫，何妨吃它几年苦中苦。

梁思成受传统文化影响深，并不善于表白自己。刚、毅、木、讷，他都有。海外连年用功，使木讷更甚，他不可能一见林徽因就滔滔不绝吐露衷肠。

浪漫是压力下的反弹，反弹过度就是轻浮。

现在林徽因沉静了，她终于理解了梁思成。未婚夫埋首于书堆的模样变得可爱了。

胡适讲了徐志摩的故事，林徽因听得认真。毕竟她对徐有过类似初恋的感情。

徐志摩继续浪漫，1924 年夏，林徽因的火车开走了，他转而追求交际花陆小曼。陆的丈夫王赓是外交部的军事顾问，徐志摩的好朋友。王赓忙于军务，让喜欢游玩的妻子跟徐志摩去西山看枫叶，去文学沙龙，去听歌剧。王赓厚道，以为朋友也厚道，殊不知徐见不得漂亮女人，他又蠢蠢欲动。这叫故态复萌。朋友妻不可欺，徐志摩专欺朋友妻，包括老师的儿子梁思成的未婚妻。干这破事他有瘾，有一种不可遏制的冲动。而这种冲动的背后，很可能有徐的童年情结。

作为精神分析的一个例子，徐志摩不复杂。

作为人类学的一个深描对象，徐志摩有价值。

徐志摩对林徽因专情么？答案是否定的。火车一走，他不去追火车，他追陆小曼，从沙龙、舞厅，直接追到陆的家里，追了两年追到手，其间大约不乏手段或是花招。反正他脸皮厚，还有那一套随时可以抛出来的普世价值，便于他掩耳盗铃：明明图一己之私，偏要嚷嚷人道主义。

谢冰莹形容陆小曼："眉清目秀，薄薄的嘴唇，整齐洁白的牙齿，那一双会说话的眼睛特别美，说得过火一点，有摄人心魄的能力。"

徐志摩扑上去了。陆小曼尚有顾忌。徐志摩写信叫她离婚，冲出家庭，反抗社会舆论。"阿呸！狗屁的礼教，狗屁的家庭，狗屁的社会。"

狂追陆小曼期间，徐志摩的次子在德国病死。这是他摧毁家庭幸福的一个悲惨结果。他不仅不反思，不痛改前非，反而跳得更凶。这叫歇斯底里症。

林徽因走后，徐志摩一心爱上陆小曼么？有几本传记试图给人留下这一印象，但真相并非如此。1925 年，徐追求才貌俱佳的、名花有主的清华女生凌叔华，写求爱信，一封又一封。泰戈尔访华时对徐志摩讲过，凌叔华比林徽因，有过之而无不及。泰戈尔想说的是：凌叔华比林徽因更有味道。

徐志摩致凌叔华："说也怪，我的话匣子，对你是开定了，管你有兴致听没有。我从没有说话像对你这样流利……顶自然，也顶自由，这真是幸福。"

"我大声念了两遍雪莱的《西风歌》，正合时，那歌真是太好了，我几时有机会伴着你念好吗？"

"假如我们能到那边（庐山）去过几时生活，丢开整个的红尘不管不问，岂不是神仙都不免要妒羡！"

徐志摩的话匣子，在伦敦为林徽因打开。现在他声称：凌叔华才使他打开了话匣子。他妙语连珠，又念雪莱的诗，希望伴着她念。当初他对林徽因玩过这一套，现在更是得心应手。这叫巧舌如簧。"巧言令色，鲜矣仁。"

徐志摩想跟凌叔华双双去庐山，过生活，不复有尘世，不羡慕神仙，倒是神仙羡慕火焰般的庐山之恋。可是凌叔华笑而不答，富有韵味儿的五官闪出矜持来。这一回，徐志摩害了单相思。十年后，凌叔华发表了徐志摩写给她的信。

1925 年，徐志摩想要脚踏两只船。

凌叔华给他划定交往的界线。陆小曼离婚，愿意嫁给徐志摩。交际花与浪漫派看上去爱得很，两团火使劲烧，似乎要烧出霞光万道，似乎要爱到天荒地老。

徐志摩的父亲徐申如，被迫同意了这桩婚事，提出三个条件：一、须由梁启超先生证婚；二、胡适作介绍人；三、徐、陆婚礼以及婚后的开销与家庭无关。

这是 1926 年。订婚是在七月七。"七月七日长生殿，夜半无人私语时。"

举行婚礼的日期定在孔子诞辰纪念日，农历八月二十七，公历 10 月 3 日。不知谁定的。这个婚期颇反讽。

胡适糊涂，做了介绍人。梁启超拒绝证婚，胡适再三去哀求，梁启超勉强答应。

梁启超先生的证婚，轰动一时，开了婚礼的一个非常有趣的先例。婚礼在上海北海快雪堂举行，客人一百多个，其中不乏社会名流，像梁实秋、陈西滢等。大家是来庆贺的。华灯照着花枝招展的新娘。一身西装的胡适在客人中穿梭，笑容可掬。

新娘陆小曼，俨然一朵初绽的新花。她的第一次婚礼宾客三千，女傧相就有九个。这一次二婚，来了客人一百多。陆小曼相信，二婚才有她孜孜以求的真爱。

有些文化名人如郁达夫，是赞赏徐、陆结婚的。郁达夫写过小说《迟桂花》《春风沉醉的晚上》。20 世初国门洞开，西风一阵阵刮得紧，许多知识分子卷入其中，但生活中能稳住阵脚的颇不少，包括胡适。闻一多西学好，却尊重传统。鲁迅先生拒绝了包办婚姻，一辈子为原配朱安提供生活费。

婚礼上的客人们翘首而望，梁任公乃是文化界执牛耳的人物，他将给一对新人带来祝福。新郎心里却有点打鼓，他一向怕老师。胡适安慰他，说梁启超先生宅心仁厚，不会在婚礼上给人难堪。

胡适想错了。

梁启超来了，走进大厅，劈头就对迎上来的徐志摩说："徐志摩，你这个人性情浮躁，所以在学问方面没有成就。你这个人用情不专……以后务要痛改前非，重新做人！"

浪漫诗人愣在当场。面部肌肉又在抽动。

严谨而博学的梁启超，看透轻浮的徐志摩，一点都不费力。徐志摩靠那点才气写作，靠周旋一群京沪名流自大其身，学与问，两个层面都不足称道。他的散文，连三流都勉强。偶有好诗，其余不足论。徐志摩的文字功夫何以如此？本书写戴望舒时再谈。

听到证婚人梁启超讲话，全场鸦雀无声。徐志摩上前哀求："请先生不要再讲下去了，顾全一点弟子的面子吧！"

梁启超有这样的弟子吗？

证婚人梁启超接着说："徐志摩，陆小曼，你们听着！你们都是离过婚又重新结婚的，都是过来人！这全是由于用情不专，以后要痛自悔悟……我送你们一句话：祝你们这次是最后一次结婚！"

结婚的大礼堂，华灯失色，礼服不复像礼服，酒杯装苦酒。胡适、梁实秋的额头直冒汗。新娘哭了。这个见过很多大场面的京师名媛，这个交际花。

轻浮向轻浮靠拢会发生什么呢？

梁启超一眼看清了，然而轻浮的徐志摩根本看不清，于是，梁任公作此棒喝。既是棒喝徐陆二人，又向社会上的时髦青年发出警示。

接下来的酒宴如何？徐志摩、胡适等人都不写。陆小曼也是能动笔的，通法语、英语。她不缺一名上海交际花所需要的本事。

第二天，徐和陆去清华园，向梁启超先生请安，先生不受，冷面对新人。徐、陆告辞，先生不送。

冷面背后却是一副热心肠，当晚，梁启超写信给远在美国的梁思成、林徽因："我昨天做了一件极不愿意做之事，去替徐志摩证婚……我在礼堂演说一篇训词，大大教训一番。新人和满堂宾客无不失色，此恐是中外古今未闻之婚礼矣。"

众人期待的婚礼贺词，却是一篇严厉的训词。梁启超写道："今把训词稿子寄给你们一看：青年为感情冲动，不能节制，任意决破礼防的罗网，其实乃是自投苦恼的罗网。"

反礼教是好的，任意反礼教是坏的。青年却是冲动的近义词。所以儿童期特别重要，要伏下一些平衡冲动的东西，以免变成徐志摩，甚或变成陆小曼。

我的感觉是：徐志摩的小时候，是小不如意就要大哭大闹的。

性格培养，幼儿期非常关键。

梁启超谈起陆小曼："我又看着他找得这样一个人做伴侣，怕他将来痛苦更无限，所以对于那个人当头一棒，盼望他能有觉悟（但恐甚难），免得将来把志摩弄死。"

这里的"他"指陆小曼。当时的白话文，他，她，尚未分化。

梁启超最后说："品性上不曾经过严格的训练，真是可怕，我因昨日的感触，专写这一封信给思成、徽因、思忠们看看。"

所谓品行的严格训练，一定是身教重于言教。

徐、陆二婚，原本受到社会各界关注，任公在万众瞩目下的光临，又意外发力，各报记者闻风而动。这件喜事闹得满城风雨，其后数十年余波不息。

新郎徐志摩大怒，他在写给朋友的一封信中称："我经过一场苦斗，忍受了许多创痛，那时候除了一二知己（胡适在内）的同情外，几乎一切事情都与我作梗。但我毕竟胜利了——我击败了一股强悍无比的恶势力，就是一类社会赖以为基的无知与偏见。"

徐志摩的话语模式总是这样，急于把个人行为跟社会扯到一起，奇怪地以善良自居，以人格自傲，把妨碍他二婚的人们统称为恶势力。以前他追林徽因，说是冒天下之大不韪，"竭全力以斗"，像一只情场斗鸡。

几年间，徐志摩的所作所为，大抵是一个登徒子的并无新意的表演。

梁启超担心：陆小曼会把徐志摩弄死。

徐志摩《爱眉小札·序》：他和陆小曼"从此走入天国，跨进了乐园"。

梁启超的担心与徐志摩的信心，那一个将被时间证明呢？本文稍后分解。

1928 年 3 月，林徽因和梁思成在加拿大结婚，婚后旅行欧洲，看了法国、意大利的建筑，归途取道苏联，坐火车穿行西伯利亚。入东北，再坐火车到北平，到清华的梁府。

双子星在海外旋转了五六年，纵有不和谐，却渐入阴阳互抱的佳境。蜜月旅欧，妙不可言。梁思成一路上拍了大量照片，主要是建筑物，其次是风景，再次是林徽因。多年后，林徽因抱怨："在欧洲我就没有照一张好照片，你看看所有的照片，人都是这么一丁点儿。思顾可真气，他是拿我当标尺啊！"

这个细节表明，梁思成把建筑学看得多重。身体和大脑分开了，欲望跟理想各行其是。未来的建筑大师已经在路上。新娘子软玉温香抱满怀，照片上她就那么一丁点儿。林徽因也不提意见，回家才向公公诉说。林长民死后，梁启超是林徽因唯一的爸爸。

1928 年 3 月，身着自己设计的民族服饰的林徽因与梁思成

　　旅欧几个月，美人更兼新娘的林徽因，没有一张单独的照片。艳姿是陪衬，丽影作标尺。这么重要的细节谁在注意呢？但有必要探幽入微。

　　梁启超写信给女儿思顺说："新人到家以来，全家真是喜气洋溢。初到那天看见思成那种风尘憔悴之色，面庞黑瘦，头筋涨起，我很有几分不高兴。这几天将养转来，很是雄姿英发的样子，令我越看越爱。看来他们夫妇体子都不算弱，几年来的忧虑，现在算放心了。新娘子非常大方，又非常亲热，不解作从前旧家庭虚伪的神容，又没有新时髦的讨厌习气，和我们

147

家的孩子像同一个模型铸出来。"

梁启超一眼看见儿子头筋涨起，可见身体是父亲的头等牵挂。这位好父亲关心儿女，既能从大处把握前程，又于日常生活着眼仔细。梁思成在清华念书时体育出色，身体底子是好的。眼下归国，几天将养下来，状如苏轼笔下之周郎，"小乔初嫁了，雄姿英发"。

新娘子林徽因大方，亲热，当然她也娇媚。现代女性融入了传统美德。林徽因的迷人，此处是关键。

顺便提一句，梁启超的白话文读来很舒服，比胡适好，更强于半瓶醋的徐志摩。

然而，任公在病中。

协和医院的一次医疗事故，竟然把这么好的一个人、近现代中国的丰碑式人物，送上黄泉路。如果梁启超先生再活二十年……

1928年秋，梁思成到沈阳东北大学，做建筑系主任，月薪可观，二百五十六元。不久，林徽因在这所大学担任英语和美术教师。梁思成开课，对建筑系的学生这么讲："一切工程离不开建筑，任何一项建设，速筑必须先行，建筑是一切工程之王。"

这一年，梁思成二十七岁。他是中国大学第一个建筑系的系主任。

建筑系旁涉许多学科，包括美术、雕塑、音乐、宗教。在欧洲，建筑首先是一门艺术。海德格尔《筑·居·诗》一书，对建筑作了奠基性的哲学思考。建筑乃是生活方式的产物，地域的差异又决定了生活方式的差异。建筑物的亲切感系于一方水土，系于集体记忆。建筑的大忌，就是消灭差异、抹掉记忆的千篇一律。

古代诗人为什么持续兴奋？只因"差异"二字。隔山不同俗，过河不同音。惊奇每天都在发生，人的眼睛会持续发亮，好比秋夜里的星星。道路的有限畅通维系了生活意蕴的无限生成。

现代人想要留住一些生活之意蕴，努力的方向无非是：培养对差异的敏感。

没有这种敏感，生命的饱满度、开阔度是天方夜谭。

梁思成是进入了海洋的梁思成，他要成为浩瀚海洋的组成部分。未知的东西太多，时间如何够用？一谈建筑他就眉飞色舞，谈情说爱却木着一张脸，表情像金岳霖。

林徽因也进入了海洋，她可能更喜欢大洋中的小岛。是她让丈夫选择了海洋。

1929 年 8 月，梁思成和林徽因的女儿梁再冰在沈阳出生。"再冰"二字，纪念饮冰室主人梁启超。任公于 1929 年初去世，五十七岁，正在英年。

梁思成、林徽因的第一个建筑作品，是为他们亲爱的爸爸设计墓碑。

无限辛酸事，欲说还休。做儿女的，且努力，且努力。努力就是告慰父亲的英灵。

东北大学的校徽，是林徽因设计的"白山黑水"图案。

东北太冷，这个南方弱女子在沈阳待了三年。

1931 年春夏，林徽因在北平香山的双清别墅养病，母亲何氏、女儿梁再冰在她身边。梁思成任职于营造学社，这个学术团体对中国建筑学有重大影响。

梁思成在北总布胡同租下一个四合院。邻居是清华大学教授金岳霖。

林徽因在山上，丈夫得了空便上山去。小夫妻有时候骑毛驴转山，看山寺，听泉水，谈不完的明代古建筑。女儿两岁了，在双清别墅蹦蹦跳跳。生活和事业有序展开，只是林徽因的身子不大好。慢慢将养吧。丈夫只让她适当考察古建筑，适当远足山林。入秋狐兔肥，高大的乔木硕果累累。林徽因长胖了，双颊丰润，体重一百多斤。标致的面孔泛红了，匀称的身材，步履轻快。她和妈妈、女儿一起唱山歌。

金岳霖、沈从文等人，不时到香山来做客。林徽因亲自下厨，弄几样好菜款待佳客。金岳霖喝酒纵论，林徽因含笑插话。

金教授说："中国对世界文化的最大贡献之一，就是山水画。……'松下问童子，言师采药去。只在此山中，云深不知处。'这位童子对于他所在的山何等放心，何等亲切呀！"

讲得好。不仅梁思成、林徽因、沈从文爱听，我也爱听。

夏天我常常在山里，峨眉仙山，瓦屋道山。苏轼崇拜这两座相连的山脉，诗云："瓦屋寒堆春后雪，峨眉翠扫雨余天。"寒堆，翠扫，动词又是形容词，妙啊。山有山的大气场，人在山中容易散淡，活得像一棵树，根系抓紧大地，枝干峥嵘伸向天空。山人，散人，道人，素心人，朴拙之人。陶潜说："闻多素心人，乐与数晨夕。"

金岳霖、沈从文识得山的妙处，徐志摩就不行。城市的气场淹没他。他看不起传统的生活方式，小瞧中国水墨画，还有若干言论。

徐志摩上山，金岳霖下山，二人从来不合拍。这叫不谋而背道。

有一天，两个男人在山道上相遇了，徐志摩正呼哧呼哧往上爬。面对面，总得说几句吧。徐志摩称赞香山的秋天，金岳霖点头而已。徐志摩又讲了一串英文，金岳霖没反应。

"空山新雨后，天气晚来秋。"

"竹喧归浣女，莲动下渔舟。"

山道上说英语，给人怪怪的感觉。美式英语更糟，喉头滚动一连串的油腔滑调。

提取山山水水之精华，什么语言能超过汉语呢？全世界的诗人加起来也不及唐宋诗人一半。

话不投机半句多。金岳霖朝山下走，听得背后那人问：徽因在别墅吗？

精于逻辑的金岳霖勉强回头。这不是多余的问题么？如果林徽因此刻在别处，他会说的。他看了看徐志摩的名牌西装和讲究的发型……

哲学教授金岳霖看到徐志摩的灵魂深处，但无意提醒对方。交浅言浅，再者，说也白说。任公对徐志摩当头棒喝，有一丝效果吗？浪漫派挨老师训斥，却是越发要浪漫，视他的二婚为天国之乐园。

四川有俗话：你说得血泡子来，他当成寒菜水水。

金岳霖轻轻摇了摇头。一袭长袍下山去，坐汽车，摇摇晃晃到北平。

徐志摩找林徽因倒苦水，苦水多哇，苦水总是倒不完。旧苦又新苦，真是苦上苦。有个词叫苦不堪言，徐志摩诉起苦衷来，像个有所遮掩的碎嘴婆子。照例要先谈一谈诗歌，泡一壶好茶，聊聊形而上，提几句泰戈尔、罗素或是哈代，或者是"我的朋友胡适之"。徐志摩身上有贴不完的标签。"借光自照"并非无效，自大其身要用标签。

每当徐志摩的眼神渐渐黯淡下来，林徽因知道，接下来的话题是陆小曼。

有些事，徐志摩避而不谈。他很想对林徽因倾诉，又不能和盘托出，于是吞吞吐吐。陆小曼究竟是一个什么样的女人呢？结婚三四年，一言难尽。林徽因早就听到了一些传言，徐不提，她也不便问。

1926年10月，徐志摩二婚，次年春，陆小曼跟一个叫翁瑞午的男人鬼混。4月20日，二男一女游西湖。

不久前，徐志摩为陆小曼献诗："我拉着你的手，爱，你跟着我走。"

走到西湖了，三个人的影子混在水中。爱也含混。画船上的诗人强作笑容而身体僵硬。去年他求婚："眉，你和我的好事，到今天才算磨出了头，我好不快活！……将来我们温柔的福分厚着，甜蜜的日子多着；名分定了，谁还抢得了？"

结婚才几个月，翁瑞午抢得了。大红的喜字还挂在床头，贴在窗玻璃。

徐志摩写给陆小曼的爱情诗："我心头平添了一块肉，这辈子算有了归宿！看白云在天际飞，听雀儿在枝上啼。忍不住感恩的热泪，我喊一声天，我从此知足！更不想望更高的天国！"

激情状态下的表达委实平平。

翁瑞午，江苏常熟人，其父做过桂林知府。翁瑞午会京戏，又做房地产生意，喜欢结交文化名流，附庸风雅，由来已久。刘炎生《徐志摩评传》："徐志摩与陆小曼到上海不久，就与翁瑞午结识，经常相互串门，甚至一起到杭州登山游湖。从此以后，翁瑞午就与陆小曼逐渐眉来眼去，打得火热。"

徐和陆是 1926 年底从徐的老家赴上海。结婚两个多月。新娘子与姓翁的打得火热。

如何打得火热呢？这翁瑞午有一手按摩推拿绝技，能让陆小曼浑身舒畅。翁是上海滩的一个闲人，长期混迹于戏班子，混迹于书画界、文学界。一双推拿手按摩过多少戏子，其间说段子、讲笑话、唱旦角，插科打诨，打情骂俏。按摩总是介于正经与不正经之间。指尖滑动忽然挤压，肌肤受惊呢喃呻吟。接下来就闹成一处了。半推半就的女人佯嗔：瑞午你别闹了！

这里的别闹是闹的意思，是提醒对方接着闹。

浪女人抽鸦片。放烟土的小桌旁边躺了两个吞云吐雾的男女，一个翁瑞午，一个陆小曼。徐志摩亲自去看了，放心走人。他认为小桌子隔开了懒洋洋的男女身体，有了烟榻，男女间就有一道稳固的界线。他在外面宣称：芙蓉软榻可以谈情，不能做爱。

徐一走，翁就笑。

上海的里弄人家听到这种稀罕事，纷纷笑掉下巴。

陆小曼吞一口大烟，辗转玉体喃喃道：哎哟哎哟，舒服，就是脖子有点酸，还有腰，还有腿。

抽鸦片，通宵达旦是常事。徐志摩守老婆实在熬不住了，头抵小蛮腰呼呼入睡。翁拿铜烟枪敲他脑袋，敲不醒。于是含了坏笑，朝陆小曼深看一眼……

在上海，另有一个姓江的戏子也跟陆小曼不清不白。陆去捧江的戏，携手唱台会，相约吃夜宵，疯浪夜上海。陆小曼在戏院的包厢，江与陆调笑。也不怕人说闲话。

女烟鬼，交际花，赌徒，包身妓女式的生活。事实上，陆的身也包不了。丈夫徐志摩还不能随意抱，这个稍后谈。

值得注意的是，陆小曼在嫁给徐志摩之前，并不这么张狂。陆让徐领教了，什么是彻头彻尾的烂浪。徐是拆散两个家庭的男人，陆是欺负新婚丈夫的女人。徐陆二人走到一起不是偶然的。阿猫总会找到阿狗。

徐志摩激发了陆小曼的劣根性。上海十里洋场，一个女人昼夜不停扭她的水蛇腰。

徐志摩在三所大学教书，又挣稿酬，月收入一千大洋，不够陆小曼花。逼急了，徐志摩干起房屋中介，从中吃几个点。有个朋友从国外寄来二百五十英镑，供他出国做访问学者之用，他把二百五十英镑花个精光。陆小曼使劲摇这棵摇钱树。

陆小曼嚷嚷要搬家，徐志摩咬牙租豪宅。豪宅位于福煦路（今延安中路），三层洋房，专辟两个吸烟室。走出豪宅的女人陆小曼，屁股一扭上豪车，去豪华赌场……

白花花的银子，在陆小曼身上哗哗哗流出去。

这是 1927 年和 1928 年。爱情吗？这个词被滥用了。

一桩破事，应当加以还原。20 世纪 90 年代，写徐陆的书纷纷冒出来。学者们对陆小曼的评价也趋于两可。价值观模棱两可，欲望叙事得以甚嚣尘上。

眼下"三观"一词流行，表明：民间有巨大的价值观清晰的需求。这种需求源自民间无声的悲剧。价值判断要清晰，好就是好，坏就是坏。

陆小曼是坏女人。徐志摩不是好男人。

陆小曼这种女人，几个月就应该滚蛋，然而几年后她还在挥霍徐志摩的血汗钱，同时在外面肆意挥霍她的脸蛋资本。令人吃惊的是徐志摩的弱智，短视。1928 年，他一度出国漫游，写一百封信给陆小曼，回国后连一封信都找不到。情书用来擦屁股，恐怕都嫌硬。

陆小曼一直沉湎于夜生活，抽鸦片成瘾，花钱如流水。而且，她跟翁瑞午的关系愈来愈密切，对徐志摩却愈来愈冷淡。

陆小曼巴不得他出国，说："你在家，我的身体不易见好。"

徐志摩致陆小曼："我守了几年，竟然守不着一单个的机会，你没有一天不是有约的，我们从来没有私生活过……即如我行前，我过生日，你也不知道。"

陆小曼不知道徐志摩的生日，倒是造成了他的死期。

几年来，两个人连一场电影都没有看过，连一次情侣散步都可望而不可即。徐志摩想要的二人世界，一直是水中月，镜中花。

糟糕透顶的婚姻，倒被一些炒作者指为浪漫。

在陆小曼，徐志摩唯一可以利用的东西就是钱。

诗人乃是先知，目力不同寻常。徐志摩的目光能穿透什么呢？他只拥有一点：无根性的热情高涨。他把这种无根性贴上自由标签。他叫卖标签。

徐志摩把陆小曼追到手，陆一步踏入乐园，挥霍无度。徐困于一个字：钱。

梁启超，鲁迅，金岳霖，凭借他们的直觉看到徐志摩身上的本质性的浅薄。

现象学称之为本质性直观。

林徽因倾听徐志摩吗？没有资料证明这个。

1930 年底，徐志摩到北大教书，住在胡适家里。当初胡适赞同他二婚，现在他有困难，去找胡，胡为他排忧解难。陆小曼在上海逍遥，坚决不来北平。徐志摩托朋友找关系，坐不花钱的送邮件的飞机往返京沪，一度每月飞两次。邮班半夜飞，徐志摩摸黑赶路到机场。为了一个只值几块买春钱的女人，徐志摩不惜冒生命危险。

嗬，这个半夜摸黑赶飞机的男人。

艺术是徐志摩生命中的核心吗？显然不是。学问更谈不上，思想层面不值一提。

徐志摩编文学杂志，编《晨报副刊》，交际广，朋友多。他有乡愿特点，似乎对谁都好。

鲁迅先生说："我其实是不喜欢做新诗的……我更不喜欢徐志摩那样的诗，而他偏爱到各处投稿，《语丝》一出版，他也就来了，有人赞成他，登了出来，我就做了一篇杂感，和他开一通玩笑，使他不能来，他也果然不来了。"

先生并不知道，这个新月派诗人需要大量投稿。

摘几段徐志摩写给陆小曼的信："爱妻：昨天大群人出城去玩……归途上大家讨论夫妻，人人说到你，你不觉得耳根红热吗？"

"爱，你何以如此固执，忍心与我分离两地？……我们恩爱夫妇，是否有此分离的必要……我一人在此，处处觉得不合适；你又不肯来，我又为责任所羁，这真是难死人也！"

"我自阴历三月起……单就付银行及你的家用，已有二千零五十元。"

"我是穷得寸步难移；要再开个窟窿，简直不了。"

徐志摩显然质量小，他弄不过交际花陆小曼。

徐央求陆："我这次回来，咱们来个洋腔，抱抱亲亲如何？……我有相当情感和精力，你不全盘承受，难道叫我用凉水自浇身？"

做丈夫的写信，希望回家时能亲热一下。可见亲热不容易。夜里夫妻事，走过场而已。年轻人血气方刚，凉水浇身却如何？心凉了。凉又凉不到底。

"只有瑞午一人陪着你吞吐烟霞。"

真是报应。

徐志摩追林徽因，追凌叔华，恋陆小曼，他的用情本不足观，就一个字：作。然后自作自受。奇怪的是某些知识分子对他的宽容。

民国时期，有一些冒牌的浪漫主义，应当加以指认。

徐陆婚姻，不妨视为反面典型。

林下美人林徽因下香山，丰腴而轻盈。北总布胡同3号，温馨的家，朋友云集的"太太客厅"。不过，"太太"这个词跟林徽因其实不搭，太太逛街，太太时尚，太太吃东西，太太说闲话，太太打麻将。林徽因既不时尚也不打麻将。哪有多余的时间啊。二十七八岁的女人，受过良好教育，见过世面，有内心之纵深，在纷至沓来的优秀男人中间。

太太是一群。出色的女性是单个。

如果太太客厅来的太太多了，就会成气候。

太太客厅，先生们是主角。冰心来，凌叔华来，独特之女性，芬芳四溢。

王羲之兰亭雅集，四十六个人皆须眉；苏东坡西园雅集，十六个人俱是男性。李清照才华那么高，又嫁到宰相府，夫君是金石学家赵明诚，也未见她搞一个太太客厅。

20世纪30年代，一些女子出家门，出国门，她们是新女性。

林徽因是新女性的代表之一。这倒不是说，她比一般新女性更新。新是介于新旧之间的新，旧式妇女的忍耐与吃苦，她不缺。母亲何氏照顾她无微不至，母性的光辉又照到幼小的女儿身上，一代接一代温柔下去。

所谓中国旧女性，几乎全是善良，勤劳，隐忍，旧是月光之旧。

不知旧，焉知新？

所谓新女性，倒是问题多。一味地新，就是梁启超先生所不屑的时髦男女。新到徐志摩，新到陆小曼，谁能接受？20世纪二三十年代，浪漫初流行，浪漫过了头，形成大面积的遮蔽，悲剧层出不穷。"不幸的家庭各有各的不幸。"

林徽因的客厅，金岳霖的客厅，北京有名的星期六碰头会，思维碰撞，言语交流，从早晨到晚上只嫌时间短。19世纪欧洲成千上万的民间沙龙，催生了哲学家、文学家和艺术家，影响不可估量，足以辉煌千年。

北总布胡同，风雨无阻的碰头会。朋友们平时也会来，三两个。周末人多。《金岳霖回忆录》有碰头会的照片。有时碰巧来了几位太太，也谈衣饰，说首饰，女人都爱美的，何况年轻的女人，她们的家境都不错。金岳霖对布料颇在行，沈从文后来撰写《中国服饰史》，这本书一直摆在我的案头。梁思成写《中国建筑史》。林徽因用散文笔调写《平郊建筑杂录》。张奚若"述而不作"，他是金岳霖最要好的朋友，清华大学政治学教授。

陶孟和太太沈性仁，俨然居士，"入山唯恐不深，避市唯恐不远"。金岳霖说："她一方面唯恐入山不深，另一方面又陷入喜怒哀乐柴米油盐的生活之中。"

山中与山下，向来有牵连，晨钟暮鼓与红尘滚滚有存在论意义的直接关联。尘世为寺庙提供存在的根据。诗佛王维有名句："一生几许伤心事，不向空门何处消。"我在《品中国文人·王维》中续写："空门由来消不尽，晨钟暮鼓亦伤情。"

四合院碰头会的特点是随意，严谨的学者们碰到一起，随心所欲地交谈，贯穿了形而上和形而下。这种贯穿现当代不多见。《世说新语》多见。北宋士大夫多见。

金岳霖饶有兴致谈起斗蛐蛐："斗蛐蛐（或斗蟋蟀）是中国历史上人们广泛地进行的游戏，我参加过这种游戏，这游戏涉及高度的技术、艺术、科学，要把蛐蛐养好，斗好，都需要有相当的科学。头一个好蛐蛐……有人形容它说：'它是乌鸦全身黑，好似桓侯张翼德。千员战将不能当，大小三军皆失色。'当时的想法是先打长沙。长沙攻下的话，不在武汉停留，直下上海……"

金先生又撰文《我养过黑狼山鸡》："旧北京，每逢一四七，或二五八，或三六九有庙会。我经常去的是东城的隆福寺和西北城的护国寺的庙会。有一次，我买到了一对黑狼山鸡。养了不多的时间，公鸡已经到了九斤四两，母鸡也过了九斤……到了昆明之后，我有一个时期同梁思成他们住在昆明东北的龙头村，他们盖了一所简单的房子，我们就在这所房子里养起鸡来了。这一次不是玩，养的鸡是我们的唯一荤菜。尽管如此，我仍然买了一只桃源的黄色毛公鸡……"

北京养的大山狼鸡，昆明养的桃源鸡小黄，都是战斗鸡。金岳霖抱着小黄东走西走，得意地说：打遍龙头村无敌手。然而小黄被人家一棍子打死了。鸡斗鸡不碍事儿，人为什么要拿棍子打死鸡呢？

1941 年，金岳霖千里迢迢到四川的李庄，探望病中的梁思成、林徽因，又在院子里养起鸡来。昆明养鸡，李庄养鸡，金先生的用意不言自明。养鸡的过程充满了乐趣，《金岳霖回忆录》有照片，梁思成、林徽因、金岳霖以及孩子们在喂鸡。

金岳霖认为，林徽因下厨炒的菱角和鸡丁，"非常之好吃"。

当年我在眉山下西街养了一只斗鸡公，打遍下西街无敌手，可惜它被自行车轧了，变成饭桌上的一盘鸡肉，非常之不好吃。夜里我掉泪，为我的斗鸡公……

体验通向体验。唯有体验才能够通向体验么？

网上斗鸡，呆若木鸡。

金岳霖不怕遥远，不惧道路崎岖，冲风冒雪，跋山涉水，跑到极苦的李庄去喂鸡，这件事让我感慨了好久。化用鲁迅诗句：无情未必真豪杰，怜她如何不丈夫？怜在古语中有爱的意思，江南习俗，订婚要吃莲子糕和莲子汤。莲谐音怜。

有些话，金先生从来不直说。"君子欲敏于行而讷于言。"

岂止喂鸡，金先生为林徽因做了很多很多。

有一段时间，林徽因爬房子，她爬上了屋顶，又从屋顶上慢慢下来。林下美人，房顶美人，阳光灿烂的四合院。运动员梁思成手脚颇好使，攀爬十分利索。他能从树子荡到房子，又从房子返回到树子，双手抓树枝，轻轻松松落下地来。玩。

年轻夫妇爬房子，爬了这边爬那边，小女儿梁再冰仰着小脸儿。金岳霖急得一头汗，走来走去的，连声喊叫：下来！你们快下来！

房顶上的林徽因露出胜利的微笑。她的手脚渐渐好使了，当然她还不能像荡秋千一般荡上房子。她单手叉腰站在屋顶上，冲着金色的阳光和老金笑了笑，洁白的牙齿闪一闪。梁思成爬四合院的房子，两三回，如履平地了。毕竟是在北京城玩大的男孩子，又比其他男生爱运动。梁思成骑摩托，开汽车，架驴车，推鸡公车，耍自行车……

男孩子上墙、上树、上房，身体与环境高度契合，其间技巧多多，非常有利于身心灵动。我念小学初中，至少爬过三十种形状不同的树，经常去爬，包括百尺高的老桉树。上墙上房，那可数不清，男生都崇拜梁山好汉时迁，"时迁上房瓦不响"。

当文明把小孩子的四肢与树干树枝分开时，这种文明要打问号。

房顶上的林徽因笑着说：老金你上来。

金岳霖站在院子中央擦汗。大个子，爬房子不行。

梁思成夫妇爬房子是做练习，外出考察古建筑时要用上。

梁思成和林徽因经常出远门考察，考察古建筑比考古还辛苦。夫妻二人又蓄了很大的力，于是辛苦更甚。墨子精神，以吃苦为常态，尝到一点甜头就有幸福感。嘀，幸福感多多。

美人千百里去吃苦，何况她的多病身刚刚养出一些起色。

红颜主动吃苦，历来不多见。家里又不缺钱，红颜一次又一次打点行装奔向远方。俗话说无利不起早，科学家艺术家却常有例外。

从林徽因 1938 年的照片看，她微胖，双颊丰盈，可见 1931 年在香山养病，效果明显。七八年间，她和梁思成赴各地考察了多少次？

"林下美人"意识到自己是美人吗？这需要别人来提醒。或者说，林徽因的"美人意识"不充分。充分的是工作，工作，工作。后来女作家陈学昭有一本小说《工作着是美丽的》。"理想使痛苦光辉。"这是谁的诗句我忘了。理想让人吃苦耐劳，让人目露精光，让人后劲十足。人类优秀分子乃是朴素的同义语，这个现象值得玩味。优秀与朴素，显然具有同构关系。而物欲拖着肉身下沉。适当的物质拮据反而有利于精神飞升。例子很多。物欲太盛，精神委顿，这类似于物理定律。

物欲害了陆小曼，也害了徐志摩。讽刺的是，徐竭尽全力去填陆的欲望深渊。对人性恶的掂量是徐的短板，这包括他对他自身的掂量，对社会的掂量。

不识恶，焉知善？

工作着的林徽因是美丽的。苏东坡："人间无正味，美好出艰难。"

考察北京、河北、河南、山西、陕西的古建筑和民居，如此艰巨的工作，由梁思成牵头，林徽因协助。日常生活就是奔向四面八方。"柴米油盐"四个字已是奢侈，吃一顿饱饭就要烧高香了。林徽因写信对费慰梅说："我们再次像在山西时那样辗转于天堂和地狱之间。我们为艺术和人文景物的美和色彩所倾倒，却更多地为我们必须赖以食宿（以便第二天能有精力继续工作）之处的肮脏和臭气弄得毛骨悚然，心灰意懒。我老忘不了慰梅爱说的名言，'恼一恼，老一老'——事实上我坚守这个明智的说法，以保持我的青春容貌……这次旅行使我们想起我们一起踩着烂泥到（山西）灵石去的欢乐时刻。"

美国学者费正清、费慰梅夫妇，是梁思成、林徽因共患难的好朋友。

乡村的穷苦，令人触目惊心。

哪里还有养尊处优的客厅太太，林徽因必须跟蚊虫、臭虫、蚂蟥、烂泥路打交道，浑身被虫子咬出包包。乡下哪有客栈，住农民的房子，住山西、陕西的土窑洞。

入夜一灯如豆，门外漆黑一团。厕所叫茅坑，铺两块木板，人就蹲在上面。漫长的路途中时常找不到茅坑。炎炎夏日苍蝇乱飞。每天每顿重复的粗食，必须吃下去。跟农民搭伙，彼此说话都听不懂，做手势要做几遍。

奔向野外不是一天又一天，是一个月又一个月，考察古建筑年复一年，只除了冬天。回北平待上一阵子，林徽因又跟着丈夫出发了。

古代遗存通常是在人迹罕至的地方。荒凉不说，更有意想不到的危险。

徐志摩坐邮班飞机冒险，冒险做什么？去找陆小曼。

梁思成夫妇在荒山野岭冒险，为寻找、测绘中国的建筑吃尽苦头。

在洛阳，林徽因写信对家人说："每去一处都是汗流浃背的跋涉，走路工作的时候又总是早八至晚六最热的时间里。这三天来可真真累得不亦乐乎。吃得也不好，天太热也吃不大下……整天被跳蚤咬得慌，坐在三等火车又不好意思伸手在身上各处乱抓，结果浑身是包！"

山西应县的辽代木塔，是年代最为悠久的木塔遗存。

营造学社的莫宗江写道："塔身全部构造都测量完了后，最险的就是测量塔刹的尺寸。塔高六十多米，我们站在塔的最高层，已经感到呼呼的大风，上到塔顶更感到会被大风刮下去。但塔刹还有十几米高，从塔顶到塔刹除了几根铁索外，没有任何可以攀缘的东西，真令人望而生畏。梁先生凭着他当年在清华做学生时练就的臂力，硬是握着凛冽刺骨的铁索，两腿悬空地往塔尖攀去。这些古建筑都年久失修，有时表面看上去很好的木板，一脚踏下去都是糟朽的。这座八九百年的古塔，谁知道那些铁索是否已经锈蚀、断裂。我们在下面望着不禁两腿瑟瑟发抖，梁先生终于登上塔刹，于是我们也相随着攀了上去，这才成功地将塔刹的各部尺寸及作法测绘了下来。"

这就是鲁迅先生讲的"民族的脊梁"。

梁思成比他的太太更辛苦。父亲梁启超是大力神般的人物，儿子梁思成的发力也不同寻常。看上去普普通通的男人，人群中毫不起眼，话不多，举止一点都不张扬。这个人的发力却直追他的伟岸父亲。林徽因，一个看上去弱柳扶风般的女子，却是那么能吃苦。这样的男人和这样的女人，难怪要走到一起。

林洙《梁思成》："从 1932 年到 1940 年这几年间，经梁思成与学社同仁调查过的县约有二百个，调查古建筑约二千七百余处。其中有许多建筑是初次被认识、被发现鉴定的。"

谁来拍一部梁思成的传记片呢？

林徽因的文字强于许多空头文学家，这里引用几段《窗子以外》：

永远是窗子以外，不是铁纱窗就是玻璃窗，总而言之，窗子以外！

所有的活动的颜色、声音、生的滋味，全在那里的。你并不是不能看到，只不过永远在你的窗子以外罢了。多少百里的平原土地，多少区域的起伏的山峦，昨天由窗子外映进你的眼帘，那是多少生命日夜在活动着的所在；每一根青的什么麦黍，都有人流过汗；每一粒黄的什么米粟，都有人吃去……

你诅咒着城市的生活，不自然的城市生活！检点行装说，走了，走了，这沉闷的没有生气的生活，实在受不了，我要换个样子去活去……没想到不管你走到哪里，你永远免不了坐在窗子以内的。不错，许多时髦的学者常常骄傲地带上"考察"的神气，架上科学的眼镜，偶然走到哪里一个陌生的地方瞭望，但那无形中的窗子是仍然存在的……隐隐约约你看到一些颜色，听到一些声音，如果你私人满足了，那也没有什么，只是千万别高兴地说什么接触了，认识了若干事物人情，天知道那是罪过！洋鬼子们的一些浅薄，千万学不得……

不是火车的窗子，汽车的窗子，就是客栈逆旅的窗子，再不然就是你自己无形中习惯的窗子，把你搁在里面……窗子以外的事，你看了多少也是枉然，大半你是不明白，也不会明白的。

鲁迅："山西的煤油大王，哪里识得拾煤渣老婆子的辛酸。"

林徽因发现了窗子，隔开世界的窗子。她有走出去抚摸大地的强烈愿望。愿望使她上路，考察古建筑是实实在在的事情，她不为这个发愁。让她发愁的是窗子。她无法走进人们的生活，主要是穷苦人的生活。这里有阶级意识的萌芽。她熟悉富人阶层，熟悉教授圈子。

人间不平等，为什么不平等？

列强欺压，军阀混战，地主剥削，民不聊生早已是常态。中国农民的人均寿命有多少？而农民占了绝大多数。历史的大能量在沉积。地火在运行，岩浆在奔突。

徐志摩《从小说讲到大事》："这次我碰着不少体面人，有开厂的，有办报的，有开交易所的。他们一听见我批评共产，他们就拍手叫好，说这班人真该死，真该打，存心胡闹，不把他们赶快打下去这还成什么世界？"这个体面人的代言人赤裸裸跳出来。

"万家墨面没蒿莱。"天下穷苦人，一律不是徐志摩想要捍卫的体面人。

"敢有歌吟动地哀。"穷棒子要翻身，历史潮流谁能阻挡？

狼吃羊，羊逃跑。人吃人，人要反抗。

银行家的儿子，陆小曼的丈夫，最敏感的东西就是钱。他要填那黑洞。黑洞筑牢他的价值观。潜意识层面的东西他根本看不见，他也不想看。这个体面人。

林徽因回北京很享受，太太客厅一如既往。不是锦衣玉食，胜似锦衣玉食，为什么？她有毫不勉强的吃苦精神。在山西或是陕西的农村吃够了单调的粗食，回到北总布胡同，未进四合院，先闻到老金厨房的香味儿。嗬，各种美食啊，单说鸡，红烧鸡清炖鸡宫保鸡丁，此外还有地道的西餐，有小磨咖啡。中西菜轮着吃。吃腻了家常菜，大伙儿闲步下馆子。

院子里的鸡，一只只神气活现。鸡头小，鸡想事儿就不如狗。老金喂鸡也吃鸡……

《金岳霖回忆录》："我当时的生活，到了下半天也是'打发日子'的生活。梁思成、林徽因的生活就从来不是'打发日子'的生活，对于他们，日子总是不够用的。"

金岳霖起得早，上午工作忙，晚上要读书或写作，下午有一段闲散的时光。哲学教授需要这种闲散。斗鸡，斗蛐蛐，看古画，看电影，看朋友，听音乐，坐人力车看老北京。脑子里何尝空闲？有个女学生好奇地问他为何学哲学，教哲学，他回答："好玩。"

有一次他上街打电话找朋友陶孟和，却把自己的名字忘了。传达的人没法传达。哲学教授想啥呢？走到至人无己的边缘了？

梁思成夫妇要回来了，这对金岳霖来说，是一件大事。首先要让厨子弄好吃的，邀约朋友们为千里归来的探险家接风洗尘。

"梁上君子"爬山西应县的木塔，六十多米高啊，相当于二十层楼，木结构经历九百年，野地风又大。金岳霖听得心惊胆战。

林下美人走荒山野岭，碰上毒蛇猛兽如何是好？金岳霖不敢细想。

老金多少次为他们夫妇担惊受怕，他记不清了。奇怪的是他一直睡眠好。

古语云："圣人无梦。"圣人牵挂一切又仿佛了无牵挂。

金岳霖的自我修炼是个谜。他非常用功，又能够闲而自适；他爱林徽因至深，却几十年不痴不狂；他平时爱玩，但丝毫不见玩物丧志。

金岳霖显然知道徐志摩的很多事，几乎不提，只说了一回衣服和裤子。

后来有人编林徽因文集，请金岳霖写文章附在文集中，金未写。

《金岳霖回忆录》中，有一篇文章的标题是《最亲密的朋友梁思成、林徽因》。

1932 年 8 月，林徽因生了一个儿子，取名梁从诫。一儿一女绕膝，家中欢声笑语。多少年以后，梁从诫一家和金岳霖生活在一起。《金岳霖回忆录》写于 1982 年前后，其中说："我现在的家庭仍然是梁、金同居。只不过是我虽仍无后，而从诫已失先，这一情况不同而已。"从 1932 年起，金岳霖与梁思成、林徽因择邻而居。

林徽因在北平也参加一些文学活动，编小说集、参与沙龙讨论等。北平另有著名的"读诗会"，由朱光潜、梁宗岱牵头，朱自清、冰心、冯至、卞之琳、何其芳、凌叔华等人常常聚会。鼎鼎大名的文化人物，比如朱光潜，国学泰斗，美学宗师。这些名字令人肃然起敬，但是我不知道，文化的柔性力量能否平衡资本和技术的逻辑。我也不知道，单向度的人什么时候能够触底反弹。我们唯有耐心等待：全面发展的人重新出现。

说得通俗一点：全面发展的人，人味儿要浓一些。

走地鸡和圈养鸡，哪能等量齐观。缓慢生长的古木与速成的林子，岂可同日而语。

一定要反复追问相同的问题：人是谁？

金岳霖在《论道》一书中写道："我个人对于人类颇觉悲观……人之所以为人似乎太不纯净。"

"人类恐怕是会被淘汰的……"

陈启伟《金岳霖先生的道形而上学和圣哲观》："对自然的征服和破坏，会招致'自然以报复来使我们覆没，很快就会到处出现裂缝，随后会洪水泛滥，山崩地震'。"

这里有双重破坏：人在破坏自然的过程中破坏他自己。反之亦然。

1931 年 11 月，徐志摩飞机失事，完成了一个隐喻：他去填陆小曼的欲望深渊，终于把自己填进去了。

陈启伟说："天人合一，主客一体，宇宙万物和谐统一，我们可以说，这就是金先生提倡的圣哲观。"

金岳霖深知林徽因，庶几是她的知音。他们一起看北京的古建筑，看中山堂，看紫禁城。轻快的林下美人，一路上谈很多，从诗意、画意谈到"建筑意"。两个人对传统文化充满了敬意。哲理、文学、音乐、绘画、建筑、服饰、器皿，传统的东西是个有机整体，惠及不同地域的人，营造差异性的生活方式。

幅员辽阔的大地，没有整齐划一。生活方式千差万别。

建筑物的差异维系着千百年的诗意栖居。"充满劳绩，然而人，诗意地栖居在大地上。"这些年，"诗意栖居"这个词被滥用。

营造学社设在中山公园，金岳霖有时去坐坐，看林徽因画图。林徽因放下工作跟他聊天。二人起身随便转转，信步走到中山堂前。这中山公园以前叫社稷坛，是帝王祭祀土地神、五谷神的地方。

这是 1932 年的春天，下了一场春雪。二人踏着厚厚的积雪。冷天冷地，心却热乎乎。

金岳霖去琉璃厂买书，顺道看望梁思成和林徽因。梁思成不在。林徽因一见老金，丰盈的双颊笑吟吟。

雪落中山公园。雪落北总布胡同3号，那个共同的四合院。

雪啊，雪啊，飘飞的雪，柔软的雪。

从香山的红叶到北京城里的飞雪，从弯弯曲曲的山路到胡同小路。

什么时候爱上的？不清楚。谁先爱？可能是老金。这里的关键是：二人相爱。

1931年，林徽因从沈阳回北平，夏天，她上香山养身子。金岳霖从美国的哈佛大学归来，也上香山，造访双清别墅，偶尔会碰上找林徽因谈诗歌、吐苦水的徐志摩。

金爱林，应该发生在这个夏天或秋天，在山里，在院子里。林有回应。回应的细节丢了。我们只知道夏秋冬相连。可爱的相连吗？

金岳霖去美国大半年，彼此好久不见。他们早就认识。金写对联，下联"林下美人"，其中或有深意。林徽因当即表示不满，娇嗔之态可以想见。"心有灵犀一点通。"

金教授，金先生，老金。而林徽因只是一个。

老金的幽默无处不在。他抱着他心爱的斗鸡去战斗，人家高举棍子打死他的九斤大公鸡，他只能跟人家讲道理，冲着棍子，有板有眼讲道理。这事传为笑谈。大公鸡，小蛐蛐，不大不小的猫和狗，金教授也生活在它们中间。有时候他是个无事忙。

金岳霖在清华大学创办了哲学系并担任系主任，讲逻辑学，却不知道逻辑学为何物，于是去了哈佛。《金岳霖回忆录》："有一次，有一个美国姑娘同张奚若和我在法国巴黎圣米歇尔大街上边走边争论。哪一年的事我忘了。他们彼此都说不通，好像都提到逻辑，我也参加了争论。但是，我可不知道逻辑是什么，他们好像也不大清楚。可是，不久同逻辑干上了。回到北京以后，赵元任本来在清华大学教逻辑，不教了，要我代替，就这样，我教起逻辑来了。我也只好边教边学。"

在哈佛大学，金岳霖对谢非教授说："我教过逻辑，可是没有学过。"谢非大笑。当时，分析哲学的代表人物之一怀特海，也在哈佛大学教书。《分析的哲学》一度是我的枕边书，尽管看不大懂，却时常翻看，闻一点气味也是好的。

金岳霖提到的赵元任是个奇人，通晓各地风俗，能说几十种方言。这种人物当时稀缺，以后也不会再有了。赵元任是清华大学研究院"四大导师"之一。

逻辑原本在生活中，如同科学在生活中。精通数学的哲学家海德格尔说过，一切科学源于前科学的日常领悟。

斗鸡、养蛐蛐何尝没有逻辑？徐志摩碰上陆小曼，何尝没有逻辑？

三十六岁的金岳霖爱上了，这可怎么办？二十七岁的林徽因随后也爱上了，这可怎么办？爱是什么？不清楚，反正它来了。它不该来，但是它来了，它在雪地里，它在阳光下，它在树林中。潜意识是个暗中发动的助推器，点点滴滴走到今。切断它，却搞不清它的源头，它的前半截，所以叫"剪不断，理还乱"，叫"抽刀断水水更流"，叫"才下眉头，却上心头"。

爱情这事儿，有点玄学的意味。难怪从古到今，人们要写诗，要写歌，要画画。

此间，林徽因写信对胡适说："我的教育是旧的，我变不出什么新的人来。我只要'对得起'人——爹娘、丈夫（一个爱我的人，待我极好的人）、儿子、家族，等等。"

林徽因为何强调这些？需要强调吗？

金岳霖非常有趣，很幽默，却一点都不轻佻。幽默是容易滑向轻佻的，二者在眼下常常连在一起，为什么？浅薄的人日益多了，深沉的情感渐渐少了。影视演员流行轻佻相，拿嬉皮笑脸去卖座。嬉皮笑脸，乃是浅表性综合征之表征。

金岳霖兴趣广，良朋多，酒量大，烟瘾也不小。他写道："在德国，我曾抽过一支其大无比的雪茄，一次抽完，醉了……我这个人从来乐观，唯一想'自寻短见'或'自了之'的时候，就是那一次醉烟的时候。"当时是在德国，金岳霖二十几岁。

醉烟，醉茶，醉酒，偶尔有之。金岳霖上午工作，下午大抵闲散，闲逛，闲聊，看闲书。鲁迅提倡"随便翻翻"。金岳霖看书不刻意，人力车夫王喜拉着他逛街，他架了长腿在车上看，晃晃悠悠颇惬意。所谓"四上读书法"：枕上，厕上，马上，车上。这是一个很生活化的大学教授，爱小动物，对马匹、古树有研究。写《论道》，他把目光投向宇宙。

唯一的遗憾是年复一年打着光棍。金岳霖关心林徽因，林外出，他又担心野外的她，担心她的吃住行。慢慢地，单身汉有心事了。夜里他披衣走动，望着前院透出的灯光。

没有心潮澎湃，心跳稍快而已。这是一位哲学教授的爱情。

若有思而无思。念头闪烁如烟头明灭，不固定。念头的潜意识含量有多少？金岳霖低头抽香烟，仰面看月亮，思绪忽然跳到林徽因。一次又一次，他忽然想到她。

看来，念头自行其是，尤其是在夜深人静的时候。一个夜晚又一个夜晚，秋夜，冬夜，春夜。相思苦吗？相思微苦，主要还是甜。

金岳霖写《我欣赏的甜》，其中说："西洋式糖果的甜非常之甜，似乎是一种傻甜，好些人欣赏，我不欣赏，我欣赏的反而是杂在别的东西里面的甜。'大李子'的甜、兰州瓜的甜都是特别清香的甜，'清'字所形容的品质特别重要。"

金岳霖爱上林徽因尝到的甜，就是清甜。

有时晚上她到他的书房坐坐。中饭、晚饭常常一块儿吃，小院有能做西餐的厨子。她向来是率性女人，不矜持，想过去就抬起腿，就去敲老金的门。

星期六碰头会，不是在金岳霖的"湖南饭店"，就是在林徽因的"太太客厅"。

热闹过去了，前后院子静悄悄。

她来吗？他来么？耳朵有点竖起，耳朵在捕捉那熟悉的足音。

男女双方的念头都有潜意识含量了。含多含少却懒得去分析。情感的妙处恰好在于：近乎天然地拒绝分析。

1932 年前后，约一年多光景，林徽因外出少，居家的时候多。

林徽因来找老金总有理由，老金去找林徽因同样有理由。有时候人进门了，忘了来做什么，彼此一笑，凭窗说起话来。说着说着忘了时间，不知不觉天都暗了。

金岳霖会持一枝菊花或海棠，插进林徽因的花瓶。

十月小阳春，林徽因换了春装，双颊飞红，燕子般飞来飞去。女为悦己者媚。金岳霖站在台阶上望她。苗条的身材，俊俏的五官，活泼的动作，轻快的步履，灵动的语音，感性的文字。

有时候她会想：老金这个人呐……

老金这个人不结婚，老金这个人从来不谈婚姻。快人快语的林徽因也不碰这个话题。二人单独相对时，她的语速慢下来了。仿佛心灵深处有什么东西在尝试流出来。

罗兰·巴特《恋人絮语》，说恋人款曲，道古今不能道，游离于意识的边缘地带，让语言去捕捉极难捕捉的微观情态。法国人居然敢把它拍成电影。由此可见，男女间的话语空间尚有许多处女地。

本书尝试着，进入意识不大透光的深水区。

金岳霖和林徽因相爱，有大致的时间段，没有确切的时间表。有史料提供的事实，没有事实背后的细节支撑。一堆烟头摆在那儿，表明香烟燃过。

大约在 1931 年的下半年，1932 年的春天，金爱林，林也恋金。

徐志摩乘坐邮班飞机失事，梁思成、林徽因去了山东某县，飞机失事的地点。林写文章悼念早逝者。陆小曼后来活了六十二岁。

概言之：徐志摩是一个浪得虚名的民国人物，人以文传，文以人传，他属于后者。他是个善于来事儿的人，他浅薄，所以他东跑西跑。而眼下的画家作家，以及各种名目的劳什子家，善于来事儿者正多。占据一个位置，就叫利益平台。

徐志摩曾经打算带陆小曼回老家住一段时间，被他父亲徐申如拒绝。飞机坠毁了，郁达夫骂徐申如，算账算到徐申如头上，很没道理。

林金之恋照样进行。

1932 年春，恋爱中的林徽因的日日夜夜，她钟情于人间四月天，或有恋爱的影子。她直觉好。有些东西先于念头告诉她，老金更适合她。婚姻从某种意义上说是脚与鞋的关系，脚知道鞋，鞋知道脚。老金体贴人，不是一般的体贴，是那种细致入微的体贴，那种天长地久的体贴。老金懂她的心。另外，老金还比较懂宇宙。他常常伫立庭院看天空。月明星稀之夜，他喜欢一个人转来转去。

啊，老金懂宇宙，懂生活，更重要的是深深懂得林徽因。

少女时代所有的梦想、愿景都能在一个男人身上落到实处，这个男人就是老金。老金金不换。万两黄金容易得，人间知音最难求。谁知音啊？老金，老金。

老金又现代又传统。林徽因又传统又现代。

两个人在一起过日子，那叫赏心悦目啊。各有各的事业心，又相互倾心，日常生活趣味多多。老金这个人呐，简直就是趣味的同义词。堂堂清华大教授，提着蛐蛐笼子，抱着大公鸡。他能闲散，闲散可好！湖南饭店与太太客厅合而为一。

金岳霖在院子里哼京戏。他跃上想象中的戏台，其实是花台。他在台上还来个转身亮相，念念有词：咣啷咣咣啷咣。有个川剧团的团长对我说，一旦爱上戏曲，几十年想扔都扔不掉。

金岳霖痴迷撰对联，《金岳霖回忆录》涉及对联的有好几篇。

金岳霖的书法跟鲁迅先生的书法有相似处，笔势内敛，线条耐看。

金岳霖回忆录中《渊博正直的陈寅恪》，提到了郭沫若。"解放后，寅恪先生在广州中山大学教书。郭老（即郭沫若）曾去拜访过他。郭老回到北京后，我曾问他谈了些什么学术问题。郭老说，谈了李白，也谈了巴尔喀什湖。这在当时一定有相当重要的意义。我不知道而已，也不好问。无论如何，两个国故方面的权威学者终于会见了。这是最好不过的事体。郭老还把他们凑出来的对联给我，对联并不好。郭老扯了一张纸写了出来给我，我摆在裤子后面的小口袋里。有一次得胃溃疡，换衣裤进医院，就此丢失了。"

郭沫若与陈寅恪合写的对联并不好，于是金岳霖随手揣进裤子后面的小口袋。可惜了，大书法家郭沫若的钢笔字。

金岳霖教授的回忆文章《同毛主席吃饭》，开篇说："我同毛主席吃一共吃过四次饭。"毛主席七十大寿，金岳霖和邓以蛰等人商量给主席祝寿。"听说毛主席是不让人为他祝寿的。我们朋友之间有几个人商量商量，认为这只是不让大家公开地祝寿。我们几个朋友私自聚集起来，庆祝庆祝未尝不可。这事就交我办。"

金岳霖撰了一副对联，修改后，由邓以蛰先生分别用楷书和篆书书写，对联是："以一身系中国兴亡，入此岁来已七十矣；行大道于环球变革，欣受业者近卅亿焉。"

薄薄的一本《金岳霖回忆录》，文章短，意味长，很值得一读。

1932 年，金林情爱悄悄长，长到一定程度了，男女蓦然回首，发现爱之树已是绿叶扶疏，长势强劲。表达了吗？很可能表达了。即使嘴上不说，眼睛也说了。这也不叫眉来眼去。金岳霖与林徽因之间，不会有眉来眼去。老金看上去有点傻乐而已。心证意证情证，没有肌肤之亲。

两个人都留过洋，又对传统有足够的体验和尊重。

夜深人静了，小院大院相眺望。

第二天又见面了，又在一块儿吃饭，饭后还走走，走走还聊聊，这可真好。老金为她切牛排，老金为她煮咖啡，老金为她蒸螃蟹，老金为她讲古画……

再优秀的女人也有小女人的一面。

可是梁思成怎么办啊？林徽因晚上不好睡了。思前想后要掉眼泪。

梁思成在外面辛苦，梁思成风餐露宿，梁思成披星戴月，梁思成爬高高的古建筑，梁思成频频写信问候她的起居……

唉，梁与金，日夜拽着美人心。

好女人爱上两个好男人，这可不好办。

很多年以后，梁思成说："中国有句俗话，'文章是自己的好，老婆是人家的好'，可是对我来说，老婆是自己的好，文章是老婆的好。我不否认和徽因在一起有时很累，因为她的思想太活跃，和她在一起必须和她同样反应敏捷才行，不然就跟不上她。"

1932 年某一天，梁思成从宝坻考察回来，发现林徽因有些异样。"徽因见到我时哭丧着脸说，她苦恼极了，因为她同时爱上了两个人……她和我谈话时一点不像妻子和丈夫，却像小妹妹在请哥哥拿主意。听到这事儿，我半天说不出话，一种无法形容的痛楚紧紧地抓住了我，我感到血液凝固了，连呼吸都困难。"

当时梁思成三十出头。

他回忆说："我想了一夜，我问自己，林徽因到底和我生活幸福，还是和老金一起幸福？我把自己、老金、徽因三个人反复放在天平上衡量，我觉得尽管自己在文学艺术各方面都有一定的修养，但我缺乏老金那哲学家的头脑，我认为自己不如老金。于是第二天我把想了一整夜的结论告诉徽因，我说，她是自由的，如果她选择了老金，我祝愿他们永远幸福。我们都哭了。"

梁思成有此气度，与他在国外待了多年有关。应该承认，西方人对人性的理解比我们深入。

梁思成接着说："过几天徽因告诉我说：她把我的话告诉了老金。老金的回答是：'看来思成是真正爱你的，我不能去伤害一个真正爱你的人，我应当退出。'从那次谈话以后，我再没有和徽因谈过这件事，因为我相信老金是个说到做到的人，徽因也是个诚实的人。后来的事实也证明了这一点。所以我们三个人始终是好朋友。我自己在工作上遇到难题，也常常去请教老金，甚至我和徽因吵架也常要老金来'仲裁'，因为他总是那么理性，把我们因为情绪激动而搞糊涂了的问题分析得清清楚楚。"

说退出就退出了，这就是金岳霖。爱得那么深，说停就停。

这才是尼采讲的强力意志。看上去轻描淡写。此后，老金的单身汉日子一直过下去，小院紧挨大院。他过去，她过来，似乎与往日无异。其实有异。从1932年到1937年，一千多个日子，爱的惊心动魄直接是爱的悄无声息。双方表达过了，表达已经中止，表达永远终止。可是缄默情状仍然在诉说。

风在吹，雨在下，雾在飘，阳光在空气中颤动。

因为人是完整的人，所以爱情有奇观。

20世纪的爱情更像爱情。农耕文明与工业文明接点上的爱情更像爱情。

金岳霖爱林徽因，爱意说出口了，爱也不用收回去，因为她那边也有爱。他并未搬走。他离她更近，平时走动更勤，梁家的孩子完全像他自己

1935 年，林徽因与梁再冰、金岳霖、费慰梅、费正清等人摄于天坛

的孩子。爱屋及乌，金岳霖称得上最佳阐释者。他爱林徽因，也是 20 世纪最能打动人的浪漫之一。

浪漫是什么？浪漫是太阳每天升起。

真正的爱都是自足自持的，不大作声的。爱到穷途末路，往往造势汹汹。

老金不苦，老金在林徽因的日常生活中。举手投足都是爱，不说爱，到处有爱。不示爱，这个"不"，却呈报可爱的爱。老金不过分，不矫情，不会跑到前院去管这个管那个。他进入林徽因的生活是自然而然的。她乐意他这样。天长日久的默契，心领神会不多说。好啊。非常之好。

林徽因享受吗？那当然啦。稀世之美人，享受稀世之珍爱。金岳霖也享受，享受不受时间剥蚀的爱情。他是热爱生活的哲学教授，思接大宇宙和小蛐蛐，情趣一生用不完。"林徽因"三个字永远在他的生命中发光。女人照亮男人，造极也。

如果有上帝，上帝会感动。

七七事变后，北京沦陷，日本鬼子分三路入城。梁思成、林徽因一家五口凄惶离京，辗转多地奔向长沙。林徽因致信友人："由卢沟桥事变到现在，我们把中国所有的铁路都走了一段！……由天津到长沙共计上下舟车十六次，进出旅店十二次……为的是回到自己的后方。"

金岳霖、张奚若等人陆续到长沙。北京大学、清华大学、南开大学逃亡出来的师生在长沙组成了临时大学。这所大学迁往昆明后，称为西南联大。1938年1月，抱病的林徽因用了三十九天，历尽艰辛抵达昆明。梁思成也病了。

冯友兰、金岳霖、陈寅恪、赵元任、闻一多等大学教授，先后到昆明。

中国的大知识分子们住进城郊的龙泉镇龙头村。这个村名或有天意。风景好，没有军事目标。营造学社的办公地点也搬到龙头村。林徽因写信对友人说："我喜欢听老金和奚若笑，这多少帮助了我忍受这场战争。"

金岳霖写信对费正清教授说："林徽因……仍然是那么迷人、活泼、富于表情和光彩照人——我简直想不出更多的话来形容她。"

梁思成夫妇自己动手盖房子，三居室加一个厨房。建筑学家干木匠、瓦匠、水泥匠，夫人和孩子们运材料，打下手。梁启超父子都具备墨子精神，林徽因作为梁家的长门媳妇，长期受影响。

金岳霖专干杂活重活，他开始考虑在院子里养鸡。鸡很重要。房子落成了，大家都喜欢。有一间耳房是老金住的。耳房是老金的家。

北京的胡同亲如一家人，昆明的龙头村又是一家人。总共六口。林徽因的母亲一直在女儿身边。

老金弯腰喂鸡咯咯咯。林徽因系了花围裙，下厨炒鸡丁。磨难中照样欢声笑语。老金斗酒诗半篇，自嘲一笑唱京戏。悠悠京腔一起，头却垂下了。

1938 年初，林徽因于昆明巡津街 9 号

"感时花溅泪，恨别鸟惊心。"

二十余里，回到龙头村。一路上他想什么呢？春城山花烂漫，满眼金光闪闪。爱是非常具体的日常操心，凡事要考虑周到。

爱是什么？爱是操心。持久的操心叫浪漫。雨果爱朱丽叶五十年，海德格尔爱阿伦特五十年，萨特爱波伏娃五十年……爱的细节无限多。

盖房子欠了债，林徽因很着急。金岳霖变戏法似的拿出一百美元替她还债，战时，这一百美元不是小数。林徽因哭了。在老金面前她哭出声来。在老金面前她真想放声大哭。

梁思成外出考察去了。金岳霖养鸡，一手拿书卷，一手喂鸡食。走地鸡也叫散养鸡，公鸡母鸡到处走，金岳霖怕它们走丢了，跟在后头。梁思成归来，金岳霖杀掉一只鸡。喝龙头村的村酿，一屋子酒香。梁思成讲成都的武侯祠、夹江的千佛岩……

1939 年，梁思成和营造社同仁跑了大半个四川，对西南建筑有了比较全面的了解。他把一家子托付给老金。古人讲，托妻寄女。老金可以托妻寄女。

此间，金岳霖写六十多万字的《知识论》。梁思成写《中国建筑史》，林徽因协助他。绘图，查资料，翻遍二十四史。她卧病也在工作，床头放了小桌子。她发低烧，额头搭一张湿帕子。她牵挂正在长身体的儿女，心疼正在衰老的母亲。每日柴米油盐、锅瓢碗盏，缝缝补补，一双纤弱的手去对付。有些事却要交给另一双手。院子里有个大水缸，天天要装满水，有时村民没来，金教授去担水。金教授放下扁担，又拿起斧子劈柴。斧子劈顺了，在空中挽个漂亮花子。

夜里菜油灯暗，金岳霖凭借超强的记忆力，为林徽因背诵她所需要的文献。她实在是累了，倚床头含笑望着老金。明天她还要累。

金岳霖写信回答朋友对林徽因的问询，说："她仍旧很忙，只是在这种闹哄哄的日子里更忙了。实际上她真是没有什么时间可以浪费，以致她有浪费掉生命的危险。"

谁把林徽因的这种危险铭记在心？金岳霖。

梁思成不在家，家里有老金，书房厨房乃至卧室都有老金。当年老金三十几岁，现在老金四十出头了。这个老金啊，这个老金啊。林徽因忍不住，要掉泪。

老金真是的！何必这样。天底下有这么傻爱的男人么？

老金从昆明回村，手上总拎着水果。梁再冰、梁从诫蹦蹦跳跳迎上去。

耳房里的老金备课，写作。孩子们悄悄看他写书全神贯注的样子。孩子们认为：作家的表情就叫全神贯注；作家的书桌叫堆积如山；作家的狼毫笔叫力透纸背。

作家金岳霖讲故事，讲有趣的知识，讲天体的运行，讲蛐蛐和斗鸡，也讲吃鸡。偶尔来一句："万物以不齐为齐。"或者是："吹万不同。"

不是爸爸的金岳霖很像爸爸，好爸爸。

金岳霖把苦日子过得乐滋滋。据他说，这本事从哲学来。哲学是什么，他又不解释。在西南联大他讲哲学与小说，听讲座的不仅有联大学生，教授们、作家们也去聆听。他讲了半天，给论是：小说与哲学没有关系。

日本人的飞机轰炸昆明，老金躲炸弹，天不亮就往城里赶。林徽因写道："可怜的老金每天早晨在城里有课，常常要在早上五点从这个村子出发，而还没来得及上课空袭就开始了，然后就跟着一群人奔向另一个方向的另一座城门、另一座小山，直到下午五点半，再绕许多路走回这个村子。一整天没吃、没喝、没工作、没休息，什么都没有！这就是生活。"

什么都没有，却有信仰。信仰是什么？爱这个世界。

金岳霖爬坡下坎的，山道上大步流星。哲学思考乃是迎着强气流的思考。香烟是不能缺的，云南有好烟草。云南有好天气。云之南，有诗意。萨特说他对斯多亚禁欲主义颇有好感，他被囚禁于纳粹集中营九个月，苦难中照样写他的哲学大书《存在与虚无》，照样拜读海德格尔。蚊子臭虫猪食加侮辱，等闲视之也。

金岳霖的哲思颇能通向海德格尔。只是20世纪上半叶，中国的哲学教授们多挂英美大学的招牌。后来金岳霖写文章《我不大懂胡适》，对胡适是否懂哲学表示怀疑。

从昆明到龙头村的二十多里路，金岳霖往返了几百次。哲学教授的小路，思与天接，走得恍兮惚兮。路边石头上坐一坐，抽掉一支烟。碰上日本飞机扔炸弹，他躲进山洞，继续想事情。山洞中的出神之思。不用去想她，过一会儿下山，就看见她了。看见她真好。

爱意加上事业心，使金岳霖与林徽因互相吸引。而平时不说这些。交谈中回避爱一类的字眼。这里显现了爱的高贵。越是回避越显现，这个现象蛮有趣。

在生命力最旺盛的时期，在"恋爱的狂风暴雨期"，金爱林，不去碰一下她的手，不搞眉来眼去。力比多发散开去，荷尔蒙升华为日常关切。嘀，赏心悦目的日常关切。所以我强调，金岳霖爱得很享受。不欲而欲，进而欲着全世界。一花一叶染上荷尔蒙。

金岳霖跑警报，把《知识论》的手稿弄丢了。近七十万字的手稿，字字心血。金岳霖从头再来，重新写这部涉及面甚广的大书。对这位哲学家来说，几乎不用调动意志。意志力一直在那儿，就像他恒爱林徽因。

这也证明了中国传统文化的卓越。

同是留学西方，徐志摩拾得糟粕当精华。徐志摩是现代史上拾糟粕的典型。而金岳霖恰好是徐志摩的对立面。

1940年底，梁思成、林徽因迁李庄，一去五年。潮湿、阴冷天气，夫妻都病了。梁思成给友人写信，称林徽因"我的可爱的病妻"。

梁再冰回忆："我们的生活条件比在昆明时更差了。两间陋室低矮、阴暗、潮湿，竹篾抹泥为墙，顶上席棚是蛇鼠经常出没的地方，床上又常出现成群结队的臭虫，没有自来水和电灯，煤油也须节约使用，夜间只能靠一两盏菜油灯照明……母亲吃得很少，身体日渐消瘦，后来几乎不成人形。为了略微变换伙食花样，父亲在工作之余不得不学习蒸馒头、煮饭、做菜、腌菜和用橘皮做果酱等。"

十年来，林徽因微胖，肤色好，体态不错。到李庄后她瘦下去。

梁再冰说："尽管贫病交加，挫折一个接一个，但父母亲并不悲观气馁，父亲尤其乐观开朗……他从来不愁眉苦脸，依然酷爱画图，画图时总爱哼哼唧唧地唱歌，晚间常点个煤油灯到他那简陋的办公室去……他仍在梦想着战争结束后到全国各地再去考察。"

煤油灯下写《中国建筑史》。梁思成跑重庆、四川。在昆明他病得不轻，在李庄他学会了打针，为林徽因注射抗生素。"可爱的病妻"几个星期高烧不退，几年低烧。这对著名的夫妇是咬紧牙关在坚持工作吗？不是的。他们不缺乐观。艰难的环境中调动了一些意志力，工作状态要唱歌，表明意志力游刃有余。

金岳霖的意志力，梁思成的意志力，林徽因的意志力。"世界是元意志"，这句话是说：世界之为世界，乃是因为世界与意志一同起伏，时时刻刻在变化。

意志力强的人，看意志薄弱者不难。反之却难。如果意志薄弱成了大趋势，将会发生什么呢？

强力意志的表征常常是举重若轻，幽默，随意，甚至好玩。举重若轻常态化，比如金、梁、林。比如聚集在延安的中华民族的优秀子孙，比如西南联大有担当有情怀的教授们。

借得一点能量，有助于克服当下之轻佻。

西南联大放假时，金岳霖去李庄。一条汉子金岳霖收拾行装上路，坐车，坐船，迈开两条有力的腿。尽量多带些日用品和药品。当年的小伙子，眼下的中年汉子。汉子的特征是朴素，干脆，说一不二。汉子的特征是斩钉截铁。嘀，学富五车才高八斗的汉子金岳霖。

路途中有香烟，客栈里有浊酒，嘉陵江上有美景，这可太好啦！有如老杜笔下的《羌村》："峥嵘赤云西，日脚下平地。"

梁思成夜夜点个小油灯去他简陋的办公室，平常得很。需要干的工作几辈子都干不完，只争朝夕吧。费正清写信劝他和林徽因去美国，他回信说："我的祖国正在灾难中，我不能离开她；假使我必须死在刺刀或炸弹下，我要死在祖国的土地上。"

这是平常的表白，是自然流露的肺腑之言。

肺腑之言一般都是随口而出，随手写下。

梁思成挽起袖子蒸馒头，做腌菜，弄果浆，一面哼哼唧唧唱歌。他的脚有点跛，他的背也有些驼了，当年那一场车祸对他的脊椎有损伤。劳心劳力寻常事，他忧着祖国，忧着病妻。该做的事情赶紧做吧。他去重庆考察，动不动就是半个月。林徽因不让丈夫守着她。

老金来了，带来那么多东西。林徽因从老金手上接过去。授受可以相亲。老金看她的头一眼，总是看她的面颊是否丰盈，面色是否健康。念头中的潜意识，亮到夏日院子里。他忧她，没办法不忧。这份担忧是他随身携带的另一份礼物，林徽因不用清点就收下了。二人有时候会互相多看一眼。多看一眼而已。相知二十年，多看几眼而已。眼神中的情感含量有多少？那是可以直抵坟墓的明亮的眼神。

金岳霖说："离开梁家，我魂都不在了。"

《金岳霖回忆录》："抗战以后，一有机会，我就住在他们家。他们在四川时，我去他们家不止一次。有一次我的休息年是在他们李庄的家过的。抗战胜利后，他们住在新林院时，我仍然同住，后来他们搬到胜园院，我才分开。"

清华大学的新林院 8 号，梁思成林徽因的家。这是抗战胜利后的 1946 年，梁思成在清华大学创办了建筑系。他去耶鲁大学待了一年。林徽因在病中。金岳霖每天下午给她读报刊，读恩格斯的著作。

每天下午三点半，金岳霖出现在林徽因的病榻前。二人长时间待在一起。早就习惯了。也闲谈，也开玩笑，也相对默然。

心疼人，体贴人，金岳霖做到了极致。

1936 年，林徽因与沈从文在书信中讨论情感时说过："我的主义是要生活，没有情感的生活简直是死……我方才所说到极端的愉快，灵质的、透明的、美丽的快活，不知道你有否同一样感觉。我的确有过，我不忘却我的幸福。"

情感，快乐，幸福，三个词相连。两个优秀的男人以不同的方式深爱着她，这是一个可以陈述的事实。

闲聊是生活中的大事。两百年来，欧洲那些大大小小的沙龙，孕育了多少大师。

梁思成写道："不要轻视聊天……过去金岳霖等是我家的座上客。茶余饭后，他、林徽因和我三人常常海阔天空地'神聊'。我从他那里学到不少思想，是平时不注意的……英国剑桥七百年历史出了那么多大科学家，可能与他们保持非正规的聊天传统有一定关系。不同学科的人常在一起喝酒、喝咖啡，自由地交换看法、想法。聊天之意不在求专精，而在求旁通。"

学养深厚有得聊。情趣多多有得聊。互相牵挂有得聊。富于想象力，于是有得聊。

在清华大学，梁思成对学生讲："建筑师的知识要广博，要有哲学家的头脑、社会学家的眼光、工程师的精确与实践、心理学家的敏感、文学家的洞察力……这就是我要培养的建筑师。"

此话听上去恍如隔世。

金岳霖和林徽因在北总布胡同，在昆明龙头村，在李庄，在清华园……

1949 年，梁思成被任命为北京市都市计划委员会副主任，林徽因被任命为委员会委员。

金岳霖担任北京大学哲学系主任。

梁思成、林徽因参与了国徽的设计，参与了人民英雄纪念碑的设计。

林徽因瘦，五官轮廓依然好，鼻梁更挺，人显得精神。有一幅照片是梁思成躺在病床上看国徽设计图，林徽因在床边，衬衣袖子挽到肘部。

为了新生的共和国，人们不约而同把衬衣袖子挽得高高。劳动者的新中国。

1955 年，林徽因去世，享年五十二岁。

1972 年，梁思成去世，享年七十二岁。

有一次，金岳霖在北京饭店请客吃饭，客人们并不知道他为什么请客。人到齐了，金岳霖说："今天是林徽因的生日。"

其时，林徽因早已在天堂。

怀念是人的重要特征。人是完整的人，人对人的怀念会多一些。

人是完整的人，人与人相处默契，方可称美妙。

什么样的人是完整的人呢？这是本书试图回答的一个问题。

张爱玲

···

无根才女的绝望花朵

张爱玲

张爱玲是张佩纶的孙女，生于1920年。张佩纶是清朝状元，李鸿章的女婿，做过三品高官，傲气十足，下笔如刀。张爱玲幼年，居上海的英租界，豪华大宅子，李鸿章女儿的陪嫁。两岁，迁天津的花园洋房，未久，迁上海武定路的房子，父母离婚后，她搬到延安中路。父亲再婚，她搬回英租界的中式大宅子，有二十多间房和同样多的地下室。十几年住了五处。

清代老宅子与花园洋房，是两个天地。建筑物对小孩子的影响难以估量。

没有人能够还原张爱玲对房子的感觉。她自己有过一些片断记忆。"有太阳的地方使人瞌睡，阴暗的地方有古墓的清凉。房屋的黑的心子是清醒的，有它自己的一个怪异世界。"

上海英租界的老宅，上下四十多间房，交叉小径的花园，杂草丛生的角落，反射太阳的蛛网，各种各样的墙，奇形怪状的树，五花八门的鸟，到处乱爬的虫。阳光灿烂或是阴雨绵绵，小姑娘张爱玲倚石遐想，临池发呆。私塾老师教她四书五经，她捧读小说入迷，《红楼梦》《金瓶梅》或是张恨水的小说。

张爱玲不爱动，眼珠子灵动。她的祖父比她祖母大二十多岁。后来，

幼年张爱玲

张爱玲嫁给大她三十岁的洋作家赖雅。她发明了一个词：艳异。

张爱玲是高个头，瘦，越发显高。也许不算漂亮，容颜不如她母亲黄氏。她穿旗袍好看，骨感，绰约。我由她联想到李清照的某些身姿，虽然她们的才气正气不可并论，傲气或相似。张的眼睛里总有别样的东西在闪烁，这使她耐看。耐看是说：看不透。后来她老得好看，七十五岁依然有风度。她七岁写小说，九岁向报纸副刊投稿。小小年纪获得内心纵深。通常的说法叫内向。

中国外国，优秀的作家艺术家，几乎都是早年内向，包括贝多芬、鲁迅、毕加索、海明威、凡·高、马蒂斯。阳光男孩儿难成大器。

值得注意的是，张爱玲出生后的第二年，民国教育部规定：小学国文课本采用白话文。三四十年代，一大批小说家的成长受其惠。有文言文的简约功底，有白话文的表达手段，杰出者如鲁迅，郁达夫，郭沫若，张恨水，巴金，老舍，萧红，废名，李劼人。胡适的文字，中不中洋不洋的，无张力，缺韵味，殊不足论。林语堂稍好，欠穿透力。周作人的文字不错，错在他的价值观，宣称"中国的古书都有毒"。他本人的毒就不浅，娶日本刁老婆，做日本恶走狗。

有些作家写得越生动越传神，影响越坏，盖因"三观"出了问题。这类作家，眼下并未绝迹，一些人正写得起劲。

张爱玲的文字富有市井气。她痴迷《红楼梦》。曹雪芹的白描功夫登峰造极，现代作家几乎都在他的光罩下。读此书的唯一佳径是入梦，沉浸于大观园。"无赖诗魔昏晓侵，绕篱欹石自沉音。毫端蕴秀临霜写，口角噙香对月吟。"曹雪芹的诗写得好，五言，七言，清代称冠也。填词之桂冠，不妨让给纳兰容若。

茅盾评价，《红楼梦》的诗词是"按头制帽"，每个吟诗者的帽子不同。曹雪芹对他笔下的众多人物理解之透彻，现代作家瞠乎其后。一部小说，写了四百四十八个人，且属各阶层，各个年龄段，连老婆子吵架、小丫头斗嘴都写得生动有趣。而伟大作家写作时才三十来岁，"字字看来都是血，十年辛苦不寻常"。

农耕文明对个体生命的塑造，缓慢而又扎实。恰似古木年轮，一圈圈如钢似铁。这是我们回望前代的理由。

清代士林流传一句话："开谈不说红楼梦，读尽诗书也枉然。"

少女张爱玲，徘徊大宅子，形单影只，捧读线装本的《红楼梦》。"怅望西风抱闷思。"

表妹说张爱玲和弟弟张子静，他们从小就孤僻内向，见了人就退缩。又说张爱玲不爱说话，走路飘飘的，大伙儿在玩的时候，她面前不是一本书就是一张画纸，给人画画……

大宅子表兄妹一大群，玩，闹，疯，追逐。张爱玲总是落单，不合群，秋千也懒得荡。走路飘飘的，像个梦游人。张爱玲说："我喜欢我四岁的时候怀疑一切的眼光。"四岁那一年发生了什么呢？她背诵"商女不知亡国恨，隔江犹唱后庭花"。四岁的小女孩儿对商女有何感受？她十一岁，父母离婚。十三岁，母亲去欧洲。十五岁，烟鬼父亲再婚。

祖母李氏很强势，于是张家的子女一直弱势，翻身难。这股阴盛阳衰的家风，刮进了小姑娘张爱玲的肌肤。从几岁到十几岁，未来的女作家心事重重，幻觉连连，怪梦频频。童年是逼出来的童年。"花谢花飞飞满天，红消香断有谁怜？"

"一年三百六十天，风刀霜剑严相逼。"

顺便提一句，王立平先生为《葬花吟》谱的曲，堪配曹公之魂，无人可以超越。

张爱玲读《红楼梦》，是带着自己的命运的。妙玉，尤三姐，她兼而有之。妙玉孤傲，孤僻，内心恒有情火焰。尤三姐敢于"淫男子"，蔑视天下女子做男人的奴隶。

曹雪芹的意义是什么？曹雪芹写出了华夏女儿的辛酸史。《红楼梦》是审美大课堂，情感大课堂，中考高考，多选一些才好。

张爱玲和母亲感情好，于是抵触后母。她可不是好惹的，后母讨好她或是凶她，她一律不买账。她也是二八少女了，亭亭玉立。她从四岁起怀疑一切，现在迎头碰上最大的怀疑对象：这个抽大烟的富家女人，把她的漂亮母亲赶出张家，赶到欧洲去。

她跟后妈吵，为任何一件小事都能大吵，"行动给人脸子瞧"。张爱玲用得最多的照片，是穿旗袍昂着头的那张。她高，又高傲，俯视她的斗争对象。与后妈迎面过甬道，她不让道。她双臂长，一副似拦非拦、似笑非笑的样子，迫使后妈从她的腋下钻过去。如此羞辱，后妈大哭大闹。烟鬼父亲暴跳如雷。

生父与后妈有"同榻之好"，携手上榻抽鸦片，各架了二郎腿，吞云吐

20 世纪 30 年代，少年张爱玲与姑姑在天台

雾，快活逍遥，哪管身子骨坏下去。陆小曼也是上海有名的烟鬼，翁瑞午朝夕陪她，徐志摩殷勤供养她……

有一次，张爱玲去了母亲的家，回张宅，姓孙的后妈冲上来给她一记耳光。她还手，长臂长腿乱舞，两个老妈子拖住她。父亲嗷嗷奔来，不由分说，劈头盖脑给她一顿暴打，扯她的一头乌发，抓破她的少女脸，她倒在客厅，他还朝女儿乱踢一气。女儿身子长，处处可下脚。老用人拉走拳打脚踢的主人。这个名叫张廷重的纨绔子弟，赌、嫖、抽大烟，讨姨太太，现在又联手孙氏，给张爱玲制造了很不多见的家庭氛围。恶之花到处开。

在上海的教会中学，张爱玲的状态也不好，不交朋友，穿后妈塞给她的旧衣服胡乱晃悠。

张爱玲挨了一顿暴打，不敢照镜子；复被父亲关进了地下室，长达六个月。地下室二十多间房，大都阴暗潮湿，有虫子、老鼠和蝙蝠的家。不知道她是否可以随意走动。囚笼中的野性少女，伤心女儿，性子更乖僻。

这是张爱玲一辈子的关键点。

张爱玲的个人主义可能起于四岁，强化于十七岁。混乱是她的秩序。虚无是她能抓到手的唯一实在。生活中缺爱。她以牙还牙。幸福是什么？幸福是报复。她自卫反击打后妈，她做白日梦痛打亲爹，打翻在地一阵乱踢……人是氛围动物，氛围比人强。环境比人强。张爱玲的生长环境很值得玩味。她的漂泊感与生俱来，她对人性恶领教太多。

恶是生活常态，善在书本上。除非混迹于恶，否则如何混世界？生存向度，意识向度，固化在她的十七岁。地下室一百八十天，花季少女咬牙切齿忍受光阴。幽闭。乱梦。暴躁。度日如年。负面情绪交袭。这个不示弱的弱女子。如果她求饶，早就上去了。她近处反抗父母，远处反抗张家两代人的怯懦。

她弟弟在饭桌上挨过父亲一耳光，她哭了，冲出饭厅，冲进了浴室。"弟弟在阳台上踢球。他已经忘了那回事了。这一类事，他是惯了的。我没有哭，只感到一阵寒冷的悲哀。"

地下室的记忆一片黑色。这记忆会持续发酵。

白头翁关进鸟笼是不进食的，它不停地撞击笼子，直到撞死。一些鸟类的自由基因比人类强。范仲淹名言："宁鸣而死，不默而生。"这只是他追求的理想。范仲淹和苏轼一样，遭遇命运的坎坷要沉默。

"二战"后，萨特宣称："他人即地狱。"这是个人主义最极端的表达。也许他错了，但是很难用数学公式般的语言去定义他。当初，在巴黎高等师范学院的毕业典礼上，萨特与几个优秀同学突然一丝不挂跳出来……这位同情达达派的哲学家向世界宣布："存在先于本质。"

五六十年代，萨特决定性地转向，坚定信仰马克思主义。个人主义弃之如敝屣。

十九岁，张爱玲逃出上海英租界的大宅子，带着浑身伤痕和一团乱麻的生存情态。她的散文《流言·私语》："没有风，只有阴历年左近的寂寂地冷，街灯下只看见一片寒灰，但是多么可亲的世界啊！我在街沿急急走着，每一脚踏到地上都是一个响亮的吻！"

这句子有力，寒风入骨。受苦受难遭暴虐，词语是她唯一的缓释胶囊。

有论者说："十五岁少女笔下的第一个女性的生命，竟已有歇斯底里与疯狂的倾向。"

张爱玲十五岁写小说《牛》；十二岁写《不幸的她》。她写虞姬，虞姬是个可怜的牺牲品。她的一系列作品都是她的心理投射，包括她解读《红楼梦》。她奋力抵抗自己身上的歇斯底里。她的武器是什么？武器是虚无。她写那个幽闭她的地下室。"我也知道我的父亲绝不会把我弄死，不过关几年，但等我放出来的时候已经不是我了。"

警察关犯人与父亲囚女儿，造成的后果是不一样的。伤心伤透了，于是不复伤心。她冷眼看世界。

冲出苦海，冲到香港。张爱玲在香港大学读书三年，发愤，得过奖学金。仍然孤独。她有了"闺密"（这一当下的流行词弥补了人际冷漠）炎樱，是个娇小的斯里兰卡富家女。张认为炎美得大气，丰满。她瘦高而骨感，炎小巧而圆润。《不幸的她》写两个十岁小女孩儿："像这样大胆的举动，她俩一点也不怕，只紧紧地抱着、偎着、谈笑着、游戏着。她俩的眼珠中流露出生命天真的、诚挚的、爱的光来。"

十二岁写这段话，十九岁或二十岁有了炎樱。

波伏娃尝言：任何一个女性或多或少都有同性恋倾向。西方女人或许如此，东方女性却未必。两千年礼教有巨大的、难以察觉的惯性力。

反抗型的激烈女子张与炎，长时间相亲相爱，耳鬓厮磨，厮抬厮敬，窃窃私语，高声浪语，她们高矮胖瘦又互补，出双入对于校园，宿舍，海滩，书店，酒吧，影剧院。

炎樱叫她"张爱"。

张爱玲的生活中，纯朴的炎樱是一大亮色，使她能看见自己的内心黑暗，性格扭曲，否则，她会与黑色世界失去间距，没法子描写它。贴近了，看不见。

写作一定是疏离的产物。

张爱玲不仅是黑暗的组成部分。小时候读古书也给她一些正面的东西。可惜港大三年多，她只用英文写文章。她在香港扔掉母语，扔掉传统文化之精髓，信奉糟糕的实用主义。

英语和汉语是没法比的。汉语的无限细化对应着世界的细化。英国出了一个莎士比亚，满世界嚷嚷，主要还是靠着掠夺全球的杀人利器。雨果说："英国是一个自私的岛国。"

1941 年底，日本人打进香港。英国军队一触即溃。炸弹落在不远处，弹片飞到脚下，张爱玲自顾看小说《醒世姻缘》。炎樱还冒着枪林弹雨去看电影，大街上乐得手舞足蹈。炮弹震碎了浴室的玻璃窗，炎樱在里边唱歌。张爱玲跳进去……食堂混乱不堪，师生拼命往嘴里塞东西，担心明天会饿死。男生睡女生的宿舍，男男女女乱作一团。

张与炎，踏着满街的血泊断肢，寻找卖冰激凌的店子，又嚷嚷着要买唇膏。在学校的临时医院当看护，张对伤员的痛苦麻木不仁，巴望病人早死。"这人死的那天，我们大家都欢欣鼓舞。"张爱玲一个人欢欣鼓舞，其他的护士不会。她在畅销书《烬余录》中代言她们。

老实讲，她不该写这些。写，单单为了钱。说别人不敢说的话。

人道主义与张爱玲无关。"性相近，习相远。"悲悯是人的天性，而张爱玲早就在家庭中、在地下室抹掉了这种天性。海明威经历了几次战争，浑身伤痕，向上的力量却在的，他愤怒谴责美国，在"二战"中"杀死的平民比我们的敌人杀死的还要多"。

张爱玲二十出头，捏着一团价值虚无，只有唇膏才是实在的。她在阳光下晃荡着黑暗，嘻嘻哈哈，或是木着她的一张脸。她不在乎别人的生死，因为她连自己的生死都不在乎。她不诅咒战争，只要吃冰激凌；看《醒世姻缘》，听炸弹落下。满目悲惨凄凉，似乎正好合她的胃口。她对血腥漠然而视。

少女时代的阴暗决定了张爱玲。她在散发着霉味的地下室打量春天、太阳和一切美好。

四岁，十七岁，二十岁，锁定张爱玲。

1942 年，张在上海。她弟弟描绘说，她长发披肩，穿着香港带回来的时髦衣服，看起来更瘦削高挑，散发着飘逸之美。香港大学未毕业，她想转入上海圣约翰大学，考国文不及格。香港三年，国文荒废了。她打工，干这干那干不下去，于是闭门写作，靠稿酬过日子。她的文字是尖锐的，早年的生活把她逼向尖锐，逼向她祖父的刀笔遗传。她去拜访上海的鸳鸯蝴蝶派小说家周瘦鹃，后者乐于为她扬名。

《沉香屑·第一炉香》《沉香屑·第二炉香》发表了，一炮走红。她写《倾城之恋》，又把这个中篇小说改编成舞台剧本，连演八十场。从此她抓住机会拼命写，又忙起来，参加各种各样的社交活动，总是奇装异服招人眼球。炎樱跑到了上海，做她的发型和服装顾问。

张爱玲坦言喜欢钱，当然还有名。钱、名是相连的。她不停地写，直接的目的是挣钱，供她挥霍，讲排场，活给上海的洋人和中国的阔人看。一般说来，作家先有表达的冲动，想要对这个世界说点什么。写得好，会有钱。而张爱玲不是这样，她是冲着十里洋场的口味去的。她对混乱的生活有敏锐的直觉，有近乎先天的亲近。乱七八糟的社会她不排斥。她是乱七八糟的近义词。鸦片的气味她是熟悉的，她父亲是个老烟鬼，后妈也是。她生下来就闻着鸦片。这种婴儿期的舒服感，使她远离鸦片战争带给一个正常的中国人的愤怒，屈辱，无奈。鸦片味道预设她的价值观，民族记忆于她如浮云。

1942 年，1943 年，1944 年，中华民族最艰难的日子。这三年是张爱玲最兴奋的时光，她在上海文坛出尽风头。"出名要趁早呀！来得太晚，快乐也不那么痛快……"名气就像急于抓到手的烟枪。二十三岁，张爱玲把烟枪抓到手了。

市井小人物在孤岛谋生计，干一点坏事可以原谅。而名作家作为大众关注的人物，写肮脏、龌龊、丑陋、混乱、纸醉金迷、歌厅舞厅、赌场跑马场，只为了成名和赚钱，不可原谅。

《蝇王》《太阳照常升起》《肮脏的手》《鼠疫》，极尽人性恶之描绘，却有价值光芒的照耀。毕加索一半是魔鬼，却有人道主义的底色，他画和平鸽飞向全球。加缪写荒诞，卡夫卡写异化，福克纳写《喧哗与骚动》，有着不可遏制的绝望反弹。

古代中国，文学家们的表达是很节制的。孔子说："《诗》三百，一言以蔽之，曰：思无邪。"柳永、张先不例外。

张爱玲在中西方传统之外。一个叫夏志清的人把她抬得很高。此人远隔重洋，写中国现代文学史。

小女人张爱玲。如果她只是小女人，她又成不了暴得大名的张爱玲。

香港的三年多，她究竟是怎么过的？她能画出上流社会五花八门的众生相。苏青写道："张爱玲女士的《烬余录》描摹了香港战时的状态，淋漓尽致，非亲历其境者不能道出。"

上海女作家苏青，当时的名气比张大，代表作《结婚十年》《饮食男女》。苏发表谈话称："女人所爱的，是男子最小的一部分。"一语惊上海。

几千年来，中国女性羞言讳言，连念头都要避开。即使有色胆的女人也不会在公开场合讲这种话。由此可见 20 世纪 40 年代上海的语境。

帝国主义搞殖民地，先把它搞乱。旧上海半个多世纪了，一层层辐射开去。

苏与张气味相投走到一块儿，两个女人的名气加起来大于二。都聪明。出名要趁早呀，已经出名了呀。

张说，我想我喜欢她过于她喜欢我。又说，她就是女人，女人就是她。

苏称："现代的作家，我只看张爱玲的文章。"

两个女人互粉，各有利益盘算。

苏比张大六岁，宁波人，婚姻不顺，拖着两个孩子打拼上海滩。她是伪上海市政府专员，中日文化协会秘书。她父亲曾是庚子赔款的留美学生。她向丈夫要钱，丈夫给她一耳光。这个经历与张爱玲相似。她人漂亮，敢说敢写敢敲门，于是她在上海滩一举成名。她描写色情，人们称她"文妓"，小报大报的记者追逐她。她顶着舆论上街，挎坤包逛商场进名店。

张爱玲从香港到上海，靠近两个人，一个周瘦鹃，一个苏青。她高调赞美苏有一种"伟大的单纯"。《流言·我看苏青》："苏青是与众不同的苏青……苏青给我的第一印象，是她的爽直、豪放，和饶有男子汉气概。"她提到冰心，表示不屑与冰心为伍。

苏青发表谈话，盛赞张爱玲"学贯中西"。小女子得志便猖狂，她岂止口无遮拦。

茅盾、巴金等一大批优秀作家撤离了孤岛，上海文坛成"飞地"。小女人写手，一个个花枝招展来占地盘。

苏的口头禅："没有爱。"

张的判断语："有几个女人是因为灵魂的美被男人爱的？"

另一个姓潘的女作家这么写："有一次我和苏青打电话和她约好，到她赫德路的公寓去看她，见她穿一件柠檬黄袒胸裸臂的晚礼服，浑身香气袭人，手镯项链，满头珠翠。"

女作家要像女明星。张爱玲与李香兰合影登报，李是日本女人，本名山口淑子，沦陷期上海的电影明星，后来以汉奸罪受到审判。日本人撮合了张与李的见面会，称"纳凉会"。捧场的不乏日本人，其中有军官。

张爱玲的旗袍印大花，领子低，短到膝盖，把弟弟吓得不敢抬头。张的瘦长身加高跟鞋，摇在上海的里弄，飘在黄浦江边，小孩子追她，洋人瞧她。她出席哥哥的婚礼，奇装异服登场；去印刷厂，工人们都停下手头的活看她……

上海的奇装异服已经够多了，张爱玲更胜一筹，颇善于博眼球。这方面她心劲大。

"出名要趁早呀。"要快，用各种手段让名气大起来。

小说集《传奇》原本打算由中央书店出版，张爱玲给老板写信："让读者和一般写小说的人去代我宣传——我的家庭是带有贵族气氛的。"贵族气氛，是可以在上海卖钱的。她去找老板，要对方包销一万本，版税要先拿，双方谈崩了。她另找一家有日本人背景的杂志社。《传奇》畅销，日语报纸《大陆新报》刊登英国人的评论文章。

三月，她在亚尔培路参加由中日文化协会举办的女作家座谈会，还讨论中日妇女、妇女动员。中日妇女动员起来做什么呢？八月，又搞座谈会，张盛装而来。

她写长篇小说《连环套》，写一女三男姘居游戏，傅雷严厉批评她，并且否定她的文风："逞着一支流转如踢踏舞似的笔，不知不觉走上了纯粹趣味性的路。"她报复傅雷，写小说《殷宝滟送花楼会》，描画傅雷"古怪、贫穷、神经质"；骂傅雷："他那样的神经病的人，怎么能同他结婚呢？"人间万事，说来说去"结婚"二字。读者胃口在此。

傅雷曾经称赞她的中篇小说《金锁记》；又劝这个当红女作家："少一

些光芒，多一些深度，少一些辞藻，多一些实质。""多写，少发表。"

张写小说影射报复，好事者奔走相告。傅雷说："《金锁记》的作者人品竟是这样低劣，真是错看她了。"正在翻译巴尔扎克的傅雷一针见血："才华是最爱出卖人的！"

才华出卖了张爱玲。张到了晚年，还在骂傅雷。

而"才华"一词，尚需追问。

趣味性是张爱玲唯一的美学原则。换言之：冲着市场去。她是虚无，而虚无正好生长一切。她在上海宣称："我甚至只写些男女间的小事情，我的作品没有战争也没有革命。我以为人在恋爱的时候，是比在战争或革命的时候更素朴，也更放肆的。"怎么写战争呢？写伤病员的死让她欢欣鼓舞？这倒耸人听闻。

写男女间事未必不好。不好的是：她越界谈论她完全不懂的领域。正如同苏青要用"学贯中西"这种大词讲张爱玲。

张爱玲去崇高化，削平道德高地，不要文以载道。她也不需要民族观念和国家观念。她是唇膏、旗袍、洋人公寓和怪异文风的复合体。她的最高价值是金钱与男人。

好人是相似的，相似是乏味的；坏人各有各的坏。写坏人，一般都好看。张爱玲小说畅销的秘诀在此。夏志清居然用"伟大"来形容她，不无诡异地拔高她到现代作家第一或前三。

傅雷爱护年纪轻轻走大运的女作家，引起严肃作家对傅雷的不满，他们指斥张是粪桶。几个好心的上海作家上门劝她，在日伪控制的报刊风头太盛不好，她以为他们"讲大道理"。她高高昂起愚蠢的头……日伪势力控制的报纸如《申报》《平报》《国民新闻》《大美晚报》《泰晤士报》，常见张爱玲、周作人的文章。《古今》散文半月刊，汪精卫、周佛海、周作人等汉奸为它写散文，女汉奸苏青也在杂志亮相。张爱玲为它撰稿很积极。苏青办《天地》文学月刊，张爱玲更积极。

萧红、萧军宁愿饿死，也不给伪满洲国做事。

1944 年，张爱玲遇上了胡兰成。胡生于 1906 年，大张十四岁。家贫，能吃苦，蓄着一股子狠劲，后来飞黄腾达，像《红楼梦》中的贾雨村或是《红与黑》中的于连。他的经历复杂而辛酸，宣称："我对于怎样天崩地裂的灾难，与人世的割恩难爱，要我流一滴眼泪，总也不能了。"

由此可见，胡与张颇相似。

胡在南京的一个手下回忆："他交往的日本人在南京都是掌大权的。日本驻华大使谷正之，经常请胡兰成谈论政治。"胡的太太原是上海百乐门的叫座舞女。1937 年，胡做上海《中华日报》编辑，月收入六十元。1939 年，汪精卫看中他，把他的月薪涨到三百六十元，另付两千元的机密费。他当上汪伪政府宣传部政务次长。这个人爱好文艺，书法不错，而汪精卫的书法比他还好。坏人写好字，古今例子多。

胡兰成是苏青的文友，在南京看《天地》杂志，注意到张爱玲。回上海，下火车直接去找苏，想要认识张。苏给了他张的门牌号码。次日，胡去敲门，敲不开。张爱玲不爱见生人。胡在门缝里塞进一张纸条。两天后，胡兰成接到张爱玲打来的电话，她说："明天来看你。"说完把电话挂了。她是名女人，要矜持。她去看他了，穿啥不清楚。他对她的第一印象是身材高，也不觉得她美。大约这南京的高官阅美太多。两个人一谈就是五个钟头。

才女不同凡响。胡兰成的眼睛亮起来了。

张爱玲爱上了，在送给胡的照片上写下一段有流传价值的文字："见了他，她变得很低很低，低到尘埃里，但她心里是喜欢的，从尘埃里开出花来。"

她很高很高，主要是才名高，心气高。见了胡兰成，身心都低了。写爱情，写一见倾心，这段话的力度在于：它表明二十四岁的张爱玲企盼爱侣之切。香港三年，上海两年，寻寻觅觅她的爱情，这人世间至高无上之物，当然，这是对她而言。

"汉奸"一词，在张爱玲的词典里几乎不存在。她坠入情网，不犹豫。如果她稍有迟疑，那么迟疑就多半来自"汉奸"一词的分量。"汉奸"二字，对她毫无分量。她的朋友们也未见劝阻她，看来物以类聚。爱情足以遮天，哪有苦难民族的一席之地，令人诧异的倒是，她写文章，使用"中国""中国心""中国精神"的频率非常高。

胡与张如火如荼了。两团虚无之火烧到了一起。

市井女人，嫁鸡随鸡嫁狗随狗。张爱玲嫁日本走狗。前者悄无声息，后者却是公众人物。

如果用民族价值观衡量的话，胡张爱情是卑鄙的。

十里洋场，"卑鄙是卑鄙者的通行证"。

文化虚无地香港，多少年来大肆妙作这段情，只因有钱可赚。

可悲的是：爱情是假的。张爱玲全身心扑进去，像扑进她自己的小说《连环套》，只不过一女三男变成了三女一男。

胡兰成写道："两人相伴在房里，男的废了耕，女的废了织，连一同出去游玩的心思都不想，亦没有工夫。"他登报解除了与舞女太太的婚姻，给张爱玲写一纸婚书。

这一年，张爱玲有一张照片，旗袍外加一件浴衣，含笑低眉，模样幸福。胡兰成为她写了婚书，"愿使岁月静好"云云。他评价："爱玲极艳。"

一对情侣在兆丰公园，"不料被余爱珍得悉，追踪到公园，猛掴张爱玲一记耳光……被女魔王辱打，只得双手捂脸，狼狈逃离，把胡兰成让给凶狠的情敌"。（沈寂《张爱玲的苦恋》）

日本战败，胡兰成要逃。张对胡信誓旦旦："那时你变姓名，可叫张牵，或叫张招，天涯地角有我在牵你招你。"汉奸逃到温州去了，很快又"招"了一个女人叫范秀美。

1946 年，张爱玲在温州

1946 年 2 月，张爱玲奔温州寻她的爱。她对他诉衷情："在船上望得见温州城了，想着你就在那里，这温州城就像含有宝珠在放光。"然而放光宝珠一见她，就沉下脸来。

住小旅馆。胡白天陪她聊，晚上与范秀美卿卿我我。

张写道："今晨你尚未来，我一人在房里，来了只乌鸦停在窗口。"

她到温州，要胡兰成在两个女人之间作出选择，另一个女人是武汉的周训德。张不知道还有个近在咫尺的范秀美。姓周的武汉女人是胡与张"热恋"期间出现的，十七岁，医院护士。

在温州，胡兰成与范秀美结为夫妻。

范秀美到小旅馆来了，张爱玲愣在当场。张夸范长得漂亮，还给范画像，画到一半，画不下去了。次日她走人，过几天寄钱给胡，附信说："那天船将开时，你回岸上去了。我一个人雨中撑伞在船舷边，对着滔滔黄浪，伫立涕泣久之。"

过了一年半，张写信给胡，说不爱他了。信中附了三十万元钱的支票。

称"胡张恋"是不准确的。可以叫张恋胡。

抗战胜利后，张爱玲在上海沉寂。日寇在中国最疯狂的三年她最风光。1945年下半年，上海印行的小册子《女汉奸丑史》《女汉奸脸谱》，有张爱玲的章节，有汪精卫、周佛海的老婆，有吴四宝的老婆余爱珍，即冲到兆丰公园打张爱玲耳光的那位。司马文侦《文化汉奸罪恶史》一书提到张爱玲说："她爱虚荣，要出风头，被一群汉奸文人拉下水。"

苏青遭得更惨，有人说："敌人投降了，苏青大哭三天三夜。"

苏辩解："正如米商也卖过米，黄包车夫也拉任何客人一般，假如国家不否认我们在沦陷区的人民尚有苟延残喘的权利的话，我就是如此苟延残喘下来了，心中并无愧怍。"

照苏的逻辑，汉奸都有理由，附逆不分高下。这个出任伪市政府专员的名女人名作家，拉扯上黄包车的车夫。

张爱玲不是汉奸，她不像周作人替日本人的"三光"政策叫嚣。她是个小女人，另外她是一团虚无，此二者足以概括她。小女人一度蹦得高是因为爱情。她这一辈子似乎没人爱过她，她跑到美国找爱，找到大她许多的、早已挥霍了才华与好身体的赖雅。

虚无女作家最大的一次发力，抓到手的还是虚无。严格说来，胡兰成骗色哄财而已。

无根才女张爱玲。她的无根性来得早，童年，少女时代。她深陷在词语中，词语给她一些正能量，使她与阴暗有了写作间距。她写贵族、遗少、浪子、骗子以及小市民的生活不乏趣味性，她敏锐，能抓住故事的要害。她的语言一般化，成名太早，急于多写，无论小说还是散文都过于随意了，由着笔头子写下去，缺含蓄，少雅致，言外之意近于无。

1947 年，张爱玲写剧本《太太万岁》。她把自己打扮成时髦女郎，头发是波浪型。她写《不了情》《华丽缘》，地上的爱情失败了，她在纸上继续写爱情；写《十八春》……张爱玲平生执着，就这一件事。

新中国成立后，旧社会过来的知识分子接受改造。张爱玲受邀参加了上海市第一届文代会，参与过土改工作。可是她改不了，入骨的东西改不

1954 年，张爱玲在香港北角兰心照相馆拍摄

动。1952年她化名去香港。香港又待不住，去美国。在美国待了四十余年，大抵穷困潦倒，居无定所。她去找胡适，胡适比她还穷。她制订了庞大的写作计划，写《少帅》，到台湾去，张学良不见她。她翻译海明威的代表作《老人与海》，不知道自己的文风完全不配"冰山式写作法"。她写一本《红楼梦魇》，多戏谑。她英译《海上花列传》。写小说《色·戒》。写自传体长篇小说《小团圆》。

炎樱到美国，和张爱玲不时聚首。

张爱玲与赖雅生活了十一年，丈夫中风，她耐着性子照顾他几年。愁钱。缺爱。失眠，昼夜孤零零。搬家又搬家。她越发瘦。赖雅去世，她独居二十八年。1995年9月8日，朋友在洛杉矶的公寓中发现张爱玲已去世，没有人知道她是哪一天去世的。享年七十五岁。

张大千

画家与名利场

　　张大千是个极富传奇色彩的画界人物，这样的人物以后不会再有了。

　　张大千初名正权，后名爰，号大千。他的绘画的落款似乎未用过正权，大千二字，更利于卖画。他早年画画的主要动机就是卖画。显然，他有功于20世纪的美术市场。他生于1899年，家乡是四川的内江，小城山环水抱，不用说，风景好。当时的风景都是好的，山像古代的山，水像古代的水。问题是人口多，大多数人家吃饱肚子不易。张大千有几个哥哥姐姐夭折了，家里他是老八。二哥张善子后来以画虎出名。

　　张大千的父亲张怀中经商失败，母亲曾友贞靠绘画和刺绣维持生计。工艺美术家庭，对孩子们的影响是点点滴滴形成的，每日画植物花卉，画飞禽走兽。

　　母乳不够吃，张大千吃其他妇人的奶。有一位张大妈，每天喂张大千两次奶，由罗三嫂背去喂。张大妈主动提出不收钱，反正她奶水充足，多奶一个孩子罢了。她的儿子不断奶，张大千就不断奶。这种绝对善良，当时并不是稀奇事，邻里之间总要互相帮助，不求回报。襁褓中的温馨要留下肌肤记忆，口唇记忆，尽管这些模糊记忆不能形成念头。除了张大妈，可能还有过李大妈，总之，母爱不仅来自母亲。母亲要养活一大家子。张大千一岁多断奶后，又有三嫂的喂养。三嫂背着他上山拾柴火，捡苕根，他饿了，三嫂把嚼烂的红苕或苕根喂到他嘴里。他在山坡上睡着了，三嫂脱下衣服盖在他身上。

小孩儿有感觉的，心之最初涟漪在形成。

杜甫有一位姑妈，宁愿先照顾小杜甫，却让同时生病的儿子死去，这件事对诗圣的影响无可估量。杜甫宅心仁厚，看人间苦难那么深，肯定与儿时的记忆有关。由此可见，父母应该想方设法培养孩子的善良。这个太重要了。事在人为。因家制宜。

孩子长大不善，一切都是扯淡。

1900 年夏，四川的义和团运动暴发，烧洋教堂，杀洋教士。张善子在大足县棒打洋人闯了祸，官府捉拿他。他连夜逃走，逃到乡下去。在北京，慈禧太后逃走，下诏称："量中华之物力，结与国之欢心。" 8 月，八国联军攻入北京。侵略者烧杀抢，勒索银子十亿两，史称庚子赔款。清王朝迅速成为洋鬼子的帮凶。

内江的张家被抄，兵丁闯进门，一个个凶神恶煞。

若干年以后，张大千到日本留学，拒绝学日语；侨居美国，不学英语。

孩提时代的成长，由于相对贫穷，张大千一家八口紧紧抱团。

张大千识字早，勤画画，帮哥哥姐姐做家务事。他不吃肉，原因不详。全家都在动，干这干那；除了父亲，全家都在画。这便是张大千的生长环境。

小孩子都具备绘画的天分，盖因他的心象直接是物象。儿童的印象是主观与客观的混成态。儿童的日常生活，一半是在想象中过的：纸上的鸟可以飞，纸上的花朵散发着芬芳，一株水草像一个小女孩儿。儿童的眼睛改写现实，重构现实。艺术家做什么？就是固守印象，不被现实的东西拖着走。这是天然的意蕴世界，一切天真烂漫都在其中。

毕加索固守他的童年印象，说他父亲当年的一幅画，画了几百只鸽子在笼子里飞，但人们去他的家乡考证，发现那幅画只画了九只鸽子。而毕加索直到暮年，仍然认为有五六百只鸽子在飞。毕加索搬家，总是拖着一大堆破破烂烂，在他看来却是宝贝。

一般说来，少年会否定童年，青年又否定少年。成长是什么呢？成长是否定。少年煞有介事对儿童说：你不懂事！少年渐渐懂事了，看一物是一物了，现实感增强了，不东想西想了，于是，人们夸他：这孩子长大了，懂事了。大多数人是这么成长的，而艺术家倒着来。固守印象，固守感觉，并由此生发开去，一步步展开他的想象天地。大多数人会固化，也必须固化，以应对包围着他的现实。

人们生存的理由十分充足：要吃饭。

张大千也要吃饭，他不同于其他儿童的，是生下来就闻着笔墨香，颜料香。环境是起于嗅觉，触觉，然后才是视觉。他跟着母亲和二哥学画画，学刺绣，打下童子功。

另一个大环境是内江的原生态山水，从幼儿期就逼入印象。他跟着三嫂或哥哥们上山打柴，下河摸鱼，弹弓射鸟，惊奇太阳月亮星星，惊奇一朵花，一棵草，一行大雁。这种朝朝暮暮的惊奇，有不可测的人类基因作支撑。

存在的惊奇先于美感。

存在的惊奇：居然有这种东西如此这般地存在着。

小孩子在山水间嬉戏，与伙伴们疯玩，毫无自然的概念，根本不管什么美感不美感。首先是嬉戏，无穷无尽的嬉戏，像任何活蹦乱跳的小动物。摔倒山坡，游泳呛水，划伤手脚，无所谓的，接着玩。人们有一种野地兴奋，而野地兴奋的源头很难查明。笔者重复：人类祖先的丛林野性不知几百万年，文明不过几千年。哪边的基因重，一目了然。

游戏野地生发对山水的亲切感，亲切感生发美感。一切美感都有怀旧的性质。这意味着：儿童也怀旧。三岁的小孩儿会说：我小时候……

乡下的小孩子玩不够，城里的儿童很快玩腻了。这是一个问题。

如果想成为画家的人，生下来就在钢筋水泥的圈闭中，他怎么办？

画布上的茅草房的审美价值，高于任何摩天大厦。谁去画水泥楼呢？

张大千的小时候，既有小环境，又有大环境。两个环境是相通的，画画，敏感物之为物；戏耍在野外，敏感大自然。小小年纪就对着河流发呆，望着山脉发呆，而发呆意味着发生。他开始想问题了，问题是越想越多。印象，感觉，正在形成他的汪洋大海。

张大千也读许多古典诗词，后来写诗，庶几无佳作。语言方面看不出他的天赋。

事实上，张大千的成长环境与20世纪的艺术大师们相似。生活朴素，凡事投入，肯下苦功夫。周围的人，各行各业的人，都是肯下功夫的。急功近利，未能形成气候。自然保持着她的原始朴拙，人在自然面前保持着千万年来的谦卑状态。

画家们下笔，神性还在，诗意还在。

张大千八岁，得了一场大病，碰到一个庸医，头发几乎掉光，人瘦得皮包骨头。老虎胎救他一命。人们用这昂贵的民间偏方恢复了他的元气。虎胎磨成细末，一点点哄他吃。吃完虎胎他能吃肉了，一顿顿吃得凶，吃了肉还想吃肉，仿佛要把多年欠下的肉食补回来。家里人忍嘴，让着他。后来他饱食各地美味，有了所谓大千菜谱，当与八九岁开始大吃肉有关。不知道什么原因，他对老鼠肉又感兴趣了，也许家里肉食太少。他积攒零钱，上街买不太好卖的烤鼠肉。蜀人吃肉历来忌讳多，猫肉马肉，黄鳝泥鳅，都不吃的，水田里的鳝鱼泥鳅，得以优哉游哉而终老。

张大千十一岁，卖出去二十四张小画，麻姑献寿、八仙过海之类，得铜钱八十枚。作为奖励，妈妈让他随意支配这笔钱。他一口气跑上街，花掉兜里的铜钱，全都买了烤鼠肉。请哥哥尝，哥哥摇头，于是他大吃特吃，四川人叫作吃得包嘴儿包嘴儿，嘴角流油。这使他一辈子记得二十四张小画、八十个铜钱和一堆烤鼠肉。

画出来的东西要卖出去，张大千从小懂这道理，尝到一大甜头。他未写自传，早年的生活细节大都丢了。齐白石写自传。吴冠中写自传……

1911年，清王朝即将垮掉。四川掀起声势浩大的保路运动，因为清政府把筑路权出卖给美、英、法、德的银行。张大千一家都卷进去了，二哥张善子尤其积极。9月，四川总督赵尔丰举起屠刀，在成都，疯狂屠杀请愿民众。四川各地纷纷揭竿而起。

辛亥革命推翻了清王朝。张善子有功，当上少将旅长。张家开了一家杂货铺，生意兴隆。张大千在天主教会办的学校念书。1912年袁世凯复辟，内江的张家又遭劫难，兵丁来抄家，张善子再次逃走。老三老四被抓去做了人质，老八连夜急走乡下的外祖父家。十三岁的小孩儿独自走夜路，穿过一座大坟山。山沟沟白骨横七竖八，鬼火满山。

时在深秋，"鬼雨洒秋草"，惊恐万状的小孩儿跌跌撞撞，鬼火飘忽扑人面，山沟乱坟堆就像地狱迷宫，秋风乍起，每一丛摇曳的荆棘都像鬼跳舞。小孩儿吓瘫了，挣扎，麻起胆子奋力一跃，落入漆黑的坟洞洞，伸手一摸，敞口破棺材！他尖叫，奋力往外爬。

头顶上风呜咽，有似坟鬼在抱怨，鬼爪子在后面长长地抓过来。

这一段夜路可能有五十里。要翻山，要过河，要下乱坟堆，穿过一团团游移的鬼火。恐怖感刺激想象力。蒲松龄走宝应县的"九里一千墩"，那地方错落着千百座乱坟，"恨血千年土花碧"，鬼的世界蓬蓬勃勃。"鬼灯如漆点松花"，这是李贺的句子。

后来张大千又走了几次外婆家，都是一个人走夜路，一弯冷月跟着，一轮明月照着，浓稠夜裹着。他给躲在外婆家的二哥送东西。胆子走大了，人不怕鬼，鬼就知趣，陆续散去。鲁迅先生走夜路一脚踢向鬼，"鬼"被踢得叫起来，原来是个装鬼的人。

眼下的少年儿童研学，夏令营，不妨安排学生走夜路，体验伸手不见五指，冥思宇宙之永久神秘；感受旷野上的月明星稀，星星挂上了地平线，尽管满天星已经没有了。三十多年前，四川夏秋的夜晚还可以见到满天星。嗬，百万颗星星密密麻麻，而现在屈指可数……少年张大千走夜路，胆子越走越大，有助于日后他闯荡江湖，包括闯荡艺术品交易的复杂江湖。刺激了想象力，对绘画有好处。更重要的是：意志力来了。

张家两次被抄，全家惊恐。张大千咬牙奋起。旷野独行昂着头，攥紧小拳头，怒目夜空。倔孩子偏不走。他冲上乱石高坡，他跳进冰冷的小河。意志力上了一个大台阶。

童年埋下的伏线贯穿所有人的一生。这伏线，大多数人看不见。

张大千十五岁，进了重庆的求精中学，又是一所教会学校。他各科成绩不错，唯有数学差。文学艺术家们，数学差的占比高，毕加索，凡·高，数学很差。

张大千在中学画美人图出了名，一些富家子肯出钱买。工笔画是他的幼儿学。

重庆要打仗了。学校停课，张大千和几个同学徒步五六百里，辗转回老家。途中遇土匪，抢走他的上海皮带，他提着裤子狼狈赶路。沿途又遇上五拨土匪，好在没人抢他的裤子。一日黄昏时分，走到永川、大足、荣县交界的集镇邮亭铺，镇上突然打起来了，大批土匪挥枪呼啸。张大千躲在教堂后，被点着火把的土匪抓走，脑袋挨了一枪托。半夜，他被扔进一个牲口棚，哆哆嗦嗦到天亮，顾不得臭气熏天。学生装救了他，表明他不属于地方保安团。但是土匪要他落草，当师爷。这个小师爷坐上了滑竿，进了匪巢。"大哥"亲自召见他，给他盖上一顶瓜皮帽。

此后几个月，张大千在匪巢抄抄写写。他不参与剪径，不磨刀霍霍打家劫舍。一天，"大哥"兴起，命令这个小师爷下山走一遭，见识大场面，笑嘻嘻递给他一把刀。土匪一声呼哨下山了，冲进一座大宅院，抢走值钱的东西。张大千却在书房东翻西翻，手捧一部《诗学含英》，瞅着墙上的四幅《百忍图》。

土匪抢走金银珠宝，张大千拿走人家的书和四幅画。窃书似乎不算窃。

张大千落草，可能有一年。这段落草经历留下的资料甚少。画家本人不讲，为何不讲？官军收编了这支土匪队伍，大哥当上连长，张大千由师爷变了司书。不久，官军又不信任土匪，来个包围战，予以全歼。张大千恰好在别处，又逃过一劫。命大。回内江后，他有了未婚妻谢舜华。

1916年，张大千东渡日本留学，学美术也学染布。他不学日语，课堂上回答老师的提问却用汉语，雇一个日本学生做翻译，随时跟着他。这做派，后来做到了世界各地。1919年他回国，到上海，拜书法家曾农髯为师。这位书法家卖字为生，排场不小，功力不凡。此间，张大千的未婚妻一病归西，他痛苦到出家当和尚。

时在年底，鹅毛大雪纷纷下，他只身溜出上海，去宁波的庙子。

二十岁的张大千，痛感生命之无常。这事表明，他的感受力异乎常人。对于艺术家来说，感受力和意志力同等重要。过了一个多月，他逃禅，逃出宁波观宗寺。

佛门数十天，欲望推他下山。单是不吃肉，人就受不了。

他去杭州，为了一点钱，跟船家打架；复坐火车去上海，被二哥张善子提回四川老家。在老家他受命完婚，妻子叫曾正容。婚后迅速回上海，重返师门。

张大千再拜另一个卖字为生的人李瑞清为师，这个人自号清道人，在清朝做过官。张大千受到严格的书法训练，"学三代两汉金石文字，六朝三唐碑刻"。

两个老师都有市场眼光，人脉广，对弟子影响甚大。20世纪20年代的上海，金钱正在统治一切。上海有可观的书画市场，书画家们"角奔而争利"，各弄手段与才华。明末石涛的山水画受到疯狂追捧，有钱人竞相收藏。

张大千盯上了石涛。

《大风堂名迹再版序》说："顾余于艺事，视若性命。遇有昔贤名迹，必得之而后快。囊中金不足，则贷诸友朋，往往手挥巨金，瓶无余粟，家人交怨不之顾也！"

序言中省略了很重要的一环。

他在老师的指点下购买石涛的画，跟家里要钱，向朋友借钱；挑灯研究石涛，每日目如射。石涛的画风和石涛的画价都吸引他，难分彼此。二十多岁的年轻人，拿画笔二十年了，"视若性命"。艺术追求与功利心得以交融。理解张大千，这是紧要处。

毕加索不想卖画吗？想。当巴黎画商第一次付给他三千法郎的巨款时，他哭了。这个西班牙硬汉，几乎一辈子不流泪。

宋代画家不卖画。文同、苏东坡名满天下，不卖画。苏轼强调"道技两进"，道在先，技在后。张大千画画，有道的层面的追求吗？这显然是个问题。

20世纪的美术市场勃然兴起，既是好事又是坏事。此一层，容后谈。

张大千在上海，痴迷石涛茶饭不思。也不回内江，老婆守空房。几年练出惊人的本领，仿石涛，足以乱真。不知道他有没有竞争者。不知道他的老师是否仿冒过古代书法。书画市场，利益为王。有三倍的利润，人就铤而走险，何况十倍百倍，甚至上千倍。鉴定专家们应运而生，真真假假难分。利益所到之处，搅得万般复杂。

苏东坡苦劝宋哲宗：言义而言利。逐利是动物本能，尚义是价值规范。

20 世纪 20 年代的上海，宋代很遥远了……

当时的人惊叹：张大千"腕中有鬼！"

张大千一口把石涛吞了进去，嚼得稀烂，再吐了出来，化作千百个石涛！

他雄心勃勃做了一名职业画家，要在上海立足。挂牌营业，顾客寥寥。名气太小。仿石涛并不是真石涛。谁肯花钱买假石涛呢？但是，足以乱真的假石涛，一般收藏家是看不出来的。机心何处觅？石涛有消息。

张大千睡不着了，徘徊梧桐庭院，透过夜空，隐隐约约瞥见一个巨大的利润空间。

老师曾农髯住上海的阔园子，另一位老师清道人家资巨万，沪上人称"李百蟹"，下馆子"小有天"，据说一次要吃掉一百只蟹。老师的滚滚钱财从何而来？张大千费猜想。

拜清道人为师，他颇费周折，送上四百大洋，却是先给守门的主，叫作"门包"。有了这个门包做铺垫，才能够见到"李老师"。

架子是什么？架子是噱头。

唐朝的草圣张旭是玩噱头的祖师爷，他写字，长安万人空巷，长头发先去搅墨缸，然后将黑如漆的大脑袋扬起来，似乎要撞向白壁头，俨然街头杂耍。怀素和尚又学他。参见《品中国文人·怀素》。

曾农髯也是端过大架子的，书画这个行当，自有它的行规。张大千先后拜上海的两个老师，花出去多少银子？老师讳莫如深，弟子步其后尘。有些事他终生不讲。

张大千想卖自己画的山水花卉，比如他擅长的水仙花，而老师总是说：去临摹石涛。

老师话中有话。师徒二人想到一块儿了吗？心照不宣而已。

于是，用功再用功，熬夜再熬夜。揣摩古人的技巧细到毫厘，包括落款，题字，盖图章。从 1920 年到 1925 年，精力旺盛的张大千在古画上下了大功夫。这得感谢他的包办婚姻，使他婚后一直形同单身汉。艺术是欲望的升华，张大千在上海升华。

功利心显然是他的推动力，不过，来得慢。老师一点点引导他。他在日本的三年也学到"精细"二字。更早在家里，母亲手把手教他用笔，设色，构图。

如果一开始就奔着利润而去，张大千不会成为今天的张大千。如果趋利早，他画不了那么好。经由齐白石、张大千、徐悲鸿等一批人的努力，绘画的价格上去了。这与 20 世纪的西方绘画大抵相同。

有一位画家叫黄宾虹，七次上黄山，一住几十天或几个月，朝夕体验山势，昼夜揣摩形式，外师造化，中得心源。他是张大千的朋友，拥有一幅石涛的大山水，上海画界称羡。曾农髯写信给黄宾虹，想买下这幅珍品。黄宾虹婉拒。张大千为了安慰老师，临摹了一幅石涛大尺寸呈上，老师一看，吃了一惊，以为是真迹。黄宾虹来访时，左看右看，喜欢得不行，当即表示愿意拿出自己的藏画，换这幅"真迹"。老师有点难为情，弟子不动声色。著名的山水画家喜滋滋留下真画，抱走了假画。

张大千以假乱真，瞒过了两个高人。张大千是有机心的，单凭这一点，恐怕他难称原创性大师。伪造石涛的动机是为了钱。其时内江张家的生意败了，直接影响到他。

有个地皮大王叫程霖生，一脸大麻子，雅好古字画。上海石涛风卷进去的富人多如牛毛，地皮大王想要做石涛大王。张大千暗里盯他久，一日，闲步登堂观看古画，发现假画占了一大半。这年轻人只不说破，反而大加赞赏。他顺带说了一通内行话，说得地皮大王两眼放光。他让附庸风雅的富豪相信：必须拥有一幅最大尺寸的石涛山水，方能压倒上海收藏家手中所有的石涛。消息传出去，书画掮客们兴奋了。

张大千甩开膀子干起来，他弄来一张二丈四尺的明朝宣纸，闭门造画，每日半夜动笔，神不知鬼不觉。画成了，装裱妥当了，还要"做旧"，二丈巨画看不出一丝破绽。他找来一个能说会道的掮客，叫掮客带了画去程府兜售，标价五千大洋。地皮大王认真看了画，说：请张大千来，他说是真石涛，我就掏腰包。

张大千来了，看画三分钟，对地皮大王笑道：假的。

掮客一旁恼怒，面红耳赤的，又做声不得。从程府出来，张大千拍拍掮客的肩膀，耳语几句，掮客笑了。几天后，掮客再去程府，地皮大王勉强看茶，问：你来干啥？

掮客讪笑解释：小可不敢瞒大人，那一幅二丈四的大石涛，张大千买去了。

程霖生不相信自己的耳朵：此话当真？

掮客点头：当真。

程又问：你卖多少钱？

掮客答：四千五。

程低头喝了几口茶，抬头忽问：那幅超大山水当真是石涛真迹？

掮客说：如果有假，我在业界还怎么混？您是上海滩大王，我蒙谁也不敢蒙您啊。

程大王一拍大腿：你给我买回来，我出九千个袁大头！

掮客去了，回程府却沮丧，说：张大千要整数。

冤大头一咬牙：一万就一万！

成交了，山水巨构挂上镶金堆玉的石涛堂，但是地皮大王对前来瞻仰的达官贵人们宣布：石涛堂谁都可以来，唯独张大千不许上门。

后来，地皮大王收藏了三百多件石涛作品，其中大半是张大千画的。这件事，几十年以后才由张大千本人道破。其间，地皮大王兼石涛大王程霖生，里里外外风光，地皮生意更旺。单从生意角度看，张、程都是赢家。这故事见于高阳《张大千传》。

我们来看宋代：司马光痴迷古物，欧阳修"集古一千卷"，赵明诚、李清照夫妇收藏的金石书画多达万件，未闻一桩买卖。

张大千的老师清道人行事诡秘，他写字，关起门来写，弟子不能看。师父要留一手，留着看家本领，类似木匠、铁匠或首饰匠。张大千揣摩老师，暗中偷艺，潜至老师的窗下，半夜不肯走。老师悬笔运腕与众不同……江湖上却传闻，清道人在家里偷香窃艳。他的庶母比他还小两岁，生得十分标致。他有两房太太，郁郁寡欢，先后逝去。这似乎坐实了外界的传言。张大千猜想老师的生活，神神秘秘的。李府中这氛围，倒是有助于张大千制造伪画。事实上，清道人是个"天阉"，没有性能力，两位漂亮夫人"盖棺犹是女儿身"。

曾府，李府，远不止是书画人家、书香门第。五六年间，青年张大千耳濡目染。这个年龄段受的影响是很深的。

又有个大户人家的女儿叫李秋君，钟情于张大千，为张大千终身不嫁。李秋君既是他的红粉知己，又为他提供上海的人脉。对于画家来说，人脉就是交易平台。

卖假画，买真画，大风堂先后收藏的石涛作品多达五百余件，有利于保护文物。但问题出来了：石涛一生画了多少？几千件作品吗？其中自我复制的山水占几成？由于是石涛画的，自我复制这一层被忽略了。忽略的背后还有东西。

名气的遮蔽自古而然，人类仍然有源自洞穴时期的图腾崇拜。人一崇拜，脑子就容易发热，生出盲点来。盲点却给精明者带来商机。

1925年，张大千第一次办画展，画展办成噱头。一个月赶出来的一百张画，在宁波同乡会展出，每幅画都是二十大洋，抽签买，不许挑。画有优劣，而价格一焉，迎合了投机心理，于是，一抢而光，高雅的展厅堪比低价倾销的商场。二十六岁的画家蓄了大胡子，一袭长衫飘飘然；举止有派头，很像他的两位书法家老师，当然也像演员。

不久，张大千从上海去北平。北平画坛人才济济，其中有齐白石，陈半丁，陈衡恪，兼工山水、人物、花鸟。

陈半丁画石涛三十年，大张大千二十岁，架子端得大。上海来的石涛专家想见北平的石涛前辈，俨然打擂台，踢武馆。

陈半丁传话：不见。

张大千悻悻然。

画界中人却终究会见面的，有一天，二十多个画家雅聚，陈半丁慷慨展示他新买的一箱子石涛山水，众画家叹赏，遥想石涛风度，近看传世墨宝。陈半丁不时瞟一眼张大千，嘴角含了讥笑。"上海石涛"一直闷着，在"北平石涛"面前说不出半句话。

其实，这闷葫芦又有噱头。座中有人请他点评一二，他摇头，表情有些奇怪，似乎有话，又开不得口。

陈半丁开口了：大千贤侄但说无妨，你年轻，说错了无伤大雅。

张大千摸着大胡子，仍然不开口，眼神分明有嘲笑。这样一来，在场的画家们就很想听他说几句。看上去他实在推不过，胡子下面的嘴巴才难为情地张开了。

张大千说：这些石涛山水是我画的。

满座皆惊，大摇其头。上海来的小子这不是口出狂言吗？

张大千远远地站着，根本不看画，却把每一幅画的题诗题款、印章闲章的位置全部说出来。陈半丁的手不停地发抖，当场跌破眼镜。一大箱石涛，堆半间屋的袁大头啊。

这件事，顷刻间传遍了北平书画界和收藏界。张大千得到什么？名气。江湖上扬名立万，一招见效。此道中人仰天叹服，一个个甘拜下风。

天津有个罗振玉，收藏石涛山水数十件，又拥有八大山人的八幅行书条屏，想买石涛的八幅条屏巨构配成双。张大千闻之，驱车直奔天津，看了罗振玉的石涛，指出其中有假。罗火冒三丈，当众大骂张大千。张不动声

218

色，凭他骂。三个月以后，上海的消息进了罗的耳朵：有八幅石涛的山水巨构，罗怦然心动。心一动，智商降，也不及细想三个月前的那一幕，只担心天赐的佳墨缘泡汤。他以五千大洋买下八幅石涛，精心装裱挂上厅堂，配八大山人的八大条幅，对外宣称：石涛八大，天下绝配。罗家喜气洋洋，设宴展示成双的墨宝，画家、收藏家纷纷去观赏，记者拍照写文章。

张大千也去了，坐在角落里喝酒。客人散去，张径直走向扬扬得意的罗，微微一笑，轻言细语：罗老师，八幅石涛有假。

罗振玉咆哮起来，挥拳要厮打。张大千闪到一边，不慌不忙取出八幅画的画稿。

1927 年夏，张大千和他二哥张善子上了黄山。石涛名言："搜尽奇峰打草稿。"古代的画家都是这么干的，到 20 世纪后期，山水画家们开始对着照片画。

我个人深有体验的是：山有山的气场，环境决定心境。

古人画山水，为什么山高人小？人在山里，自然会感觉人小。这是针对感觉的写实。人在城里画山，山势哪能奔来眼底？

城有城的气场。水泥房子有圈闭功能，乃是绘画、音乐、古典乐器的天敌。

张氏兄弟在黄山一待几个月，路是没有的，山寺多荒凉。他们雇了十余个山民，备下食物衣物，开小路，转大山，攀绝壁，搜奇峰。张大千总结："黄山无松不古，无峰不奇。"和朴实无欺的山民们在一起，画家要受影响。每天画，强化对山林的感觉。

苏轼说："静故了群动，空故纳万境。"

张氏兄弟下山，去上海办了黄山题材的画展，大获成功。画家的名气越发大了，人们传说他的各种故事。李秋君逢人就说张大千……

张大千三十岁画了一幅自画像，大胡子触目，人在老松下。看上去人配松。看不见对灵魂的审视，与西方画家们的自画像相去甚远。在画上题字的名流政要多达三十二人，中国画的名人效应可见一斑。风雅和附庸风雅凑到一块儿，还载入美术史。那么多上层人物集于一画，引发媒体的关注，大博观众的眼球。

同一时期鲁迅先生在上海，与文学青年、美术青年打成一片，这些青年大抵生计艰难，比如巴金，萧红，曹白，胡也频，柔石……

张大千再上黄山，带了照相机，盘桓五十天。他画山，古意盎然，当有两个源头：小时候对四川原始山水的感觉；大起来，专攻石涛，入古唯恐不深。画家在深山待得住，山是寂静的山，人是兴奋的人。而一般人是待不住的。张大千是山林与尘世的两栖者。

他哥哥张善子搞噱头，搞到老虎身上去了，在苏州网师园养了一只虎，自号虎痴，也蓄大胡子，拍人虎照片给人看，牵他的"虎儿"上街，逛寺庙，请大和尚为它受戒，赐法号。市井传为奇谈，虎痴画的虎供不应求，终于占山为王，成了画界的虎大王。

齐白石画虾。徐悲鸿画马。大大小小的山头插上了标签，通常先插为王。

徐悲鸿去欧洲办巡回画展，带去古代名画和张大千等人的作品。张大千三十四岁生日，徐悲鸿为他画像，题长诗于画上。徐悲鸿是南京中央大学艺术系教授，其时三十八岁。徐有一句不着边际的名言："张大千是五百年来第一人。"石涛，仇英，八大山人，都被他比下去了。由于徐是教授，是名人，此言流传甚广，至今被引用。王安石晚年盛赞苏东坡："不知更几百年，方有此等人物。"这话可以接受，因为不是心血来潮。

陈寅恪的父亲陈三立写诗："二张画笔冠时名，画虎兼资养虎成。视以善心无异类，愿推仁术问苍生！"善心，仁术，都是大词。张大千那幅自画像，陈三立的题诗靠前。

张大千画六尺《虎啸图》，被一个日本人重金买去炒作，说超过了张善子。张大千从此不画虎，在网师园门口贴告示："大千愿受贫和苦，黄金千两不画虎！"

兄弟情是真的，不能占哥哥的码头，愿受贫与苦，却是广告词。

张善子一幅《黄山神虎图》卖了两千大洋，买家是二十九军军长宋哲元。他去南洋办画展，邀请方是南洋的"万金油大王"胡氏兄弟。

鲁迅先生说："上海的煤油大王，哪里知道拾煤渣老婆子的辛酸。"

西方艺术两大标志性人物：凡·高，毕加索，画了很多底层挣扎的小人物。

张大千从上海移居苏州网师园近五年，屡去北平办画展，收获甚丰。南京的中央大学请他当国画教授，当了一阵子他溜了。精力充沛，但精力不需要用来教学生。艺术系这个平台对张大千也是可有可无。在北平，他和齐白石等人过从甚密，喝小酒，切磋技艺，看齐白石表演木匠活。他去华山，第三次登黄山，他的张力场在都市与名山之间。

画家到处跑。作家在家里。

凡·高酷爱雨果的小说，毕加索痴迷尼采和弗洛伊德，马蒂斯聆听柏格森，列宾对托尔斯泰敬若神明……中国伟大的思想家鲁迅，与当时的国画名家未见交往。什么原因呢？这里当有阐释的空间。水墨画不需要反思生活、直面现实、追问国人的灵魂吗？支撑历代山水画的思想是由老子庄子提供的，一万年正确。画家取现成，运笔不运思。

《张大千画集》在北平出版，序言中说："大千临摹古画之功夫，真是腕中有鬼！……不特笔墨神韵，和石涛真迹同，题字图章、印泥纸质，均丝毫逼肖，天衣无缝。"

台湾作家高阳《张大千传》："对于造假的知识之丰富戞戞独造者，只有一个张大千……照古玩铺的说法，古画十张有十一张靠不住。……大件改小，多出一张，不就是十一？而且古画只要是名家，无不有假，此风自古已然。"名酒名茶也是假冒多。

唐诗宋词，无利可图，所以它纯粹。书画圈有利益，所以它复杂。

古纸，古绢，古墨，研究的人非常多，张大千胜人一筹。一流的绘画技艺显然对他有帮助。高阳说，张大千是"精鉴千年第一人"，这里边讲究多了，鉴定古画，利润空间大。古代的文房四宝，大抵工艺高。例如墨，张大千写道："墨和纸一样，也要越陈越好，因为古人制墨，烟捣得极细，下胶多寡，仔细斟酌过。现在的墨，不但不能胜过前人，反而粗制滥造，胶是又重又浊，烟是又粗又杂，怎么能用来画画？"

明朝的御墨"石绿饼"，捣烟极细，"大臼深凹三万杵"，张大千认为这还不算最细，他有根据，古人云："轻胶五万杵。"

古人画画，墨分五色。苏东坡画画，"墨分七色"。

《墨史》："苏子瞻有佳墨七十丸，而犹求觅不已。"苏东坡在黄州发明了混墨，在汴京，用十种佳墨混在一块儿磨，数百年后，墨色犹鲜亮。东坡叹曰："非人磨墨墨磨人。"

张大千的泼墨山水独步画坛，与他知古、用墨、用纸都有关系。在技的层面，他不止引领一代水墨画家。这位大画家聪明绝顶，有趣的是，他画的古人大抵秃顶，包括陶渊明、苏东坡。

1937年，日本人攻占了北平，张大千人在上海，家眷和藏画在北平。7月中旬，他坐火车到北平，搬到了城外的颐和园。一夜枪炮声。他躲进地下室。几天后，一个德国朋友把他一家接回城里。日本宪兵队来找他，把他带走。小报消息称：张大千已被枪毙。接下来，有些报纸登出张大千的讣告。他在宪兵队跟日本人周旋。鬼子想要他的画，他趁机提出要求，去上海取画。鬼子半信半疑。这时候有人在上海搞"张大千遗作展"，动静闹得很大。鬼子终于同意张大千去上海，要他把大风堂的藏画捐出来。其时，上海已沦陷。1938年夏，张大千回上海，住进法租界李秋君的家。张

中年时期的张大千

与李的具体情形不详。他放在北平的许多古画也秘密转移到上海。不久，他带着二十几箱藏品赴香港。他在香港办画展，表明画家张大千还活着。秋天，他携家眷到重庆；旋抵成都，长居青城山。

他在青城山待了三年，创作了大量山水画。除了办画展，他一般不到成都。

四川的名山首推峨眉山，青城山也不错，山下有李冰父子造的都江堰。张大千的山水情结起于内江，尽管这种情结他自己看不见。十三岁，他一度被迫落草。后来他在上海苦练本领的同时闯荡书画江湖。成名早，挣钱多，交游广，机心大。不知道青城山的三年，是否洗涤他的灵魂。其时他四十多岁。

值得注意的是：山脉能安顿这位颇能折腾的画家的心。追根溯源，还是童年的底子厚。山山水水以毫不经意的方式植入了体细胞，催生一双审美之眼。而今天囿于汽车水泥互联网的画家们，先天不足。

黄山、华山、峨眉山、青城山的印象与感觉，预设张大千未来的几十年。20世纪六七十年代，大千佳作有井喷之势。《泛舟观鸥》《冬菇图》《江寺静远》《云绕雄山》《碧树平岗》《忆同游峨眉》等画作，气势足，意在笔先，泼墨淋漓。"笔势未到气已吞。"他画的水仙与荷花令人一见难忘。显而易见，他在古画中汲取了足够的营养。技法有创新，尤其他的泼墨、泼彩手段，受到行家普遍推崇。

我个人一直神往的，是20世纪那七八十年间，那几代画家的风度，做事的态度，我能想到的名字就有数十个。而神往与惆怅相连。这年头，海量信息、眼前利益搅得太复杂了，好的艺术家，内心要特别强大才行。

更重要的问题是：如何在儿童期获得户外感觉的丰富？如何深爱一湾水几棵草？单靠夏令营之类，显然差得远。小孩子不会爬树，对树的深度体验为零。何况屏幕树。

一切屏幕风景都是扯眼球的过眼云烟，与心灵无关。

海德格尔："唯有艺术才能拯救技术。"今日之艺术，却先要拯救自身。

20世纪40年代初，张大千不辞万里去敦煌，原计划待三个月，却待了近三年。途经安西县，有一座榆林窟，当地人称为万佛峡；始凿于唐，有壁画五千多平方米，彩塑二百七十二尊。张大千从安西到敦煌的莫高窟，惊叹更多的壁画，他写道："每一时代人民情绪，亦可考见。北魏喜夸张，画多夸大，西域新疆出良马，北魏画马，多以西域，马蹄较常马大两倍，其夸张于此概见。开（元）天（宝）而后，天下大乱，画多草率。宋尚礼学，画法拘谨，类今图案画，人像亦干枯，不及唐人丰满。"

自近代以来，敦煌莫高窟屡遭美国人英国人日本人俄国人洗劫，古书，佛经，绢画，能抢走的都抢。陈寅恪先生痛心疾首："敦煌者，吾国学术之伤心史也！"

张大千临摹敦煌壁画不舍昼夜。中年精力正好，全不计较大漠风沙，昼夜温差。生活也差，缺水缺肉缺柴火。工作条件更差，张大千笔记："白天，午前八九点钟，敦煌的太阳射进洞子，过午之后，太阳往南走，光线就暗了，不方便，下午是背光的。因为洞门多半很小，里边高大，要有足够的光线就只有点火。点着火画，墙又高又大，搭起架子，人站着还可以，最困难的就是天花板上的高处，和接近地面的低处，一高一低，画起来都很困难。天花板往往几丈高，要画屋顶，一定要睡着、躺着，才能够画。但是古人的画，虽然在天花板顶上，也没有一处是软弱的，一如他们画在墙上同样好。可见他们的功力技巧，远在我们现代人之上。"

张大千这段写实的话，很值得重视。

他接着说："他们一生的精力，就是专门绘画。试看他们在天花板上所画的画，手也没有依靠之处，凌空而画，无论用笔设色，没有一笔懈怠。"

画工们年复一年在艰难环境中认真做，这是古代艺术家的工匠精神。张大千佩服他们。这种佩服是在追随古人的过程中产生的，所以它由衷。不去追随，不干起来，不吃苦，不持之以恒，佩服就一闪而过。眼下有数不清的一闪而过。

张大千的能吃苦，认真做，还是要追溯到他的幼年，童年，少年。家里七八口，无论老小，天天都在认真做。好环境起于婴儿期，弥漫于嗅觉、听觉、视觉、触觉。这个太重要了。太重要是说：太多的人不重视它，不懂它。

先把事做好，然后才说报酬。做的漫长过程绝不是急功近利的过程，此一层，要细察。

临摹古人山水画，几个能及张大千？

没有超一流的临摹功夫，没有激情，他也不会在敦煌待那么久。

有些人说张大千破坏敦煌壁画，这是无稽之谈。敦煌宝藏多，窥宝者

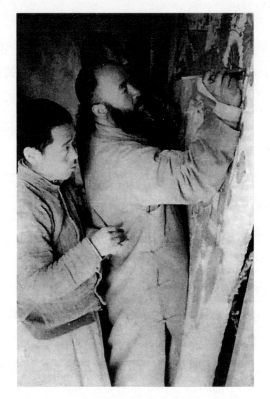

张大千在临摹敦煌壁画

要编故事。

　　引用一段陈寅恪教授的话:"敦煌学,今日文化学术研究之主流
也。……自敦煌宝藏发现以来,吾国人研究此历劫仅存之国宝者,止局于
文籍之考证,至艺术方面,则犹有待。大千先生临摹北朝唐五代之壁画,
介绍于世人,使得窥见此国宝之一斑,其成绩固已超出以前研究之范围。
何况其天才特具,虽是临摹之本,兼有创造之功,实能于吾民族艺术上别辟
一新境界;其为'敦煌学'领域中不朽之盛事,更无论矣!"

　　张大千的妻子杨宛君受不了敦煌之苦,想回成都,她说:"我跟你来敦
煌七个月……没有见过第二个女人。"于是,除她之外的另一个女人到了敦

煌，叫黄凝素。

监察院院长于右任到敦煌，惊叹宝藏之丰，决意成立敦煌艺术学院，请张大千当院长。大千固辞。右任固请。于右任先生是书法大家，民国元老，却请不动张大千。

干什么和不干什么，张大千心中有数。尤其不能当院长。艺术家为什么要去做官呢？

他开始临摹壁画了。"张大千上了架子，左手有人捧砚，后面有人高举玉门油矿自制、质量不甚良好的洋烛。张大千便一无倚托地、临空勾摹壁画上的线条。这是最辛苦、最困难的工作，但只是初步的画稿。"

台湾的传记作家高阳写张大千，详细而专业。"如是孜孜不倦地工作了两年有余，一画之成，大则数月，小亦数日……而在工作的过程中，体验到古人为艺术牺牲的精神，是激励他硬撑到底的原动力。"

画家本人写道："我在敦煌工作，多方面帮忙，都感觉非常困难，揣想起来，古人比我们更困难。"当时有二十头骆驼运来木柴和粮食，有一个连的士兵守护洞口。

张大千临摹的敦煌壁画在兰州、成都、重庆相继展出，引起轰动。

抗日战争胜利后，张大千居北平，打算买房子的五十根金条，却买了五代顾闳中的《韩熙载夜宴图》。五代董源的《江堤晚景图》，他也是花了五十根金条，外加二十幅明代古画，卖家是个老军阀，名字不值一提。后来张大千又出重金买下董源的《潇湘图》。他敢下手，乃因鉴定古画他是顶尖高手，不会看走眼。

李煜治下的南唐生活富足，百姓安居乐业，艺术家辈出。李煜不仅是词中之帝，他的书法，五代十国称第一。南唐灭，李煜把宫中的国宝全部付之一炬。——野蛮的侵略者不配拥有这些东西。宫廷外一些名家的作品得以传世。

从长远看，文化战胜刀枪，李后主的词也传下来了。

张大千在北平、上海、西安等地频频搞画展，皆成功。

1948年，张大千在成都，有了新的妻子徐雯波；旋去上海，与李秋君合庆五十岁生日。大风堂颇热闹，弟子众多。合影，梅兰芳坐在张大千旁边。

1949年12月，张大千从成都飞台湾，当时只有三张飞机票，他带走徐雯波和一个小女儿；旋赴印度，大规模展出他临摹的敦煌壁画；在印度大吉岭写古体诗，画工笔画。后来他在香港，把《江堤晚景图》《韩熙载夜宴图》等一大批古代名画、珍贵文物捐回了北京。国家文物局局长、文学家郑振铎，指示在北京故宫博物院举行"特展"。这使台湾当局大为恼怒。蒋介石大发雷霆。

50年代，张大千辗转南美诸国，在巴西辟一大园子，叫八德园。在巴黎他去见毕加索，画家赵无极先生有些紧张，担心他吃闭门羹。世界各地的画家都想见毕加索。这一次，毕加索破例。他可能是第一次见一个中国画家。二人互赠一幅画。其时，毕加索七十五岁，创造力依然旺盛，有名言："打倒风格！"这句话我再三引用。

毕加索这个人也鬼，机心重，诡计多，总是面无表情，"让一个画商反对另一个画商，让一个女人反对另一个女人"。写《品西方文人·毕加索》，我用了五万字。

形成风格不易，打倒风格更难。大多数优秀艺术家可望而不可即。

巴黎的毕加索博物馆，讲解员要详细讲毕加索艺术的缺陷。我们的艺术家博物馆，学一学才好。

在纽约或是东京街头，在豪华展厅、宴会厅，张大千穿长衫，蹬布鞋，大胡子专讲中国话。兴之所至还戴一顶高筒东坡帽。每语人："不会讲中国话的，就不是中国人。"

张大千患眼疾，一度接近失明，却照样泼墨，泼彩，泼写。后者指兼

张大千与徐雯波

工带写。黄宾虹先生失明后，丹青事更上一层楼。费新我先生右手不行了，左手写字更遒劲。这令人想到左丘明、司马迁，都是生命冲动的好例子。

1972年，张大千在旧金山办回顾展，山水、人物、花卉、走兽等各类画都有，他那篇聪明的画展自序传播广，本文不引用。次年他在台北办回顾展，展出一百零八幅。1976年以后他定居台湾，买下台北郊外的三亩地，盖屋子，建园子，名之曰摩耶精舍。他与张学良、张群等人定期吃"转转饭"。名人去找名人，然后一起吃饭。

思乡之痛是张大千挥之不去的情绪，要流泪。朝思夜想，奈何奈何。挣一座金山能抵一张渡过海峡的船票吗？断肠老人在台湾。八十几岁了，一目盲，多病身。画家已是风烛残年吗？且慢。能量正在重新聚集，能量就是思乡之痛。

张大千与毕加索

画家要画巨幅的《庐山图》。没去过庐山，却不是问题，是外行的问题和媒体的话题。画家从幼儿起就跟山打交道了。

为了画巨画，画家特制了一张三丈长、七尺宽的大画桌。谁叫他画熟悉的峨眉山或黄山，他就一脸的不高兴。朋友们弟子们不惹他。谁的庐山呢？首先是苏东坡的庐山。顺便提一句，苏东坡写庐山十几首诗，好诗只有一首，其他都类似打油。

1981 年，农历六月六，小暑，张大千开笔。张学良等人都去见证画坛的一桩奇事。乐恕人记云："早晚精神好时，兴致一来，一连画上几幅小画之后，又扶杖到那所大画室中的大画桌旁去，时时纵目全幅画稿，审视何处何方，安排度量后，再来下笔画去，每每深宵人静后，他由家人、护士小姐在旁侍从着，递水盘，换画笔，或站立，或坐下，聚精会神地画他的空前巨制《庐山图》。"

画家的朋友记云："画的上头部分，都是家里人把他抬到画桌上去，趴着画的。"

张大千画《庐山图》，几次心脏病发作，休克在他的画桌上。

张大千对乐恕人说，他这是"拼老命"。

八十年生命冲动，这是最后一冲。艺术生命比自然生命更重要。

画家写诗："不师董巨不荆关，泼墨翻盆自笑顽。欲起坡翁横侧看，信知胸中有庐山。"这诗不错。《庐山图》画了一年半。展出，盛况空前。

香港有个所谓的星相名家给张大千算命，说他绝对要活到八十五岁以上。这就要命了，张大千天天念叨八十五，数字标出他的大限：梦里来光顾，赫然八十五。这可怜的被限了寿数的老人动不动就说："我活不久了。"又喃喃自语："我来日无多了，明年不晓得我还在不在。"他说的明年是1984年。

《庐山图》歇工于1983年1月，画家张大千病逝于4月，享年八十五岁。

名人被包围真是一麻烦事，川端康成获诺贝尔文学奖，被各种人围得水泄不通，三年，一命归西。而毕加索九十岁生日，在家里几个人悄悄过。"二战"后，雅斯贝尔斯一夜间成了英雄，他对名声的直接反应是厌恶，赶紧跑到国外去。康德、尼采、贝多芬、海德格尔、萨特、维特根斯坦……对公众性生存毫无兴趣。人类的一流人物，这类例子多。

法国人发明了一个词：被生存。

张大千能在山里待，在巴西八德园住了十六年。后来定居台湾，人们包围他。

他的艺术造诣高，推高了美术市场，提升了大众审美。时至今日，中国水墨画的意趣，境界，一般人还处于仰望状态，也许再过一二百年，人们能够较为充分地欣赏。

靠近美，不是一件容易的事情。

词语捕捉绘画，类似竹篮打水。美术评论家们很难搔到痒处。

中国的美术市场兴起，从长远来看是有益的，社会力量进去了。书画界一度变名利场，跳来跳去的小丑多，未必能持久。总有一些画家会越过名利场。

静下来，静下来。"静故了群动。"

审美之眼初养成，一定是在孩提时代。古代的山，古代的水，眼下还在。

李敖

奇男，奇文，奇情

李敖

李敖文气足，八十岁写《李敖风流自传》，三十多万字，几百篇文章，他用四个月一气呵成，字里行间呼呼有气流，思维跳跃如少年，嬉笑怒骂皆文章。写八十年来那么多的人与事，一点都不啰唆，倒是言外之意多，春秋笔法多，视野很开阔。这种笔力不多见，且不论作家的年龄段。李敖《五六百字的神通》，宣称："一个主题，用五六百字还说不清楚的，要打倒它。"

曹丕说："文以气为主。"

李敖身体好，几十年从来不睡午觉。他的个人藏书多达十万册之巨。他是作家当中享受写作的典型，关起门来享受文字的气流，一度半年不下楼；常常几天足不出户，不接一个电话，不烟不酒，不见客不赴宴，更不会上网张望。旷日持久的全神贯注，需要一副好身体，更需要非凡的精神力。

作家不同于科学家的，是情绪与思绪的双重饱满，双重兴奋。

好作家有三器：思维弹射器，情绪加热器，信息处理器。

电脑是收缩的，文字是敞开的。这个规律要牢记。

三个字可以概括网络：瘾在逗。

苏东坡平生快事，唯作文章，指间呼呼有气流也。

234

他说:"诗不求工字不奇,天真烂漫是吾师。"

苏东坡的老师叫作天真烂漫。这个词放在李敖身上也比较合适。李敖为人为文,都叫天真烂漫。换个词叫元气淋漓。关在监狱里他照样写,自称坐牢家,不怕坐穿牢底;和情人们在一起他运思如常,他哈哈大笑。他幽默,而幽默感是力量型男人的特征。凡事游刃有余,幽默不请自来。李敖是滔滔不绝而又废话很少的、令人愉快的谈论家,跟林青霞闭门一谈十个钟头,跟金庸畅谈八个钟头,跟王菲,欢声笑语谈不够。

李敖给人的印象是能够谈天说地一千年,挥毫写作五百年。

十万藏书塑造了李敖。

眼下太多的人迅速变成手机瘾头人,网络空心人,为什么?个体质量小。

所以我们要看看,什么叫个体质量大。

李敖不出国,而知天下事。他一生战斗,又一生温情脉脉,情人众多,受人诟病,却大抵保持一派天真。他不纠缠情事,讨厌反反复复、婆婆妈妈、哭哭啼啼。两情相悦,又能够相忘于江湖。李敖七十多岁长居台湾阳明山,一周下山两次,看望小他三十岁的妻子王小屯和一双儿女,他解释说:要让老婆孩子慢慢习惯没有他的生活。

这是智者的话,其中有古道热肠式的爱。爱是什么?爱是克制无边无际的爱。

本文瞄准李敖,一万多字足矣。

1935 年,李敖生在哈尔滨,家中六女二男。姐姐说:"敖弟小时候皮肤较黑,有点儿对齿,发音的时候舌头也不那么利落,还有几分眯缝眼。"

李敖成人后仍然是这副表情,笑眯眯的,只是舌头早已灵动。李敖的爸爸毕业于北京大学,在吉林一所中学当校长。李敖的爷爷李凤亭是个人物,小时候穷,碰上灾荒年,跟着母亲去逃荒,逃荒路上碰到一条富人家的大恶狗。母亲挺身护儿，被恶狗活活咬死。狗的嫌贫爱富，看来是普遍现象。李凤亭十来岁就浪迹东北黑土地，他替人赶车，做童工，干农活，打更，看坟，赌博，做土匪，做银行的店员又做老板。李敖讲祖父的故事："他做流氓时代，一天在农田里设赌局，坐庄家。聚赌的人里，有一个流氓某甲，手气不佳，每局都输，现金先输光，接着马输光，接着行囊输光，接着外套输光。最后他输火了，拔出刀来，在大腿上割下一块肉——他开始'肉赌'。肉赌是一种无赖的赌法……一般说来，赌徒一旦表演肉赌，庄家必须大量赔钱，破财消灾，免得万一一输，就要以肉赔肉。……不料这时坐庄家的李凤亭先生，却面不改色地说：'好小子！……这一套别人吃你的，我李凤亭不吃！'"

于是拔刀割下大腿上的一块肉，以肉护财。

爷爷赌肉护财，爷爷的母亲以命护崽，父亲写过一本《中国文学史》，这些构成了环绕李敖的家族生存故事。李凤亭的江湖生涯长达七十余年，活了八十三岁。李敖寿同爷爷，他行事的风格也像爷爷。

我也见识过一些江湖人物。现代生活有百态，受惠于前现代。农耕文明对人的塑造缓慢而扎实。这个现象应该成为人类学的大课题。

李敖的父亲到太原禁烟局当局长，李敖也来到山西。他回忆："山西对我的最大影响不是地，而是人，是一个山西人，名叫温茂林。他是我家的男佣人……茂林的话不多，粗识文字，脾气很憨，我做错了事，他会怒目指摘我，可是我很喜欢他。我日后的一些耿直的脾气，深受他的影响。"

苏东坡的乳娘不识字，普希金的乳娘不识字，鲁迅家的长妈妈不识字，梁思成的后娘粗识文字……她们对家人的影响力非同寻常。知识这种东西对于提升人性善是否有效，我是存疑的。历朝历代，学富五车的坏蛋多如牛毛。培根名言："知识就是力量。"培根本人偷东西搞诈骗案也很有力量，被抓进了伦敦塔监狱。

李敖七岁，跟随父母进了北京。他念小学，各科成绩并不出众。这个男孩儿像个道学小先生，腼腆，总是跟女孩子保持距离，对面走过要闪开一尺。这是温茂林教的，不能跟女孩子同坐一根长凳。可是，温茂林却跟女用人同桌吃饭，李敖警惕了，站在旁边监视，小孩子的长衫子笔挺。有一天，温茂林发现李敖不在，便与女用人说笑起来。然而李敖就在饭桌底下，聚精会神听了二十分钟，证据拿到手了，这小孩儿忽然冒出来，义正词严，高声斥责温茂林，竟敢破坏"男女之大防"。女用人羞得跑掉了。李敖有板有眼讲了一通大道理，一面讲道理，一面来回迈着方步。

李敖做阑尾手术，温茂林哭得死去活来。这仆人憨，直，倔，对小主人忠心耿耿。

男女之大防搞了五六年，预设了后来的六七十年。不看女孩子，偏有女孩子。他白天躲开她们，她们夜里就成群结队跑到他梦中来。

李敖十三岁，爱上了同学张敏英，一辈子为她魂牵梦萦。从小学低年级就开始积攒的内驱力，一股脑儿喷向张敏英。这个北京女孩儿说话真好听，走路的样子真好看，有时她还回头俏，偏头俏，埋头俏。放学回家，二人偶尔走在一起，道学小先生偷眼再偷眼。看来，男女之大防并不是固若金汤。"童子军在校门口站岗时候，她也和我一组过，她穿着女童子军的制服，姿态优美，令我心动。……有一次犯了小错，我开玩笑，拉住她的手，轻打她手心，她装得很疼的样子，给我的快感，令我毕生难忘。"

拍拍小手，回味终生。这显然是人的专利。20世纪，这种男女间的情态比较多。

调皮捣蛋的男孩儿，性力是发散的，荷尔蒙分散于调皮捣蛋。四川人讲的"费头子"，一般说来对女生不敏感，费头子一天到晚忙得很。李敖小时候不费，后来大费。

十二岁发表处女作，十三岁初恋。这里有李敖童年期的两个发力方向，而发力的方式迥然不同，后者叫反作用力：几年间竭力不看女孩子，却忽然来了梦幻般的张敏英。

李敖以优异成绩考上了北京四中，名列第四。

1949年，李敖十四岁渡海峡，带了五百本书，九个装书的大箱子，俨然孔夫子搬家。父亲逢人就夸这个好学的儿子。家中九口，生活拮据，居住拥挤。李敖却有个小单间，书房兼卧室。李敖在台北一中念书用功，看大量的课外书。不复有恋爱记录，大约还不太适应台北的新环境，女孩子们又有些看不得了，"美人如花隔云端"。

李敖的性格有内向的一面。性力启发早，年复一年的"内循环"，内驱力落不到实处。看书多，憧憬多，白日梦多。这些都是内向的元素。

内向好，内向获得内心之纵深。古今中外杰出人物，内向者占大多数。而内向性格的麻烦在于：内循环太久，形成排不出去的毒素。

从八九岁到二十来岁，李敖的青涩期漫长。山雨欲来风满楼。这风却是长风，风势渐大，小范围呼啸而已，转来转去不消停，寻找它的突破口。潜意识的表演花样百端。念书念到高三，李敖忽然宣布休学一年。父亲诧异，家人全部反对。但是父亲很快想通了。儿子总有道理，儿子的道理有时候比老爸还多。老爸并不问，儿子休学做什么。

三百六十天，高中生李敖天天猫着看书。思绪、情绪呈弹射状。文字向来有弹射的功能。在这个不足十平方米的单间，李敖一待十三年。迷狂式的阅读和写作，读与写，相得益彰。不写，读进去的东西发酵有限。一旦动笔，思绪延长。一旦动笔，情绪悠长。浑身的细胞载歌载舞。萨特劝他的每个朋友都要写作，盖因这位拒绝诺贝尔文学奖的法国作家，深知写作之妙。

艺术创造乃是一切陶醉中之大陶醉，它比爱情更持久。

李敖身体好，经常看书到天亮。全家人睡午觉，李敖不上床。他也不弄哑铃，不做俯卧撑或倒立，偶尔约几个同学去爬山，去划船。精力充沛的小伙子并不做肌肉男，肌肉男一般都被肌肉所霸占，肌肉力远胜心力，甚或压制心力。肌肉男一般都不好玩。

身力与心力共生的李敖，骑单车在台北市转悠，欣赏街头美女，状如四川人讲的街头"操哥"。"停车坐爱枫林晚"，女郎红于二月花。

李敖考进台湾大学的法学院，他不喜欢，退学再考，考入历史系，不久，恋爱了。他在大学一年四季穿长衫，大热天也穿，显得十分古怪。学生侧目，老师微讽，他不管。钱穆教授穿长袍，个头虽小，人却飘逸。李敖念高二就崇拜了，举手投足像钱穆，一度对同学，表情很亲切，仿佛他是另一个钱穆。

青少年时代，人要崇拜。李敖崇拜谁，谁就跑不掉。他崇拜胡适，写五千字的长信。后来胡适在他缺钱的时候送他一千元，他感激不尽，看胡适越发顺眼。

两大国学人物就在李敖的身边。钱穆点拨李敖：一、书要看第一流的，一遍又一遍读。与其十本书看一遍，不如一本书看十遍。二、不要怕大部头，养成读大部头的习惯，其他书就不怕了。三、选书，要选两三百年以上的书。两三百年还没被淘汰，说明有价值。

台湾大学鼎鼎大名的老教授姚从吾，讲课忘情，喜欢伸手揉肚子，似乎要把满腹经纶揉出来，可是他竟然把最不该露的东西露到了课堂上，犹不自知，男女学生大惊，他才低头瞧。抬起头来面不改色，照常上课，一只手扣好了裤裆。全班静下来，等于上了两堂课：历史课和心理课。

李敖是历史系才子，姚从吾到学生宿舍看望李敖，传为美谈。

台大中文系主任台静农也被李敖盯上了，李敖发现，台静农先生研究并写作五十五年，每天只写十九个字。台静农述而不作，信而好古。李敖又发现了钱穆的迂腐。钱穆肉麻称颂蒋介石，李敖于1983年撰文抨击："如今他过九十三岁生日，五代弟子，冠盖云集，人人称庆，我却别有志哀——我为钱穆惜，他有做成真正'一代儒宗'的机会，可惜他却做成个假的。"钱教授的生日人人称庆，唯有李敖说话难听，丝毫不为尊者讳。李敖一针见血，使钱穆难以盖棺论定。

崇拜者李敖贴近了崇拜对象，然后就去质疑偶像。他再三引用陆游的一首小诗："人生如春虫，作茧自缠裹。一朝眉羽成，钻破亦在我。"

崇拜是作茧自缚，质疑是破茧而出。

中国传统文化，打得通是好汉，打不通却麻烦。当下的学院，泥古者正多。

如何去打通？血性是个渠道。血性优于智力。李敖说："我写了八本书骂蒋介石，又写了两本书骂蒋经国。"

他先崇拜美国，后来幡然醒悟了，写一部六百五十多页的《阳痿美国》。

大学生李敖终于恋爱了，从小学生李敖一路走来，其间弯弯曲曲幽幽暗暗，真是一言难尽。积欲多少年，美好又辛酸。美好是指不欲而欲的状态（这个状态并不显现于念头），辛酸是说：源自身体的东西又用自身来解决。哦，那些难以启齿的手上小动作。

这男子汉在想象中才是男子汉，可怜白日梦，总是做不完。

台大化学系的女生，名叫罗君若。李敖称她小罗，罗罗，写情书长达八十三页。为了爱，小罗从化学系转到历史系，跟李敖同班。1956年10月的某一天，二人"同归不处"（不再是处男处女）。此前恋爱了近两年，慢慢靠近，由李敖的小妹传递情书。花前月下牵一回手，心已狂跳不休。五百天，情细胞爆炸式增长，而热恋的双方止于牵手。这个现象耐人寻味。动物直奔主题，人就不同。20世纪中叶尤其不同，情要拐弯，浪花好看。积欲的过程五彩缤纷，情侣们享受浑身的战栗。

大地百花盛开，钢筋水泥开什么花？

农耕文明与工业文明的接点上，持续的强对流催生顶级艺术。这个漫长的接点起于18世纪。到20世纪90年代，强对流明显减弱。单一的解欲随处可见，减掉爱之花的七彩斑斓。欲望的起点往往会谋求它的终点。从大处说，"算计型思维在最不需要算计的地方统治得最为顽固（海德格尔）"。

小罗抄写朱光潜先生的《给青年的十二封信》，小罗的大学作文几乎得满分。台静农感慨说："我们原以为是李敖写的，没想到竟出自'李敖的女朋友'之手。"

李敖评价小罗："我平生交女朋友不少，但是论眼神、论才气、论聪敏、论慧黠，无人能出其右。"经典的恋爱场所是台北的公共游泳池，入夜时分，二人溜进去戏水，分不清情浪欲浪。游来游去的两条鱼。溅起的水花也能分阴阳。

人体的光滑如玉，乃是文明的结晶。英国学者蔼理士《性心理学》称，中国人的体味是全世界最好闻的。我写《品西方文人·弗洛伊德》，重点参考了由潘光旦先生译注的这部经典。

从大一到大三，二人信誓旦旦，要爱到地老天荒。小罗的父母棒打鸳鸯散。千余日的涩恋狂恋画上了句号，戛然而止，惊心动魄。李敖三次寻死，医生救他回到阳世。

李敖穷，这是被打散的原因。后来他大把大把挣钱。失恋投下巨大的人生阴影，青年李敖放浪形骸，干尽荒唐事。他酗酒闹事，打架斗殴，寻花问柳。爷爷李凤亭在李敖的身上显形了。绵长的基因加上突如其来的失恋，再加上自卑，台北的穷小子李敖破罐子破摔。积欲十几年，般般憧憬在其间，却在一夜间变成嫖且赌的流氓坏蛋。读破万卷书的那个李敖哪儿去了？胡茵梦分析说，这段不短的失恋时光塑造了李敖的狂狷性格。拥有漂亮脸蛋儿的胡茵梦，丽眼不乏穿透力。

是什么让李敖在乱风中稳住了身形？阅读。书卷才是他的头号恋人。文化进入了血液才是文化，否则，文化就是一抹就掉的口红。有些人每天抹口红。李敖沉沦，废百事，不废捧书卷。他在绝望中大踏步走进浩瀚的

241

历史文献。血性冲开了故纸堆。他用锤子思考问题。火焰般的洞见开始照亮他的未来。这类现象在李敖身上比较明显。

血性与古典文献的关系是笔者发现的。

罗君若含恨而退，王尚勤含笑而来。

李敖冲出了绝望，美好就在眼前。苦海无边，回头是岸。这回头却复杂。李敖《大学札记》："在我成长的过程中，我曾花了许多力气来把自己锻炼成钢铁……我这种自我炼钢，是很用心的。"个性，独往独来，"虽千万人，吾往矣"。中国历史上不缺拥有强力意志的个体，然而皇权制造庸众，元明清八百年，形成历史惯性力，庸众密密麻麻。1919 年，鲁迅在东京向他的祖国大声疾呼："任个人，排众数。""沙聚之邦，转为人国。"

本文写李敖，主要写他的个性张力。在当下的语境中，这叫缺啥想啥。

失恋潦倒的李敖写打油诗："二十二年悲欢事，如今慷慨付浮云。把握目前休回首，埋头一意做新人。"这个青年宣告：我要做一个伟大的人。

李敖先后有十几个情侣，但是，更重要的，是他写了一百多本书。

大学毕业他去服兵役，见识了各式兵油子，适应了摸爬滚打和昼夜强行军。军营中有别样江湖，李敖开了别样眼界。后来他两次蹲监狱达六年半，身心交困，却预设了大喷发，大反弹。他揭露黑狱。他状告法官、警察、律师，勇于打官司，敢于穷追不舍，他诉讼的对象多达四百四十八人。而在台北和阳明山的几个大书房，李敖游走于他的十万藏书。

李敖从军中江湖返回学术江湖，对胡适亦步亦趋。二十几岁的自我要壮大，必须经过丢失自我的阶段。先作茧，后破茧。李敖见贤思齐的能力是很强的。他直到八十岁还敢于并善于打倒他自己，他的语言风格还在变，朝简约的方向变。

语言是什么？语言就是人。重温海德格尔："语言是存在的家。"

人首先是语言动物。语言的抽象规定了一切具相。古老的语言永远新鲜，就好比太阳月亮。人类社会所有的发明创造，位在语言之后。

胡适过生日，李敖写诗祝寿："哈哈笑声里，六十八岁来到。看你白头少年，一点都不老。"

他在日记中却说："胡适的拔尖心与首席心太重。"

又说："胡适已不能领导李敖了。"

姚从吾、胡适、台静农，此三人是台湾的学界泰斗，都比李敖大几十岁。泰斗们都是茧，年轻的李敖能够破茧。他自大，但并不狂妄，他知道自己几斤几两。

李白杜甫苏东坡，谁不自大呢？元明清以降，中国文人的血性减淡了，柔弱书生唱主角。

20世纪60年代初，台湾学术界的中西文化大论战，由胡适开头，把矛头指向牟宗三、唐君毅等新儒学的代表人物。李敖追随胡适，鼓吹全盘西化。

论战中赞同李敖的少。李敖写《播种者胡适》，带了情感色彩，因为胡适曾经送他钱。后来他倒戈，痛批美国，把矛头指向杜威的弟子胡适。他崇拜的英国哲学家罗素组建国际法庭，审判美国人血洗越南的罪行。

从斯宾格勒、马克思、尼采到20世纪的西方人文大师，批判西方价值是主流。

罗素说："要警惕两种权能，人对人的权能和人对自然的权能。"

两次世界大战，都在现代文明的中心欧洲爆发。

中国古语说：饮食男女，人之大欲存焉。

大欲意味着：它生发的东西多，这些东西要贯穿人的一生。

李敖的恋爱观跟他的反传统有关，也跟他大学失恋有关。他积欲久，失恋折腾了两三年，自暴自弃，价值迷茫。他从沉沦中奋起，主攻方向有两个，一是文化，二是恋爱。后者可遇而不可求。毕加索在巴黎的地铁口，追求陌生的运动型女郎泰莱丝，这位顶级艺术家，像摆弄画笔一样创造他的恋爱生活。李敖搭讪台北的女青年并不成功。有了一些名气以后，女青年来搭讪他了。

王尚勤，瘦而清爽的女孩，外形和罗君若相似。有一天李敖在公交车上埋头阅读，王尚勤站在他跟前问："你就是李敖吧？"

名气是什么？名气是光环。这光环几乎对所有的人有效。王尚勤早就听说过台大才子李敖。她哥哥认识李敖。此后你来我往，双双坠入情网。大学毕业了，王尚勤去台湾东部的花莲市当教师。二人写情书。李敖三天一封信，半年六十多封信，对王尚勤的称谓变出几十个花样来。情侣自然是喜欢，有爱，还得有趣。他又买衣裳寄给她。

爱是什么？爱是灵与肉加漂亮衣饰。

此间，李敖的《传统下的独白》问世，一炮走红，名利双收。这是1963年，李敖二十八岁。人狂，书狂，恋爱趋于疯狂，但是恋爱的前景又不乐观，王尚勤的家人明确反对。反对的理由，来自李敖沉沦期的表现和他的那些反传统言论。结婚生子，过普通人的日子，对李敖不合适。这个才子正在反叛社会。他在海边表达恒爱，王尚勤半信半疑。她在家人的鼓动下去了美国，发现已有了李敖的孩子。她生下了女儿李文。女儿三岁，她携女回台湾，李敖已经移情别恋。

李敖写诗："不爱那么多，只爱一点点。别人爱情深，我的爱情浅。"

显然，李敖深怕了，所以他要爱情浅。

李敖跟台湾当局对着干，写书，编《文星》杂志，后来接任这个著名刊物的主编。他揭露当局的腐败，猛批蒋氏父子。同时出版《历史与人像》，其中的《宋代婚姻》是重头文章。他对李清照的婚姻研究受到学界称道。现实批判与历史研究是李敖的两个战场，他把历史当下化。钻进历史不易，从故纸堆中打出来更难。历史是什么？历史就是现实。意大利哲学家克罗齐说，历史一经价值判断，历史学就变成了哲学。

李清照在男尊女卑的大背景下离婚，因离婚而入狱九天，在杭州闹得沸沸扬扬。李敖颂扬李清照。他又批判夫妻白头到老。质量高的婚姻可不多。假象倒不少。俗话说：人前秀恩爱，婚姻死得快。

李敖赞美梦露的裸体主义，梦露的裸体是美妙的代名词，然而这位金发美人三十六岁自杀了，社会舆论杀死她。李敖写道："1908 年，一位标致的小姐在旧金山搭电车，因为裙子太紧，抬不起脚来，她不小心把裙子提高了一些，结果被人看到了脚踝，好事的摄影记者立刻猎影一张，登在报上，惹起了一阵风波。那时候正是清朝光绪的最后一年……咱们中国的女人们，在衣着上面，也跟西洋女人一样，重点是裹来裹去，休让登徒子看到分毫。换句话说，尽管中国男人们总是打败仗，签丧权辱国条约，咱们的女同胞们在洋婆子面前却毫无愧色——你包得紧，老娘比你更紧！可是不久以后，洋婆子们开始不安分了，她们开始脱衣服。第一个开始向传统挑战的所在是海滨浴场，她们向传统的泳衣提出了抗议。……最后到了玛丽莲·梦露身上，人类文明的最后这点面子也让她脱掉了。"

李敖的文风大抵如此。语势凌厉，书面语和口语相得益彰。

美国人发明了牛仔裤。法国人发明了三点式泳衣。有趣的问题是：禁忌即是诱惑。罗兰·巴特名言："人体最具色情之处，难道不就是衣饰微开的地方吗？"

李敖说，男女之间有许多含蓄，如果不含蓄，就跟公鸡对母鸡、公鸭对母鸭一样了嘛。你看女孩子的唇膏、指甲油，为什么她们需要那么多颜色呢？我们看起来太复杂了，这里表现出生活的变化和情调的变化，是一种含蓄。一次黄山谷跟朋友们在一起，他说，香来了，我闻到香的味道了。朋友们听了，就用鼻子大力闻。他说，错了，香是不能这样闻的。李敖信手拈来，黄山谷就像他的同班同学。

蒋介石下令，查禁了《文星》杂志和文星书店。李敖不遗余力抨击蒋氏父子，抨击教育界和司法界，嘲讽文学界，揭穿书画界、古玩界，顺手敲打娱乐圈。这使他四面树敌，八面招风。陈诚约见他，谈了两个多小时。李敖回忆："陈诚约我聊天后四个多月，蒋经国系大员李焕请我吃饭……蒋经国拉拢人才，自在意中。不过在蒋经国和李焕的大脑中，是不能理解知识分子中是有傲骨存在的。"

李敖说："在《文星》宣告结束的广告与海报出现后，《文星》读者为了抢购、为了抗议，也为了惜别，天天挤满了书店，买个不停……"

知识分子的傲骨，是从春秋战国就开了头。老、庄、孔、孟，都是大拒绝。

如果李敖妥协，荣华富贵不难。名气大了，名气也值钱，总有人想收买他。可是李敖不妥协。硬就硬到底，不管他的敌人有多么强势。后来他批判美国，就是坚决站在独立国家一边。

1968年5月，萨特走上巴黎街头，亲自叫卖《人民事业报》，为底层呐喊，为保护法国的左派知识分子而斗争。警察要抓他，戴高乐总统说："我们不要去捉伏尔泰。"

莫洛阿《雨果传》："上帝既然赐予人类自由，就必然给他以怀疑的自由。"

萨特《答加缪书》："人是自由的……但今天，我们的自由仅仅是选择了为自由而斗争的自由。这种说法的奇特性，恰好表现了我们的历史命运的奇特性。"

1971年3月，李敖入狱，关了六年。名气也帮了他一点忙，未受许多皮肉之苦。一个活得天宽地阔的人，一个自由奔放的人，一个享受男欢女爱的人，忽然一头栽进黑沉沉的牢狱。两千个日日夜夜，命运锤炼他。苏东坡因乌台诗案入狱一百三十天，开始了自我的超越。李敖不怕坐穿牢底，于是触底反弹。这个坐牢人自述："1972年2月28日，我从保安处五号房移到景美军法处二号房。二号房狭小、阴暗、残破，令人心慌不安，有崩溃感。我关进来的时候是午前，到了傍晚，更形严重。幸亏门开了，关进个贪污犯袁耀权做伴，稍减压力。这二号房是我一生住过的最令自己心慌不安的地方。"

李敖说："我历经了国民党特务们的凌辱刑求，历经了好朋友的陷害出卖，历经了亲弟弟的趁火打劫，历经了小情人的黯然离去，历经了终年不见阳光的孤单岁月……我噙泪为自己打气，鼓舞自己不要崩溃，但当十个月后，当小蕾终于写信来，说她不再等我了，我捧信戚然，毕竟为之泪下。"

豪壮男儿泪湿囚衣。这个小蕾很值得一写。

李敖写道："我识小蕾在 1967 年 9 月 26 日，那时她十八岁……她和同学提着行李等计程车，正好我开车经过，看到她，我立刻喜欢上她。此后我经常送她上学、接她下课，近于形影不离地过了三年七个月的快乐日子。有一次李翰祥（电影导演）坐我车里一起等她下课，远远地她和同学走来，李翰祥一眼就断定哪个女孩子是小蕾，并身兼'星采'，邀她演缇萦、演琼瑶的电影，但她拒绝了。"

那一年李敖三十二岁。

"小蕾身高一米七零，长发清纯，可爱无比……在文星星沉的日子里，她一直在我身边，伴我度过被国民党大力封杀的岁月；在山边、在小溪、在花园、在电影院、在保龄球馆、在特务跟踪的日月潭……小蕾是最善良的少女，她从没跟我发生争吵，她永远依偎在我身边……她是我有生以来最怀念的女人。"

当年李敖受当局打压，穷尽潦倒，一度倒卖旧电器，筹划开牛肉面馆，小蕾在他身边。他迫不得已走进了赌场，小蕾在他身边……李敖回忆说："一天看到小蕾结婚的广告，而丈夫竟是我的朋友，我情绪低落好几天。我出狱后，小蕾到我家亲手为我做了一顿饭。饭后在床上，不做解释，她哭了。"

小蕾做饭的身影如在目前。小蕾在床上不解释，她只是哭。

李敖的文章中有很多打动人的细节。或者说，细节向他的笔端蜂拥。生存如大海，细节是浪花。这里，重要的是毫不啰唆，言短而意长。汉语之妙妙于斯也。语言风格就是人的风格。

小蕾等李敖十个月之后，嫁人了，没必要等他六年。青春一刹那。

十年后李敖第二次入狱，关了六个月。入狱前有个叫汝清的女郎和他同居十六天，"相与俯仰，淋漓尽致。我入狱后，她写了大量情书给我，后来飘然而去"。

李敖写诗《然后就去远行》："花开可要欣赏，然后就去远行。唯有不等花谢，才能记得花红……有情可要恋爱，然后就去远行。唯有恋得短暂，才能爱得永恒。"

毕加索宣称：没有一个女人离得开他。李敖和他的女郎们分手后互相怀念，相处时唯有欢愉。和他在一起，女人耍一点小性子也温柔，没有恩恩怨怨、哭哭啼啼那一套。离开他的女人多是被迫。人海茫茫，不忘共枕同床；人生苦短，彼此怀想悠长。

王羲之《兰亭集序》："向之所欣，俯仰之间，已为陈迹，犹不能不以之兴怀。"是的，要保持兴怀的能力。这个颇不易，通过文学艺术的修、养，庶几能抵达。

西方诗人们有非常动人的短暂意识。从花开，直接看到花谢，又先行到花谢，再返回花的鲜艳。李贺、曹雪芹亦有短暂意识。"几回天上葬神仙，漏声相将无断绝。""花飞花落飞满天，红消香断有谁怜……"

海德格尔把人命名为"短暂者"。

李敖说，女人好看，要脱衣服，也要脱尘。

有点脱尘底子的女人才会靠近李敖。他的爱情故事传播广，与他爱得脱尘脱俗有关。后来有了清丽逼人的王小屯，李敖用三十多年证明了：自己是个好丈夫，好父亲。

托尔斯泰伯爵在三十四岁以前，一直过着放荡不羁的生活。

国民党当局封杀《文星》时，李敖跟一个国民党大员的姨太太有了风流事，他写道："这不是'偷人老婆'，而是'偷人姨太太'，'偷国民党大员的姨太太'。"这个姨太太名叫阿贞。李敖是这么报复的。他的回忆录中有个短文叫《欺负回去》："黄玉娇老大姐说她佩服我，请我吃饭，席上一段话说得声泪俱下。她说：'国民党欺负我们，我们要欺负回去！'……正因为我信仰'欺负回去'……所以我出狱后，一路千方百计追杀蒋家父子及其余孽，我的方式大体上是笔伐与口诛，这是一段漫长的逆袭，为时四十年不歇。别说我是复仇之神吧，其实我是正义之神呀！"

不能算了，不可宽恕。鲁迅先生晚年针对他的论敌说：一个都不宽恕。

新仇旧恨，要算账。李敖言论："台湾只有我敢谈'一国两制'……我要做战士，不做烈士，打败别人，这才算本事。"

李敖演讲："我小时候在北京就痛恨国民党，向往共产党，对左派刊物比较感兴趣。所以我们大家都有一个共同的梦，就是希望中国强大起来，繁荣起来，跟资本主义斗。我们这代人比较爱国。我在台湾不是蓝色，也不是绿色，是红色，我不掩饰这一点，就像西班牙大画家毕加索一样。"

作家李敖说，出狱后他的名气翻了两番。他的文风和他的行事风格迥异常人，另外他精力充沛，坐牢六年，每天只睡四五个小时，没法写作就构思，比如构思后来获诺贝尔文学奖提名的长篇小说《北京法源寺》。

奇男，奇文，奇情。

狱中让他最难受的，就是不能恋爱。小蕾来探监，却隔着铁栏……

1979 年，胡茵梦来找李敖。女演员写文章称赞《独白下的传统》，她是他的读者。读者想见作者，作者没时间。不久，朋友设饭局，二人见面了。台北市并不大，有缘总会面对面。刹那间的阴阳交流，谈笑间伏下一桩奇缘。

流行歌曲的歌词我头一次引用。好词太少了，比宋代曲子词差太多。

著名女人跟著名男人的约会，通常是在半夜三更。要避人耳目。女演员半夜拍戏习惯了，十二点以后，气色鲜艳追杨妃，神采飞扬如女鬼。李敖更是目如射的夜游神。豪车飞奔在夜台北，美人长发飘在子夜风中。这是1979年的9月。初凉季节助推激情，不得了，精神好，昼夜兴头高。从9月到次年5月，试爱大半年后，这对情侣上了结婚殿堂，照片上了杂志封面。李敖即兴点评胡茵梦："如果有一个新女性，又漂亮又漂泊，又迷人又迷茫，又优游又优秀，又伤感又性感，又不可理解又不可理喻的，一定不是别人，是胡——茵——梦！……她是才女，是贵妇，是不搭帐篷的吉卜赛，是山水画家，是时代歌手，是艺术的鉴赏人，是人生意义的勇敢追求者。她的舞步足绝一时，跳起迪斯科来，浑然忘我，旁若无人，一派巴加尼尼式的'女巫之舞'。"

不知道胡茵梦是否把这段话挂在她家墙上。中国的女演员，得到如此精当点评与赞美的，是凤毛麟角。李敖书法也出色。

胡茵梦在大学，念的是德文系。

胡茵梦并不适应优秀男人的日常生活，李敖几天不出门，进书房门一关，十几个小时自得其乐，唯有他的猫进进出出。好作家一定是能够孤独的，孤独的兴奋年复一年。而女明星要跑来跑去，拍戏，转场，时刻在乎公众的视线是否转移，频繁出入所谓上流人士聚集的场所。

海明威不娶英格丽·褒曼，认为女演员不宜过日子。契诃夫娶年轻漂亮的奥尔加，奥尔加就告别了她所迷恋的话剧舞台。

胡茵梦抱怨说："他已经八年没有看电影了。"

李敖几乎拒绝一切社交。这令人想到鲁迅先生做中山大学教授时，贴在门上的宣言："概不赴宴"。

萨特说："那种莫名其妙的饭局，不是人吃东西，倒是东西吃人。"

胡茵梦很需要社交，这是演艺圈的"刚需"。林青霞拍的电影，李敖也不看。他喜欢邓丽君。他委婉批评林青霞: "她的造型脱俗, 但文化水平赶不上她的漂亮。……她每天'赶场'拍戏, 哪来时间'充电'? 但林青霞掩饰得很有做工, 不太容易泄出凿痕。"

男女明星大抵淹没于公众性生存。邓丽君唱绝了, 但是她也迫于唱片公司的压力唱得太多了, 损伤了咽部, 早逝于泰国的清迈。当文化变成了文化工业, 艺术就不再是女神, 不再是桂冠, 不再是以自身为根据的绝对之物。

艺术一味搞钱, 艺术必定找死。

一个好演员, 一辈子几部戏, 我们有幸欣赏过, 铭记着那些表演艺术家。我们知道什么叫戏剧经典, 什么叫千锤百炼。

胡茵梦迫于台湾当局的压力, 做伪证, 把李敖牵扯进一桩官司, 导致李敖再次进监狱, 蹲牢半年。李敖的伤心官司以此为最。恩爱夫妻如胶似漆, 春宵苦短, 忽然打起官司来, 横眉怒目对簿公堂, 可见政客手段的可怕。五月结婚, 八月离婚。离婚签字时, 李敖送胡茵梦玫瑰花。胡茵梦哭了。哭完了, 该做什么她继续做。后来她写书, 讲李敖的种种不是, 李敖以牙还牙。著名男女的恩仇吸引了两代观众。

从长远看, 胡茵梦的电影多半没人看了, 李敖的一些著述和他逆袭权贵、孤标傲世的形象可能会流传到下个世纪。彼时, 人们谈李敖, 会提到胡茵梦。

李敖是邪恶权势的对立面, 胡茵梦当然不是。

李敖是台湾大牌作家, 胡茵梦是海岛小女人。

李敖写道: "我第二次做政治犯, 第二天就参加了放风, 走到放风场, 有趣的现象出现了, 各路角头流氓向我打招呼, 并奔走相告说: '看呀! 胡茵梦的丈夫! '——我纵横文海二十年, 在文化界声名盖世, 可是要盖流氓界, 却只能以名女人前夫显。"

李敖短文《擦鞋者言》: "当年有一次擦皮鞋, 擦鞋的林先生目我良久,说：'你不是李敖吗？'我说是。他说：'你同胡茵梦结婚，是不是中了奸计？'我笑着说：'我这么坏的人，还会中计吗？'他说：'这可不一定。一山比一山高。'又有一次，也被擦鞋的认出。他说：'李先生，奉劝你一句：你少说一点吧！——台湾的警察比老百姓还多，你不可不当心啊！'"

21世纪初，李敖在街头偶遇胡茵梦，二人长拥而别。

李敖感慨："人都会老去，但红颜老去啊，却是双重的。"

有个牢友记下李敖的铁窗风度："他有好几套书，如二十四史之类，摆放在靠窗的一面……他的囚房不仅洋溢着书香，也散发着一股庄严而不可侵犯的正气，任何人参观他的囚房，都要肃然起敬的。据说每次抄房（查房）时，'戴帽子的'（狱吏）都不敢弄乱他的房间。李敖虽坐牢，并不失大读书家的风格和气派。"

李敖的风度，通向了魏晋时期竹林七贤的风度。他在狱中办了一份个人杂志《千秋评论》。董大中《李敖评传》："李敖的《千秋评论丛书》，从狱内办到狱外，月月不断，期期相连。在中国近百年报刊发展史上，一个人包办一份杂志，完全发表自己的各种作品，并不多见。"李敖向蒋氏父子开火，向李登辉开火，后来向陈水扁以及形形色色的"台独分子"开火。当局屡屡查禁他，他浑身是劲愈战愈勇。杂志办了十年。作家与台湾当局展开拉锯战。这是一个人的战斗，四两拨千斤的战斗。杂志被关停，战斗在继续。

笔伐受阻，口诛登场，李敖到处去演讲。他掀开政界、军界、商界、司法界的重重黑幕。在台湾文化界，唯有李敖这么干。这位浑身披挂的堂吉诃德。

李敖《喷瓦斯事件》："2006年10月24日，世界议会史上，发生了空前绝后的壮举，我以瓦斯对付美国人卵翼下的台湾军购案、以瓦斯对付祸害中国台湾的所谓'国会议员'。顿时世界大媒体都一一报道，台湾更是头条了。"

李敖二次出狱是在 1982 年，他在狱中写下四万余字的文章《天下没有白坐的黑牢》，刊行于《千秋评论》。司法黑幕掀开了一角，各界大哗，几所监狱暴动。

有文章这么写："李敖是最受争议的风云人物，他是顽童、是战士、是英雄、是善霸、是文化基度山、是社会罗宾汉、是侠骨柔情的大作家兼大坐牢家。多少年来，他一直以'虽千万人，吾往矣'的气魄独行其是，而不在乎小人们争言其非。耶稣说没有先知在自己乡土上被接受，李敖不被接受，因为他是先知。这先知扶弱抑强，主持正义，霹雳手段，菩萨心肠。他在贫困时候，一顿顿饿饭帮助老师；他在富有时候，一把把钞票支援难友；他在坐牢时候，一篇篇文章抢救奇冤异惨的死魂灵。"

李敖短文《树敌为乐》《他百年孤寂，我千山独行》。"他"指胡适。

李敖雄文《我拒绝做美国人》《我拒绝见美国代表》《两种美国走狗》。

李敖檄文《干你老蒋》《揭穿蒋介石的道德意义》《揭发宋美龄》。

李敖小品文《高金素梅今生欠我，缘定来生》《重温旧梦就是破坏旧梦》。

在大是大非问题上，李敖很值得称道。李敖说："有一种中国人很痛苦，那就是整天唱衰中国的中国人。他们整天看中国不顺眼，又怨又骂又诅咒，唯恐中国不乱……唯恐中国不乱的，不是第一流的知识分子。第一流的知识分子唯恐中国大乱。"

应该说，唯恐中国不乱的，是那些不入流的知识分子。

李敖闭门写起小说来，自称"战斗性隐居"。《上山·上山·爱》《红色11》《北京法源寺》《虚拟的十七岁》，若干年间他写的多部小说都畅销。他演讲，做电视节目，介入政坛，后来参加竞选。他穿一件红夹克。他像鲁迅形容的火老鸦，走到哪儿烧到哪儿。这是一团扑不灭的火。这个人又出入古玩界，鉴赏古物，古字画，发不尽思古之幽情。

李敖有能力生活在别处，像一个宋代人。他的生命张力大异寻常之辈。何以如此？依我看两个因素：一、基因强；二、读与写，又强化了他的良好基因。

李敖打电话，发短信，从来不玩手机。

人玩手机吗？非也，非也，手机玩弄人，"瘾在逗"不消几年就把灵魂掏空。

读书成才，网瘾成虫。

悟得大师两三家，胜做网虫十万年。

李敖隐居于台北闹世，写文章像发射炮弹。他的大书房有五张写字台，同时写几篇文章，人和思绪跳来跳去。古往今来似乎没人这么干，他也不是故意的。五张桌子等于五个火炮发射点。他一生仗义，朋友多，但是他的敌人远比他的朋友多。有人打电话说要杀他全家，他说：我全家只有我一个人。对方说就杀你一个。李敖笑道："好吧！你去排队吧。"

李敖在一张照片上写下："1949年在这一码头来到台湾，全家九口。六十年后，坐在那里，剩我一人。"

李敖短语："我女朋友十八岁生日时，我送她十七朵玫瑰花，然后在卡片上写：另一朵就是你。我们是这么玩的。"

《李敖自传》封面语："想要佩服谁，我就照镜子。"

李敖佩服他自己，这也包括他颠覆自己的能力。李敖写道："2010年10月，我出版了《阳痿美国》。上距半个世纪前我对美国的向往，这本六百五十多页的厚书，显然作了颠覆性的转变……美国以拳头威胁世界，它的拳头开支（军费）占世界一半……美国在用印钞机吃世界……美国是他国的祸害，是人类的噩梦，是世界的狰狞。"

李敖在书房

上帝惠顾这位只身缠斗众敌的勇士，1983 年的某一天，王小屯出现了。丽人十九岁。她有一张穿牛仔短裤坐在马路上的照片，背靠廉价汽车，美得令人失语。长发、长腿与清纯，闪烁着造物主的荣耀，照亮笔直的水泥路。所有的灰色都有回避的趋势，向生命之鲜亮致敬。

王小屯在路边等公交车，手捧一本打开的书，《李敖千秋评论》。李敖去搭讪，女孩不认识他。读者一般不会关注作家的外表，读者与作家的关系是心与心的关系。在拉美国家，读者一词高于观众。读者是单数，观众则不然。读者思考。

当时李敖自报家门，矜持的女孩子抬起头来了。漂亮姑娘一般都要矜持，以抵挡来自四面八方的男性目光。由矜持而冷艳，尤其是在大街上。这种漂亮女性的街头之冷，毋宁说是热的变式。人一对头，热力上升。"李敖"二字让王小屯的眼睛亮了，当然她还需要确认。确认了，她喜出望外。万万没想到，在大街上碰到她喜欢的大作家。

这是下午两点，公交车一辆接一辆过去，王小屯不上车。她已经不太清楚公交车为何物，它来了，它停下了，它又轰轰启动，这个平生熟悉的大东西变得陌生了。视而不见，听而不闻，嗅而不觉，正是十九岁的王小屯此时此刻的情景。

从两点到六点，四个钟头一晃而过。

毕加索与泰莱丝在巴黎的地铁口相遇，几分钟。李敖和王小屯在台北的公交车站台上。站着交谈，偶尔坐下来。言来语去四个钟头，会让罗兰·巴特惊叹。恋人絮语这才开了头，此后三十多年流淌不休。她不上车，她又不离开。为什么？要交流。傻乎乎的女孩子方有此等情状。不算计，"腹有诗书气自华"。清纯逼人的王小屯有兰花的王者之香吧？是的，又不全是。

那个永远值得追怀的年代，恋爱是恋爱本身。单纯动情的女人个个美丽。

从下午六点又到晚上十点，时间叫什么？时间叫美妙。美妙的地点转移了，从公交车的站台转移到一家法国餐厅。吃与说，面对面。餐馆都打烊了，大厅剩下这一对。

王小屯原本在护校读书，认识李敖后考入文化大学中文系。

李敖告诫王小屯，改变学业要有当愚人的思想准备。人如果太机灵，反而与文学无缘。人如果太机灵，也跟恋爱无缘。七算八算的，花花肠子弯弯绕，哪会有弗洛伊德也认可的爱的忘我境界？且看巴黎美人朱丽叶，为她的雨果她的多多（雨果昵称）写下《一千零一封情书》。巴黎骚乱，朱丽叶挺身为雨果挡子弹。雨果冒着大雨为朱丽叶买八只螃蟹……有趣的是，厚厚一大本《李敖自传》，几乎不写王小屯。

"珍重芳姿昼掩门。"（曹雪芹）

王小屯回南港，在一所中学教书。分手时她落泪了，"汽笛一声肠已断"。一只纤手凭了车窗，流泪到南港。情力又驱使她频频到台北。冬季到台北来看雨，看李敖。

邓丽君《微风细雨》，唱少女的雨中情怀造极也，似乎有感于细雨淋湿的王小屯。

"三月三日气象新，长安水边多丽人。"诗圣也敏感丽人，真是没办法。

李敖与王小屯七年恋爱，泉水般流淌了多少恋人絮语？谈恋爱，首先要有得谈。

清纯是什么意思呢？烂泥塘"舞蚯鳝"（苏轼），说的是清纯的反面。"清水出芙蓉，天然去雕饰。"王小屯的背后只有清风拂长发，哪有劳什子利益算计。

结婚了，爱情又从婚姻重新出发。起初王小屯的父母不同意：双方年龄悬殊。王小屯一夜长谈，让父母释然于心。不知道她说了些什么。多年恋爱，使她对李敖放心：那个不断制造风流故事的李敖一去不复返了。女人常常是用身体想事情的。身体告诉王小屯：李敖靠得住。和他在一起唯有欢愉，这个太重要了，天下女孩子谁不想要？博学，幽默，视野广，心又细，正义感强，责任感强，江湖上是个十足的爷们儿。家里他又体贴又好玩儿，还是一位从不张扬的孝子。王小屯不嫁李敖，还能嫁谁？另外，李敖雄姿不减小青年。婚后的好日子静悄悄，李敖和王小屯得一子一女。

有一篇记者的采访这么写："没想到他的家收拾得这么整洁，而且是他自己动手的。他说，抹桌子扫地，是他锻炼身体的方法。把家务劳动当作体育锻炼，李敖简直能当'模范丈夫'了……拿起笔打扫天下，拿起扫帚打扫房屋，他竟能把两者协调得如此之好。"

雨果是木匠，瓦匠，泥水匠，托尔斯泰伯爵经常干农活，人称老把式，海德格尔自己盖一座山上的木屋，维特根斯坦是一所中学的园丁，鲁迅砸煤是一把好手，梁思成爬古建筑，金岳霖喂鸡，林徽因下厨，沈从文扛重物……一流的劳心者，深知劳心与劳力的互补。可惜这种延续了数千年的生命智慧正在大面积丢失。

李敖写小说，显然不及大陆的优秀小说家。议论多了，对话冗长。他滔滔不绝演讲，动不动几个小时长谈，这种话语风格跑到长篇小说里，他不自知，形成盲点。五个写字台，他跳来跳去，看上去身形飘逸，思维还是难免固化。

庄子式的灵动，一万年几人焉？今天庄子活成一棵树，明天他又变成了一股风，生命的新鲜感犹如学语小儿。李敖办不到。

苏东坡也难。李太白好一些。

抗衡生存固化，真是谈何容易。

李敖哲思有限，妨碍了他的现代性思考。他的十万藏书，少了几本西方哲学。

鲁迅说过，中国人不缺群体的自大，缺个体的自大。皇权运行两千多年，礼教试图消灭个体。历史长河中不乏坚实的个体。长河奔腾不息，水石相击，总有浪花。

李敖是现代浪花之一。我们有兴趣端详这朵花。

自大的李敖在复旦大学题词："天不生仲尼，万古长如夜；天又生我们，长夜才复旦。"

李敖寿命越长，文章越短，这是他抗衡固化的一个结果。他推崇《世说新语》。不进电影院，大约是因为他不能接受电影台词的啰唆。以魏晋士人的言语习惯看今之影视剧，可知废话如何是废话。以宋词看流行歌词亦然。以《道德经》看兆亿网络语言亦然。

李敖在复旦大学演讲

影视废话与民间的日常表达有某种同构关系。但愿"00后""10后"慢慢好起来。

人是语言动物。人的一切思维都是在语言中展开的。

如果不反感废话，废话就来找你了。思维的固化就来敲你的门。

李敖七十多岁常居阳明山，他笑呵呵下山去，娇妻依然鲜艳，儿女长势喜人。这个男人发宏愿：逐步减少跟家人相处的时间，让妻子和儿女们渐渐适应没有他的日子。

古往今来爱家的男人数不清，谁像李敖这样？真是令人感动。

爱得越深，相处越短。想想他的内心吧。

王小屯应该写一本书，追忆似水年华。

金岳霖留下一本林徽因的生活小传该有多好。可惜了。

李敖短文《综合一下我的"伟大"》："我笑对李戡说：'妈妈认识我三十年，她的最大本领就是知道我伟大，但不知道我多伟大。'"

王小屯不知道好。朦朦胧胧有感觉足矣。秀发长，情思长，怀念绵绵不绝，足矣。

李敖短文《多少风流旧事》："多少风流旧事，现代人不知道。公元 4 世纪，夜雪初霁，月色皓然。王徽之一个人喝着酒，想到戴逵。立刻上了小船，连夜去找小戴。到了戴家门口，竟过门不入。问他为什么变了卦，他说：'乘兴而来，兴尽而返，何必见戴?'多么洒脱!'想见他'比'见到他'更具人生境界。任性不是随其所之而是知其所止。其实在小戴一方，料想小王要来，一个人早溜了。这是何等风流!"

后

记

· · · · · · · · · ·

今年的夏天热得可怕，天府之国，热浪滚滚几十天。下午的地表温度恐怕超过了六十摄氏度，眉山城的大街上空空荡荡。我楼下的一棵大树被烈日烤焦了。2006 年我写《品中国文人》时，对川西坝子（成都平原）的气候变化忧心忡忡。

但愿我们是杞人忧天。

但愿啊。

我念小学三年级写小说，写神仙打仗、护路游神、六丁六甲之类。上高中，写一篇叫《双抢》（抢种、抢收）的作文，写满了三十页的作文本，语文老师的红笔评语多达三千字。可惜弄丢了。词语吸引我，不知起于何时。妈妈生前很爱看书。

我在河边看书，树上倒挂着看书，打秋千看书，城墙上看书，放学路上看书，《红岩》《牛虻》《铁道游击队》《小城春秋》《艳阳天》，半部《安娜·卡列尼娜》……不知看了多少遍，萧长春、焦淑红带着公社的社员们走到我梦中来，骄傲而自信，笑在艳阳天。《小城春秋》让我激动得喘不过

261

气，一口气跑到县委招待所的大房子后面，四周花木静悄悄，我听见自己的心跳。当时我刚念初中。看《水浒传》，我天天习武，天不亮就在三苏祠外的池塘边跟人过招，苦练扫堂腿、凌空飞身回马枪、贴身短打、小巧擒拿、鲤鱼打挺、黑虎掏心，还宣称玉环步鸳鸯腿，醉打蒋门神。一群小男孩儿黑乎乎打成一片，鸡还没叫呢。倒是打得鸡叫鹅叫。

"语言是存在的家。"

萨特在获诺贝尔文学奖的自传体小说《词语》中说，他没有一天不写作。

从幼儿园到初中，我家住在眉山下西街。街对面的田大爷讲《三国演义》，简直倒背如流，讲得绘声绘色，孩子们听得半夜不肯走。田大爷轻轻摇着扇子，一个夏天就过去了……

写这些，心里波翻浪涌。

眼下，太多的成年人突然不看书了，群体化袭击了每个角落，卷走了海量个体。网络瘾头把人吸空。但是孩子们怎么办呢？孩子们怎么办呢？

互联网削弱了人类生活的主动性。

而主动性乃是一切生命享受的最大前提。

这个现代文人系列，写了鲁迅等十六位人物。郭沫若、茅盾、老舍、冯至、郁达夫、朱自清、冼星海、冰心、萧红、萧军等，这次未写，留给三、四卷。曹禺的戏剧我不大熟悉，赵元任很有意思，可惜他的资料少。我个人对张恨水的小说十分喜欢，看他的《梁山伯与祝英台》，看得如痴如

262

醉。施蛰存的新感觉派小说让感觉内爆……

这次重新写鲁迅，写了五万字，犹觉篇幅短。从三个方向展开当下之追问：生活追问，技术追问，文化追问。鲁迅的文章常常是断想式的，洞见式的，我以哲思去配他的断想。鲁迅先生弹射我。

二十多年来我的体验是：不写，想不远。

写作是思绪、情绪的双重延伸。

有些人物似乎刚认识，比如胡适和林语堂。当年读林的厚厚的散文集，觉得文字并不好，但未敢议论。读他的《苏东坡传》，我觉得隔，也未说什么。林语堂名气大，鲁迅讲"文以人传"，林正好是这类人。他和苏东坡完全不是一类人。

胡适是乡愿式的风云人物，热衷交际，人在学界却偷眼权贵，"交友以自大其身"很有一套。他冒充博士搞得风生水起，几十年讳莫如深。他不爱中国传统文化，文化是他的饭碗和他游荡所需的口红。他到台湾去，拼命鼓吹全盘西化，确实是拼了命。李泽厚先生讲过，胡适写的东西传不下去。

写徐志摩，我惊讶这坏蛋竟然如此之坏，竟然还享有盛名。

现代文坛与学界，有一些文化泡沫，本系列尝试刺破它们。

不多说了。最想说的是气候变化和孩子们。

过了中秋节，炎热终于不吓人了。不知道明年如何，不知道十年后如何。

街上的小学生依然驮着沉重的大书包。

不多说了。

我向来写不快，文字在我笔下流淌的速度慢，轻易过不去。每天早起干活，中午收工，写七八百字。一杯茶、几支香烟，人就在持续的兴奋中，不须消耗能源。乡下独自转悠田间小路，举头看星星，闻大地气息。"艺术是生命的兴奋剂。"

感谢天地出版社的胡焰女士，感谢孙学良、杨露两位编辑，感谢眉山一直关心并挑剔我的写作的亲友们。

刘小川

2022 年 9 月 17 日于眉山之忘言斋